Das poetische Kassel

Jürgen Röhling (Hrsg.)

Das poetische Kassel

Ein Lesebuch
aus fünf Jahrhunderten

B|S
&

SIEBENHAAR VERLAG

1. Auflage 2013

© B&S SIEBENHAAR Verlag, Berlin / Kassel

Umschlaggestaltung: VISULABOR®
Satz: B&S SIEBENHAAR Verlag
Druck und Bindung: GGP Media GmbH, Pößneck
Umschlagmotiv: Johann Erdmann Hummel,
Schloß Wilhelmshöhe mit dem Habichtswald, um 1800,
Museumslandschaft Hessen Kassel, Neue Galerie

Das Werk ist in allen seinen Teilen urheberrechtlich geschützt. Jede Verwertung ist ohne Zustimmung des Verlags unzulässig. Dies gilt insbesondere für Vervielfältigung, Übersetzungen, Mikroverfilmungen und die Einspeicherung in elektronische Systeme.

Printed in Germany
ISBN 978-3-943132-10-6

www.siebenhaar-verlag.de

Inhalt

Vorwort 11

Viel Leben.
Topographie und Atmosphäre

Carl Julius Weber: *Der erste Garten Deutschlands* 17
Georg H. Hollenberg: *Die schneckenförmige Stadt* 18
Gergely Berzeviczy: *theils gelesen, theils gehört* 19
Johann Hermann Stöver (alias Quintus Aemilius Publicola):
Niedersachsen 20
Wilhelm Heinse: *Natur und Kunst* 22
Carl Gottlob Küttner: *Es fehlt an Menschen* 23
Johann Samuel Ersch, Johann Gottfried Gruber: *Ein gesunder Ort* 24
Der Göttinger Student: *Nicht schön genug* 25
Johann Wolfgang von Goethe im Gespräch mit Johann Peter
Eckermann: *Lebenselemente* 26
Carl Julius Weber: *Die schönste Stadt des Nordens* 27
Clemens Brentano: *Brief an Achim von Arnim* 27
Ludwig Emil Grimm: *Idyll im Habichtswald* 28
Carl Heinrich Junghans: *Die Stadt liegt in einer ungemein fruchtbaren
und schönen Gegend* 29
Joseph Eduard Wessely: *Die Stille überall* 30
August Heinrich Hoffmann von Fallersleben: *Viel Leben in Kassel* 30
Adolf Nagel: *Die Residenzstadt Cassel und ihre Umgebungen* 31
Manfred Hausmann: *Lampioon. Abenteuer eines Wanderers* 35
Christine Brückner: *Das neue Kassel ist unvergleichlich* 40
Vicco von Bülow (alias Loriot): *„... dann sehen Sie Kassel schon liegen!"* 45
Peter Köhler: *Geburtsort der Parkscheibe* 46
Thomas Gsella: *Das Leben ist nicht wunderbar* 49

Deutschlands Spartaner.
Menschen- und Zungenschlag

Emil Müller: *Land und Volk* 53
Carl Julius Weber: *Ein hübscher Männerschlag* 54
Damen Conversations Lexikon 54
Carl Heinrich Junghans: *Bettelei* 55
Ludwig Börne: *Ein treuer Gimpel, ein getreues Volk* 55
Johann Kaspar Riesbeck: *Brief eines reisenden Franzosen* 55

Adolph Freiherr von Knigge: *Was es für Menschen in der Welt gibt!* 56
James Boswell: *Journal* 57
Gustav Mahler: *Brief an Albert Spiegler* 58
Johann Wolfgang von Goethe: *Mit hundert und aber hundert
   Lampen erleuchtet* 59
Ernst Koch: *Wenn die akademische Freiheit sich im Graben wälzt* 60
Joachim Ringelnatz: *Wilhelmshöhe* 61
Josef Kainz: *Und der Humor!* 62
Adolph Glaßbrenner: *I-a!* 62
Edward Lear: *There was an old person in Cassel* 63
Christian Duckefett: *D'r Erlkeenich* 64
Anonymus: *Dr Erlkeenich* 66
Heinrich Ruppel: *Kasseler Originale: Ephesus als Fremdenführer;
   Wie sie sich schreiben; Nächtliche Konsultation; Sprech moh d's Werdchen!* 67
Matthias Altenburg: *Das Kassel-Gefühl* 69
Peter Köhler: *Kasseläner Schlaggenlied; Kassel-Wilhelmshöhe –
   die überleben wollen* 70
Robert Gernhard, Peter Knorr: *Kurz und uninteressant* 73
F. W. Bernstein: *Schüttelreim* 73
Hartmut El Kurdi: *Nordhessen – da wo die Wurst am mürbsten ist* 74

Kassel Transit – Erlebnisse auf der Durchreise

Johann Wolfgang von Goethe: *Unter denen Kassler Herrlichkeiten;
   Briefwechsel mit Christiane Vulpius* 81
Friedrich Hölderlin: *Brief an den Bruder Karl* 85
Friedrich Karl von Strombeck: *Bewegtes Leben in Cassel* 87
Kurt Tucholsky: *Revolution bei preußischen Kommiß* 88
Wolf Strache: *Drehscheibe zwischen den Zonen* 89
Gottfried Benn: *Briefe an Astrid Claes* 91
Marcel Beyer: *Nur zwei Koffer* 94
Robert Gernhardt: *ICE Kassel-Fulda* 95
Rudi Dutschke: *Tagebucheintrag* 96
Sten Nadolny: *Revolution in Wilhelmstal; Oberlippenflaum in
   Wilhelmsthal* 96
Walter Kempowsky: *Warum nicht mal nach Kassel fahren?* 100
Harry Oberländer: *Kassel und Kunst* 101
Katja Huber: *Fear and Loathing in Las Kassel* 105

Nächte waren das ...!
Geschichte, Mythen und Märchen

Julius Wilhelm Zincgref: *Nicht zu tief bücken: Über Wilhelm den Weisen* 111
Der Curieuse Passagier 111
Johann Kaspar Riesbeck: *Der militärischste Staat von ganz Deutschland* 112
Johann Gottfried Seume: *Nach Kassel in die Eisen* 113
Jacob und Wilhelm Grimm: *Die Viehmännin* 116
Karl Heinrich Ritter von Lang: *Er führte mich auf lauter
Um- und Nebenwege* 118
Jean Paul: *Christofel* 118
Heinrich Heine: *Klagelied eines altdeutschen Jünglings* 119
Hermann Siegfried Rehm: *König Jérômes Reichstag in Kassel* 120
Friedrich Wilhelm Kahrel: *Heil Euch Deutschen, Heil Euch allen!* 125
Anonymus: *Jérômiade* 126
August von Kotzebue: *Abschied aus Cassel* 127
Heinrich Heine: *Aus der Zopfzeit* 128
Theodor Fontane: *Cassel in Brüssel; Wilhelmshöhe* 129
Mark Twain: *Portrait König Wilhelms III.* 134
Malwida von Meysenbug: *Früheste Erinnerungen* 135
Wilhelm Busch: *Eine Nachtgeschichte* 137
Julius Stettenheim: *Nur nicht nach Wilhelmshöhe* 138
Wilhelm Raabe: *Der große Christoffel* 139
Philipp Scheidemann: *Kindheit in Kassel* 142
Kurt Tucholsky: *An Philipp Scheidemann* 146
Anonymus: *Casalla im Trauerkleid* 147
Helmut Qualtinger: *Nächte waren das ...!* 148
Rolf Hochhuth: *Vergessen* 149
Peter O. Chotjewitz: *Budenhauptstadt Kassel* 150
Peer Schröder: *Mittelfeld* 151

Kleine Fluchten – Ausbruchsversuche

Ina Seidel: *Kleine Fluchten* 155
August Schmidt: *Zu Fuß zurück* 156
Joseph Eduard Wessely: *Kein Rom* 157
Johann Ludwig Ewald: *Fantasien auf der Reise* 157
Honoré de Balzac: *Ab nach Ägypten!* 159
Theodor Schmitt: *An Kassel* 160
René Olfen: *Grüß mir die Heimat mit dem Herkules!* 161
Hans Jürgen von der Wense: *willenklumpen und zielkern* 162
Christine Brückner: *Mein Schreibtisch* 163

Mit Benn im Bergpark, mit Rilke bei Rembrandt.
Kunst, Kultur und Gesellschaft

Georg H. Hollenberg: *Man siehet hier, wie weit die Kunst der Menschen geht; Ausländische Thiere* 169
Landgraf Moritz von Hessen: *Moritzheim am weißen Stein* 170
Georg Forster: *Brief an Johann Karl Philipp Spener* 171
Leopold Friedrich Günter von Goeckingk: *Der saufende Elephant* 172
Christian Friedrich Daniel Schubart: *Der Hahn und der Adler* 172
Adolph Freiherr von Knigge: *Mittelding* 174
Reinhold Th. Grabe: *Knigges denkwürdige Verlobung zu Kassel* 174
Johann Just Oldekop: *Ein Göttinger Student: Lust-Reise nach Kassel* 176
Der Göttinger Student: *Wirtshäuser* 178
Moritz Wilhelm Drobisch: *Rausch und Schwindel* 179
Sàmuel Fogarasi: *Wie könnte ein Ungar das durchhalten?* 179
Louis Spohr: *Als Hofcapellmeister in Cassel* 180
August Schmidt: *Höllenqual im Kasseler Theater; Spohr spricht nicht viel; Ich beneide sie um Spohr und die Wilhelmshöhe!* 182
Karl Julius Weber: *Taschenspieler-Künste* 187
Christian Truchseß Freiherr von Wetzhausen: *Goethe und Götz in Kassel* 188
Ludwig Börne: *Wilhelmshöhe* 189
Ludwig Emil Grimm: *Paganini in Kassel* 190
Heinrich Heine: *Kasseler Karpfen* 191
Salomon Hermann Mosenthal: *Raschelchen. Jüdisches Leben im Kassel der Franzosenzeit* 193
Gustav Mahler: *Brief aus Kassel an Friedrich Löhr* 194
Rainer Maria Rilke: *Brief an Clara Rilke-Westhoff* 195
Ludwig Thoma: *Kassel* 195
Klabund: *Ein Bild* 196
Ignaz Wrobel (d.i. Kurt Tucholsky): *Der liebe Gott in Kassel* 197
Joachim Ringelnatz: *Kassel* 201
Ernst Krenek: *Trist und ziemlich hässlich* 201
Ödön von Horváth: *Kassel oder Dessau* 202
Samuel Beckett: *Ankunft in Kassel* 202
Astrid Claes: *Im Bergpark mit Gottfried Benn* 204
Arnold Bode: *documentadocumenta* 208
Hans Jürgen von der Wense: *Die Documenta – Du musst es sehen!* 210
Eckhard Henscheid: *documenta-Rippchen* 212
Hans Jürgen von der Wense: *du kannst mitten im verkehrstrubel briefe schreiben* 212
Andreas Okopenko: *Die Befriedung* 213
Theodor Schmitt: *In einem Kino* 215
Walter Kempowski: *Kitschig, aber eindrucksvoll!* 216
Cristina Nord: *Das Kino mit den Wasserspielen* 217

Runter und rauf.
Ein Spaziergang durch Orte und Zeiten

Jamal Tuschik: *Große Vögel im Aufwind* 221
Briefe eines Reisenden: *Man wird beim Eintritte ordentlich hingerissen* 222
Georg Friedrich Hegel: *In einem Teil – im Stil von Berlin* 223
Franz Dingelstedt: *Den Hut ab!* 224
G.H. Hollenberg: *Eine der besten Städte Deutschlands* 224
Jens Immanuel Baggensen: *Das Labyrinth* 226
Karl Friedrich Gottlob Wetzel: *Die Neustadt aber!* 228
Franz Dingelstedt: *Ständchen dem Ständehause* 228
Henner Piffendeckel (d.i. Philipp Scheidemann): *Im Rotskeller* 230
Karel Ptáčník: *Der Weinberg als Luftschutzbunker* 234
Manfred Hausmann: *Als Kassel noch Cassel war* 238
Peter O. Chotjewitz: *Ein britischer Privatgelehrter in der Murhardschen Bibliothek* 243
Johanna Schopenhauer: *Nie gesehene Pracht* 244
Carl Julius Weber: *Hier suchen sie das Thier* 245
Baedecker: *Die Kattenburg* 245
Theodor Schmitt: *Hochhaus* 246
Carl Julius Weber: *Vollkommen täuschend* 246
Stadtwegweiser Kassel und Wilhelmshöhe 247
Adolph Nagel: *Ein Sonntag-Nachmittag auf Wilhelmshöhe bei Cassel* 248
Jacob Grimm: *Nicht meine angenehmsten Tage* 250
Joseph Eduard Wessely: *H. N. R.* 251
Karl Cranz: *Die schönsten Wasserkünste* 251
Gergely Berzeviczy: *Wozu dies grosse kostbare Werck?* 253
Johann Wolfgang von Goethe: *Ein Nichts um Nichts* 255
Emil Müller: *Man wird Goethe Recht geben müssen* 255
Wilhelm Grimm: *Brief an Jacob Grimm in Paris* 256
James Boswell: *Nichts außer einem Galgen fehlt* 256
Otto Heinrich Kühner: *Herstellung von Ruinen (Löwenburg Kassel)* 258
Johann Wolfgang von Goethe: *Da zischt's und pißt's* 259
Reichard's Passagier 259
Adolph Freiherr Knigge: *Die Geburtstags-Kuchen-Zierathe sind weggeräumt* 260
Ludwig Lindenmeyer: *Auch ich bin Mensch!* 261
Karel Ptáčník: *Die getarnten Kaskaden* 262
Burkhard Garbe: *Kassel schaut nach oben* 263
Horst Seidenfaden: *Ein Brief an meine Stadt* 264

Text- und Bildnachweise 265
Editorische Notiz 271
Zum Herausgeber 271

VORWORT

von Jürgen Röhling

Dies ist ein Buch für Liebhaber, Freunde, Bewunderer der Fuldastadt. Für Kassel-Geschädigte. Für Verächter, Ignoranten und Besserwisser. Für Leute, die alles über Kassel wissen, und solche, die noch nie in Kassel waren. Für in Kassel Geborene, in Kassel Lebende, aus Kassel Weggegangene, für Zurückgekehrte. Es ist ein Kassel-Lesebuch.
Die Stadt Kassel ist der Held dieses Buches, und viele Autoren haben daran geschrieben. Der Held einer Geschichte, deren Ende nicht absehbar ist, denn sie wird immer weiter geschrieben. Reisende, Romanciers und Reporter kamen und kommen nach Kassel, schreiben über Kassel, entwerfen Kassel-Geschichten, begeistern sich oder polemisieren. Kurzum: sie lassen Bilder der Stadt entstehen, Bilder aus Worten. Und jedes dieser Text-Bilder ist subjektiv, es zeigt keine objektive Wahrheit.
Wenn man die hier versammelten Texte liest, wird das schnell deutlich: es geht immer um dieselbe Stadt, aber die Bewertungen sind unterschiedlich, die Beobachtungen scheinen mitunter nicht zueinander zu passen. Die Wilhelmshöhe ist für den einen gigantisch, ein Weltwunder – für andere ist sie Kitsch, unnütz und sinnlos; ein dritter nimmt sie gar nicht wahr. Selbst bei ein und demselben Autor finden sich einander widersprechende Bewertungen: Goethe fühlt sich mal sehr wohl unter den „Kassler Herrlichkeiten", mal stellt er fest, der „Confect Aufsatz", als den er den Herkules sah, sei ihm als reine Willkürlichkeit verhasst. Als er 1792 von der Reise ins nachrevolutionäre Frankreich nach Kassel kommt, geht ihm das Herz auf vor Freude, und er empfindet Kassel als Musterbeispiel bürgerlichen Gemeinwohls. Und noch gegen Ende seines Lebens ist für Goethe Kassel eine der deutschen Städte, die „große Lebenselemente" in sich selber tragen, so wie Dresden, München, Stuttgart, Braunschweig oder Hannover.
Die Wilhelmshöhe, früher Weißenstein und zeitweilig auch Napoleonshöhe geheißen, mit dem Herkules auf dem Winterkasten und den Kaskaden mit ihren beeindruckenden Wasserspielen war und ist für die meisten Reisenden die Hauptattraktion. Es ist noch nicht

allzu lange her, da gehörte es zum guten Ton, eine Bildungsreise durch Deutschland und dann vielleicht weiter nach Frankreich oder Italien zu unternehmen und dabei Kassel und die Wilhelmshöhe zu besichtigen. Das eigentliche Kassel, die Altstadt mit der Martinskirche, dem Renthof und dem Residenzschloss, wurde demgegenüber kaum wahrgenommen, jedenfalls kaum positiv. Sie war auch nichts besonderes, jede Stadt hatte doch ihr altes Zentrum. Erst im 20. Jahrhundert entdeckte man enge Gassen und krumme Fachwerkhäuser für sich und fand sie im romantischen Sinne sehenswert. Für Autoren der Aufklärungszeit aber war die Altstadt ein Hort des Schmutzes und der Finsternis. Das Glück der Zeit fand man nicht in Fachwerkgassen, sondern in den geraden, hellen Straßen der Oberneustadt, deren rechtwinklige Ordnung das aufklärerische Denken befördern helfen sollten. Viel ist davon nicht geblieben im heutigen Kassel: die Karlskirche, der Name Fünffensterstraße, das Hugenottenhaus, das bei der documenta 2012 als Glücksfall wiederentdeckt und neu erfunden wurde.

Viele Kassel-Reisende kamen aus der nahegelegenen Universitätsstadt, in der auch heute noch viele Kasseler studieren, auch wenn Kassel längst ebenfalls zur Unistadt aufgestiegen ist: aus Göttingen. Die Gegensätzlichkeit der beiden Städte macht sie bis heute zu einem reizvollen ungleichen Paar: auf der einen Seite die Residenzstadt mit Schlössern, Palais, der Orangerie, mit Hoffesten, Konzerten und einem renommierten Theater, mit breiten Boulevards und Weltläufigkeit, mit dem Fridericianum und der weltberühmten Kunstsammlung, auf der anderen Seite die rasch zu wissenschaftlichen Ruhm aufgestiegene Universität mit weltberühmten Gelehrten, die von einem kleinen, idyllischen, aber ganz und gar nicht herrschaftlichen Städtchen umgeben war, dem man die ackerbürgerliche Vergangenheit noch heute ansieht. Und so zählen auch Briefe und Schilderungen Göttinger Studenten zu den lebhaftesten Berichten aus Kassel.

Kassel war auch Schauplatz von Liebesgeschichten, ein richtiger locus amoenus, wie es die Literaturwissenschaftler nennen; wie bei Gottfried Benn, der sich im Parkhotel mit der jungen Studentin Astrid Claes, seiner letzten Liebe, verabredete, oder bei Samuel Beckett, der als junger Mann nach Kassel kam und hier den Reizen seiner Kusine Peggy verfiel, lange bevor er als Schriftsteller bekannt wurde, und aus der ersten Liebe Inspiration zu seinem ersten Roman bezog. Beckett muss sogar die deutsche Sprache, wie er sie in Kassel hörte, gefallen haben, denn in seinem wilden Roman wimmelt es nur so von deutschen Ausdrücken im englischen Text.

Es gibt auch das Gegenstück zum locus amoenus, den locus horribilis. Der zwanzigjährige Tscheche Karel Ptáčník kam im Zweiten Weltkrieg als Zwangsarbeiter nach Kassel, um hier in Himmelfahrtskommandos Bombenschäden zu beseitigen. Auch er sah den Herkules – mit Maschinengewehrnestern bestückt, die Kaskaden mit Tarnnetzen überzogen. Die Zerstörung der Stadt erlebte er direkt mit, die eigene Vernichtung zugleich immer mit vor Augen.

Baedecker und Grieben, die klassischen Reiseführer, gelten nicht mehr, stellte ein Durchreisender lapidar fest, als der Krieg vorüber war. Die Überlebenden trafen sich wieder im Bunker, der jetzt als Notunterkunft diente. Kassel war zum Symbol der Zerstörung geworden – und rasch zum Musterbeispiel des schnellen, gründlichen, radikalen Wiederaufbaus.

Die alten Sehenswürdigkeiten, sofern sie Krieg und Nachkrieg überstanden hatten, waren weit weniger als früher ein Anlass zur Reise. Nun nehmen sich die Texte das Alltagsleben in Kassel vor, wie Christine Brückner und andere Wahlkasseler. Oder sie verdanken ihre Entstehung den neuen Sehenswürdigkeiten der Moderne, zu denen ohne Frage die documenta zählte und zählt. Die 1955 von Arnold Bode begründete internationale Kunstausstellung hatte nach dem Krieg wieder auf die an den Zonenrand gedrängte Ex-Residenzstadt aufmerksam gemacht. Kassel wurde zur Hauptstadt der modernen Kunst! Reisende wie Hans Jürgen von der Wense, der in Göttingen an seinem einsamen Werk schrieb, überschlugen sich fast vor Begeisterung. Bei so viel Enthusiasmus bleibt die Polemik nicht aus. Kassel als „öder Ort", „Fear and loathing" – Furcht und Elend in „Las Kassel", Armut und Miseria, ein Ort zum Meiden? Auch so wurde Kassel gesehen, auch damit kann Kassel aufwarten – und muss sich darüber nicht grämen. Kassel lässt nicht gleichgültig, und die Liste der geschriebenen und noch zu schreibenden Texte ist schier endlos. Der vorliegende Band versammelt aus der riesigen Fülle von Kassel-Texten, denen der Herausgeber im Laufe vieler Jahre begegnet ist, eine kleine Auswahl. Große Namen sind dabei und unbekannte. Wichtig war nur eines: die Texte sollten interessant, lesenswert sein, sie sollten witzig, geistreich, kontrovers sein, sie sollen Entdeckungen ermöglichen und zu eigenen Entdeckungsreisen einladen.

VIEL LEBEN.
TOPOGRAPHIE UND ATMOSPHÄRE

DER ERSTE GARTEN DEUTSCHLANDS
von Carl Julius Weber

Eine stundenlange, mit Linden und Häusern besetzte Bergstraße führt uns nach der Hauptmerkwürdigkeit Cassels, nach der erhabenen Wilhelmshöhe, so sachte, daß man sich beim Herabsehen wundert, wie man da heraufgekommen ist. Ganz Deutschland, vielleicht ganz Europa, bietet nichts Herrlicheres, und es ist meines Wissens gleichviel, ob man durch das adeliche oder bürgerliche Thor fährt, die sonst nach Wilhelmshöhe eingehalten werden mußten! Was sind alle englische Parks gegen diesen Natur-Park? Was die steifen holländischen, gezierten französischen Gärten des stolzen Louis, und verwahrlosten Villen Italiens, wenn gleich der selten über die Alpen kommende Italiener von Maraviglia, d'Incanto, Spavento spricht, gegen diese Wilhelmshöhe?
[...] Die Wasserkünste zu Herrnhausen, St. Cloud und Chatsworth, alle künstliche Wasser, die ich sahe, müssen die Segel streichen vor den Wasserkünsten der Wilhelmshöhe, und ohne die Revolution wäre jetzt wahrscheinlich die Edder[1] über den Berg geleitet, und Wassers die Fülle. Groß ist der Anblick, wenn alle Wasser springen, die große Fontaine rauschet empor, wie Neptun, wenn er sein Quos ego[2] brüllet, nach einer Viertelstunde aber schrumpft sie zusammen zu einer gewöhnlichen Brunnenröhre, und so endet jede widernatürliche Bewegung, selbst Napoleon wird nach 20 Jährchen ein Gegenstand des Mitleides! Nach einer halben Stunde haben alle andere Wasser der Wilhelmshöhe auch ausgesprungen – So ist das Leben!
[...] Der Pfingst-Montag ist der glänzendste Tag der Wilhelmshöhe, wo alle Wasser gratis springen (für Geld springen sie auch sonst wohl) und wieder herabfallen, wie die Gold- und Silber-Papierchen und Blumen, wodurch man ohnehin in den Kirchen die Ausgießung des heiligen Geistes vorstellte. Ganz Cassel mit der Umgegend ist oben versammelt, und von Lauterburg herab schwärmen die Göttinger Musen, wie Cosaken-Pulks, wenn sie mit Wechseln versehen sind oder Credit haben. An diesem Tage fließt Champagner und Burgunder, Rheinwein, Punsch, und Bischof vom Parnaße, während die guten Alten zu Hause vielleicht Bier oder Wasser trinken. Sicherlich war bei dem Original-Pfingstfest zu Jerusalem kein solches Saußen

Der Lac, Schloss Wilhelmshöhe und Herkules.

und Braußen – so viele feurige Zungen, und der Spott weit begründeter, als dorten, „Sie sind voll süßen Weins." [...]
Aber nun genug von der Wilhelmshöhe, die in meinen Augen der erste Garten Deutschlands bleibt. Nie bekam ich sie satt ...

(1828)

1 die Edder: Eder, mündet in die Fulda. Weber benutzt die ältere, phonetisch richtige Schreibweise.
2 Quos ego: Euch werde ich ...! Mit diesen Worten ruft der Meeresgott Neptun die tobenden Winde zur Ruhe.

DIE SCHNECKENFÖRMIGE STADT
von Georg H. Hollenberg

Unter den Merkwürdigkeiten dieser Stadt ist das Modellhaus, welches nicht weit vom Schloße liegt, keines der geringsten, und verdient gewiß, von Liebhabern der Baukunst gesehen zu werden, weil man darin viele würklich ausgeführte, und auch bloß projectirte,

Gebäude im kleinen antrift, welche alle mit vielem Fleiß und Genauigkeit gemacht sind.
Ich glaube nicht, daß diese Sachen von Fremden so häufig gesehen werden, als sie wohl verdienten. Einige der merkwürdigsten Stücke davon will ich Ihnen kürzlich hierbey anzeigen. [...] unter andern ein Modell [...] von einer schneckenförmigen Stadt, welche der Landgraf Karl hat wollen bauen laßen. Dieses letzte Project ist, die Wahrheit zu sagen, so sonderbar, daß es ein Modell verdient – und nichts weiter. Ich weiß nicht, was eine Stadt mit lauter kreisförmigen Straßen, die zuletzt nach einem Mittelpunct führen, für gutes oder schönes haben sollte. Daß der gerade Weg der kürzeste ist, daß [sic] ist so wahr, daß es sich nicht einmal geometrisch beweisen läst; daher ist eine Stadt mit runden Straßen zu Geschäften äusserst unbequem, wenn auch noch so viel Querstraßen die Hauptstraßen verbinden. – Ein Modell eines Tempels, welchen der Landgraf in einem seiner Lustgärten will bauen laßen, ist mir wegen der eigenartigen Erfindung einer Kaskade merkwürdig, welche ihr Wasser in den Fensteröffnungen fallen läßet, und auf diese Art gleichsam einen durchsichtigen Teppich darin ausbreitet.

(1782)

THEILS GELESEN, THEILS GEHÖRT
von Gergely Berzeviczy

Wer ein ganzes feuchtes trauriges Jahr in Göttingen unter der Menge von Geschäften zugebracht hat: dem muss die Gegend von Weissenstein, die lange Allee nach dem Schloss, die Aussicht nach dem Carlsberge und auf beyden Seiten nach der Fulda das angenehmste Gefühl einflössen. Meine Erwartung war durch wahre Beschreibungen, die ich davon theils gelesen, theils gehört hatte, ziemlich gespannt: aber ich muss es gestehen, dass ich dessen ungeachtet durch den würcklichen Anblick überrascht wurde. Ich machte dabey die Anmerckung, dass man weder durch die genauesten und vollständigsten Beschreibungen, noch durch die treffendsten Vergleichungen in Stand gesetzt werden könne, sich niemals gesehene Dinge bestimmt vorzustellen. Meine Vorstellung von dem Carlsberge war, ob ich gleich sie möglichst vollkommen zu machen suchte, von der Würcklichkeit himmelweit unterschieden.

(1785)

Diesen Aufsatz schrieb der aus Ungarn stammende, später in seiner Heimat als Ökonom, Politiker und Schriftsteller bekannt gewordene Gergely Berzeviczy als akademische Hausarbeit seines Lehrers Gottfried August Bürger.

NIEDERSACHSEN
von Johann Hermann Stöver (alias Quintus Aemilius Publicola)

Daß ich von Göttingen aus eine Tour nach Cassel gemacht habe, kannst Du leicht erachten. Der Aufenthalt dort ist ungemein angenehm, und diese Stadt gehört unstreitig unter die schönsten in Teutschland. Im Innern der Stadt selbst sowohl, als auch in den umliegenden Gegenden findest du die herrlichsten Anlagen, die deine Aufmerksamkeit an sich ziehen, und deine Sinne ergötzen. Das Orangeriehaus ist vorzüglich eines der schönsten Gebäude, hat ein prächtiges Badehaus von Marmor mit schönen Gruppen und Statüen. Neben demselben ist ein schöner Garten mit einigen Wasserkünsten, und unmittelbar daran stößt die reitzende Aue, ein Lustwald mit den vortrefflichsten Spaziergängen, und den schönsten Parthien. Merkwürdiger als all dieß, ist das Schloß Weissenstein, welches wegen seiner großen kostbaren und vortrefflichen Anlagen, Grotten, Cascaden, Springbrunnen, Lustwäldchen, Einsiedeleyen, Boskets u.s.w. ohnstreitig unter die schönsten und bewundernswürdigsten Kunstwerke in Europa gehört. Hinter dem Schloßgarten erhebt sich der hohe Winterkasten mit seinen vortrefflichen Anlagen und Kunstwerken. Die Schönheit der Grotten, wovon eine das Reich des Pluto vorstellt, andere aber mehrere mythologische Abbildungen enthalten, die Kaskaden, welche von einer Anhöhe von 800 Fuß über lauter Absätzen von gehauenen Quadersteinen herabfallen, der Herkules über der auf der Spitze des Berges stehenden Pyramide, aus

welcher man die vortrefflichste und bezauberndste Aussicht auf die umliegende Gegend hat, machen ein ungemein kostbares und großes Ganze aus, das weder in der Weitläuftigkeit und Kostbarkeit der Anlage, noch in der Schönheit der Ausführung seines Gleichen hat.
Der jetzige Landgraf von Hessen-Cassel ist ohnstreitig einer der reichsten teutschen Fürsten, und man berechnet den Schatz den der vorige Regent, Friedrich der Zweyte, hinterließ, auf beynahe 60 Millionen. Bey dem vielen Aufwande, den dieser Fürst machte, ist es zum Erstaunen, wie so große Summen zusammengespart werden konnten. Allein der Auflagen und Abgaben im Lande sind auch eine solche Menge, wie sie kaum irgend eine andre teutsche Provinz aufzuweisen hat, weshalb im Ganzen auch die Hessischen Unterthanen, was Wohlstand und Reichthum anbetrifft, zu den mittelmäßigsten in Teutschland gehören. In einigen Gegenden haben sie ihr Auskommen selbst nur sehr kärglich. Indeß ist seit dem Antritt der Regierung des gegenwärtigen Landgrafen dem Lande in mehrern Stücken schon viele Erleichterung gegeben worden, und dieser Prinz hat bey Hofe und sonst viele ansehnliche Einschränkungen und Ersparungen gemacht, deren Abwurf zum Besten des Landes verwendet wird. Die Universität zu Marburg hat unter andern vorzügliche Beweise von dem patriotischen Eifer des Fürsten erfahren, indem zu ihrer Aufnahme so ansehnlich Summen verwendet werden. Nächst Preussen bleibt Hessen der militärischste Staat von ganz Teutschland. Der Hesse ist auch wie der Hannoveraner und der Preusse vorzüglich zum Soldaten gemacht. Die Subsidien, die der Hof von England zieht, bringen freylich große Summen ein, allein sie ersetzen schwerlich den Schaden, den diese Verbindung mit England dem Lande zufügt. Nach dem siebenjährigen Kriege war das Land fast von aller jungen Mannschaft entblößt, und kaum war diese nachgewachsen, als sie nach Nord-Amerika marschieren mußte. Man rechnet gegen 20,000 Köpfe, die nach und nach in die neue Welt wandern mußten, von denen nicht viel über die Hälfte zurückgekommen ist.

(1789)

Unter dem umständlichen Titel „Niedersachsen. (In seinem neuesten politischen, civilen und litterarischen Zustande.) Ein in der Lüneburger Haide gefundenes merkwürdiges Reisejournal. Herausgegeben von Quintus Aemilius Publicola. Sine ira & studio. Erstes Bändchen. Rom, bey Ore-Chiaro" erschien 1789 ein Bändchen mit Reiseschilderungen, die von keinem Römer namens Publicola verfasst waren, die weder in Rom gedruckt noch in der Lüneburger Haide gefunden wurden. Der Verfasser war ein braver Landsmann namens Johann Hermann Stöver, den wohl mehr die Lust an der Maskerade als die Furcht vor der Entlarfung zu dem Pseudonym bewogen hatte.

Kassel, das
Die in Fächer unterteilte Hartplastikeinlage in Registrierkassen,
unter der Kundenschecks und Knöpfe gesammelt werden.
(Wörterbuch der bisher unbenannten Gegenstände und Gefühle, 1990)

NATUR UND KUNST
von Wilhelm Heinse

Cassel ist eine der schönsten Städte von Deutschland durch Natur und Kunst.
Die Thäler, welche die Fulda durchfließt, sind oben bey Freyenhagen und unten bey Spickartshausen[1] romantisch und erfreulich, und die Spaziergänge dahin reizend. Die Aue gleich an der Stadt mit den vielen langen Alleen von hohen alten Linden erquickt und bezaubert in den heißen Sommertagen, und thut mit ihrem frischen Grün den Augen wohl schon in der Stadt.
Die Luft ist gesund; das Wasser in der Stadt zwar schlecht, doch gut das sogenannte Eichwasser, welches von einer eine Stunde davon entlegnen Quelle in einem Eichenwäldchen vor dem Leipziger Thore[2] dahin geleitet wird. Da die Bürger und Wirthe zu faul sind, es von den Brunnen hohlen zu lassen: so sollte es ihnen von der Polizey empfolen und befohlen werden.
Die Stadt liegt eine Anhöhe an der Fulda hinauf, und die Oberneustadt auf der höchsten Höhe; eine kleine Stunde von dem Gebirge des Weißensteins.
Die Oberneustadt ist regelmäßig angelegt und hat einige herrliche Gebäude, worunter das Museum Italiens würdig ist.

(13. September 1793)

Wilhelm Heinse, Zeitgenosse und Verehrer Goethes, berühmt geworden durch den Künstlerroman Ardinghello, berichtet hier von einer ersten Kassel-Reise, drei Jahre bevor er hier mit seinem Freund Hölderlin und Suzette Gontard zusammentraf (siehe Seite 85 f.).
1 Spickartshausen: Spiekershausen, Dorf an der Fulda.
2 Eichenwäldchen vor dem Leipziger Thore: der Eichwald in Bettenhausen.

ES FEHLT AN MENSCHEN

von Carl Gottlob Küttner

Cassel
Diese Stadt hat etwas Charakteristisches, das sich von allen andern, die ich gesehen habe, auszeichnet, und das mir ein sonderbares – soll ich sagen Trauergefühl gegeben hat! Alles, was dem Fürsten gehört, hat ein Gepräge von Schönheit, Größe, ja selbst hin und wieder von Pracht, das mit dem, was die Bürger besitzen, sonderbar absticht. Wenn nicht ein Theil der Stadt sehr alt wäre, so würde ich das Ganze für den Sommeraufenthalt eines großen und mächtigen Fürsten halten, in dessen Nähe einige andere Große sich anbauten, und ich würde vermuthen, daß diese zwey Umstände eine Zahl armer Familien bewogen hätten, sich auch da niederzulassen, um von dem überströmenden Reichthume etwas zu schöpfen. Hier sehen Sie unter der Bürgerschaft wenig von dem, was Handel, gute Nahrung, oder Wohlstand verriethe; Sie begegnen wenig wohlgekleideten Menschen, und eine Kutsche ist eine seltene Erscheinung: und dann ist sie nicht eben sehr elegant. Der Hof mit seiner Livree und seinen Wagen, einige wenige andere, die zum Hofe oder zur Regierung gehören, vielleicht noch ein paar wohlhabende adelige Familien nebenher, und dann ein zahlreiches Militär scheinen die eigentlichen Bewohner von Cassel zu seyn; die übrigen kommen mir wie Wesen einer andern Art vor, die bloß darum in der Nähe von jenen sich finden, um für sie zu arbeiten, ohne je zu einem gewissen Genusse dadurch zu gelangen. Schließen Sie nicht etwa aus dem, was ich gesagt habe, daß der Hof sehr glänzend sey, oder mit großem Aufwande in der Stadt lebe! Der Landgraf befolgt eine strenge Oeconomie und haßt, im täglichen Leben, Aufwand und unnöthigen Pomp. Da nun der Handel von Cassel sehr geringe und der Erwerb unbedeutend ist, so fällt es vielen der kleinern Bürger schwer, sich zu erhalten, und man versichert mich, daß von Zeit zu Zeit Familien genöthigt gewesen sind, den Ort zu verlassen. – Die Bevölkerung soll schon seit mehreren Jahren regelmäßig abgenommen haben (ich gestehe aber zugleich hierbey, daß ich das bloß von Hörensagen habe, und daß ich keine sichern Data besitze, die Sache zu berichtigen.) Sonst floß von dem Aufwande des Hofes auf die Stadt etwas

über; dieses hat aufgehört: viele Menschen haben keine Art von Verdienst, und müssen, nachdem sie einige Jahre lang ein Pflanzenleben geführt haben, ihren Unterhalt anderswo suchen. Seit mehreren Jahren hat der Fürst aufgehört, seine Hofleute zu speisen, so daß er jetzt nur bey besondern Gelegenheiten und Festen eine Mahlzeit giebt. Die Landgräfin lebt äußerst eingezogen und einsam, ja so zu sagen allein. Der Landgraf hat alles gethan, um eine schöne Stadt daraus zu machen; das wird aber Cassel doch nie eigentlich seyn, so lange er nicht auch Leben und Wohlstand unter die Einwohner verbreiten kann. Der Königsplatz, der Friedrichsplatz, die Königsstraße und der ganze neue Theil der Stadt sind schön, sehr schön; aber es fehlen diesen Plätzen und Straßen und diesen ansehnlichen Gebäuden – Menschen, Menschen, die Wohlstand verrathen, zahlreich und gut gekleidet sind; Equipagen, Livreebediente, viele und wohlversehene Kaufmannsläden und alle die mannigfaltigen Artikel, welche die Kinder des Reichthums und des Wohlstandes sind. – Auf dem Friedrichsplatze steht eine colossalische Statue des letztverstorbenen Landgrafen; aber es fehlt an Menschen, die sich um sie herum bewegen. – Das alte Schloß, das die Landgräfin bewohnt, ist sehr einfach, aber es hat ein stattliches Ansehen und eine schöne Lage. Der große, reinliche Platz, der daran stößt, ist schön; aber die bestgekleideten Personen die ich da sahe, waren Officiers, und von den übrigen Menschen waren von zehn ungefähr neun – Soldaten. Diese trifft man in der That in allen Gassen der Stadt in Menge an, Jahr aus Jahr ein; jetzt aber, da die Revuen mehrere Truppen in die Stadt und Gegend umher bringen, scheinen Soldaten hauptsächlich die Einwohner derselben zu seyn.

(1797/99)

EIN GESUNDER ORT
von Johann Samuel Ersch und Johann Gottfried Gruber

Überhaupt ist Cassel ein gesunder Ort, obgleich seine hohe Lage und die mit so mancherlei Unrathe angefüllte Atmosphäre mancherlei Übel, besonders katarrhalischer und rheumatischer Natur, Lun-

genschwindsuchten, typhöse Fieber herbeiführen. Die Geburten können daher die Sterbefälle nicht übersteigen. [...] Der rauhe Nordwind ist die Geißel der Einw.; der nicht seltene Ostw. bringt Kälte und Trockenheit, der Süd Wärme mit. Orkane und Gewitter sind selten und ziehen schnell vorüber. [...]
Im Ganzen ist Cassel keine theure Stadt, und alle Lebensbedürfnisse, so wie die Miethe und das Holz wohlfeil. Es hat ein stehendes Theater, das zu den bessern Teutschlands gehört, regelmäßige Koncerte, Bälle, Maskeraden, 1 großes Civil- u. Militärcasino, 2 Logen und verschiedne andre Zirkel; was aber Cassel vorzüglich anziehend macht, sind seine reizenden Promenaden innerhalb der Mauern, die unter dem Berge gelegene Aue mit ihrem Schlosse, ihrem Marmorbade und ihren Fasanerien, die herrlichen Alleen, die alle Straßen um die Stadt begleiten, die schönen Gärten vor den Frankfurter-, Holländer- u. Wilhelmshöher Thoren, wovon mehre den öffentlichen Vergnügungen geweiht sind, das Landhaus der Kurfürstin bei Wehlheiden, nur ¼, das prächtige Wilhelmshöhe, ½, und Wilhelmsthal, 1 Meile von der Stadt entfernt, das Eichwäldchen, das Fischhaus, das Tannenwäldchen u.s.w.

(1826)

NICHT SCHÖN GENUG
Der Göttinger Student

An den Pfingsttagen ist in Cassel ein vorzüglich reges Leben; die Wasser auf Napoleonshöhe spielen zuerst, und ziehen jetzt viele Neugierige durch den Reiz der Neuheit dorthin. Jahrszeit und Muße mahnen die Studenten um so mehr, jetzt diese Residenzstadt zu besuchen. Die Begriffe von einer solchen Stadt pflegen gewöhnlich überspannt zu seyn; man kann nicht leicht mehr getäuscht werden, wie bey Cassel. Wenn man nicht aus dem ganzen Leben und Treiben auf der Straße, aus den reichen Equipagen, den vielen Militärposten u.s.w. schließen könnte, daß man wirklich in einer Residenz sey, so würden schwerlich die Gebäude, die Straßen, das ganze Aeussere der Stadt daran erinnern! Die Altstadt hat durchaus nichts freundliches Anziehendes; die Neustadt ist freylich schön, allein wie mir däucht, für eine Residenzstadt nicht schön genug.

(1813)

LEBENSELEMENTE

Johann Wolfgang von Goethe
im Gespräch mit Johann Peter Eckermann

Nun denken Sie aber an Städte wie Dresden, München, Stuttgart, Kassel, Braunschweig, Hannover und ähnliche; denken Sie an die großen Lebenselemente, die diese Städte in sich selber tragen; denken Sie an die Wirkungen, die von ihnen auf die benachbarten Provinzen ausgehen, und fragen Sie sich, ob das alles sein würde, wenn sie nicht seit langen Zeiten die Sitze von Fürsten gewesen?

(1828)

Die Orangerie zur Goethezeit.

DIE SCHÖNSTE STADT DES NORDENS
von Carl Julius Weber

Kassel mit seiner Umgebung auf einer Anhöhe am Ufer der Fulda, ist unstreitig die schönste Stadt des Nordens, aber stille, arm und traurig gleicht sie einer spanischen Stadt, wo man gerade Siesta hält, oder einer schönen Frau, die alles anwendet Fremde zu bezaubern, und darüber den Mann vergißt. Es ist viel Wahres an der Behauptung, wenn man zu Kassel recht herzlich lachen höre, könne man zehn gegen eins wetten, daß es ein Fremder sey.

(1828)

BRIEF AN ACHIM VON ARNIM
von Clemens Brentano

Ich habe hier zwei sehr liebe, liebe altdeutsche vertraute Freunde, Grimm genannt, welche ich früher für die deutsche Poesie interessiert hatte, und die ich nun nach zwei Jahre langem fleißigem, sehr konsequentem Studium so gelehrt und so reich an Notizen, Erfahrungen und den vielseitigsten Ansichten der ganzen romantischen Poesie wiedergefunden habe, daß ich bei ihrer Bescheidenheit über den Schatz, den sie besitzen, erschrocken bin. [...] Du wirst diese trefflichen Menschen, welche ruhig arbeiten, um einst eine tüchtige deutsche poetische Geschichte zu schreiben, sehr lieb gewinnen.

(Kassel, 19. Oktober 1807)

IDYLL IM HABICHTSWALD
von Ludwig Emil Grimm

Im Juli [...] fuhr ich mit meinem Freund, dem Oberstallmeister von Malsburg, nach Wilhelmshöhe, stieg gegen Abend zum Herkules, ließ mir mein Päckchen nachbringen und logierte mich beim Oktogonkastellan Günther ein, der eine kleine Wirtschaft da hatte. Ich hatte da ein kleines Stübchen, wo ich bei schlechtem Wetter hätte zeichnen können. Ich war aber meist den ganzen Tag im Wald. Es war reizend da oben. Tagelang war ich im Ahnegraben, einer engen Schlucht, worin das wilde Bergwasser kleine und große Wasserfälle gebildet hatte. Alles ist da dicht zugewachsen, Abhänge, Felsenmassen, übersponnen von Efeu, Brombeeren und Teufelszwirn – überall Waldblumen, die üppig aus den Felsritzen blühten, manchmal sechs bis acht Stengel aus einem Felsspalt hervorgewachsen, und im Gebüsch versteckt manch hübsches Vogelnest! An manchen Stellen war es vor all dem Wachstum ganz dunkel. [...] ich saß auf einem Moosstein, ringsum war alles zugewachsen, da sah ich, daß sich das hohe Waldgras bewegte – Freund Reineke kam heran, ich hörte ihn ächzen, aber er konnte mich nicht bemerken. Wie er ans klare Wasser kam, sah er sich pfiffig um, dann streckte er die Zunge lang heraus, ächzte sehr schnell und fing tüchtig an zu saufen; dann sah er sich wieder um, leckte sich den Mund ab, biß sich am Rücken, kratzte sich hinter dem Ohr – die Flöhe mochten ihn peinigen – und ging dann sehr langsam ins Wasser und setzte sich immer tiefer, bis nur der Kopf heraussah! Wie er so eine Zeitlang sich was zugut getan hatte – er drehte dabei den Kopf nach allen Seiten, wie es schien, aus lauter Wohlbehagen –, sprang er auf einen Stein, schüttelte sich ein paarmal tüchtig und fing an, sich hier und da zu lecken. Auf einmal aber tat er einen großen Satz ans Ufer, kam aber dabei doch mit den zwei Hinterläufen und der Rute etwas ins Wasser, und war im Nu verschwunden – er mußte mich bemerkt oder Wind bekommen haben! Besuch möchte selten dahinauf kommen, wenigstens die zehn bis zwölf Tage, die ich da oben war, traf ich niemand als allenfalls einen Jäger oder die Hühnerverkäufer von Ehlen[1], die da ausruhten und ihr Bier oder einen Schnaps tranken.

(um 1830)

1 Ehlen: Dorf am Habichtswald.

DIESE STADT LIEGT IN EINER UNGEMEIN FRUCHTBAREN UND SCHÖNEN GEGEND

von Carl Heinrich Junghans

Wir erreichten Cassel, und stiegen in dem Gasthofe zum König von Preußen ab. Diese Stadt liegt in einer ungemein fruchtbaren und schönen Gegend; malerische Berge umringen sie von mehrern Seiten, schöne Alleen unziehen sie, und man hat hie und da die reizendsten Aussichten. Sie hat schöne Promenaden, die schönste aber ist der Augarten, der seinen Anfang an der Cattenburg, einem von dem letztverstorbenen Churfürsten in einem großen Styl angelegten aber unvollendet gebliebenen Residenzschlosse, nimmt, artige Gewächs- und Treibhäuser enthält, und zum Vergnügen des Publikums dient. Man findet hier allerliebste Spaziergänge zwischen Blumenbeeten, Gesträuchen und Bäumen von den verschiedensten Arten, und einen ansehnlichen Exerzierplatz. Die Stadt hat breite Straßen und viele schöne Häuser; der Friedrichsplatz ist einer der schönsten Deutschlands, gegen die Aue hin offen, und mit der Statüe Landgrafs Friedrich geschmückt – der churfürstliche Pallast und das Theater sind an demselben gelegen – und der runde Königsplatz mit geschmackvollen Häusern umgeben.

Auf der Südseite der Stadt führt eine, eine Stunde lange Allee nach Wilhelmshöhe, einem sehr ausgedehnten, mit einem Schlosse, sehr sehenswerthen Springbrunnen, Cascaden, Tempeln, Grotten und der interessanten Löwenburg versehenem Parke. Ein für den Freund schöner Aussichten wichtiger Punkt ist das auf einer bedeutenden Anhöhe gelegene Octogon, zu dessen Plateform, die ein gigantischer Hercules ziert, man auf 842 Stufen hinaufsteigt. Die Aussicht, die man hier hat, gehört zu den schönsten, welche man in der Entfernung vom Meere, mitten auf dem festen Lande findet; sie ist entzückend. Von dieser bedeutenden Höhe blickt man in eine Landschaft hinaus, welche mit dem Plauenschen Grunde bei Dresden einen vortheilhaften Vergleich aushält; man übersieht einige vierzig Dörfer und sechs oder sieben Städte, über welche hinaus sich das Auge in eine endlose Ferne zu verlieren scheint, wenn nicht der sehr ferne Brocken demselben als Ruhepunkt diente.

(1831/35)

DIE STILLE ÜBERALL
von Joseph Eduard Wessely

Nicht immer sieht die Stadt in der Nähe so aus, wie aus der Ferne – es geht mit Menschen ja ebenso. Ich hatte mir von Cassel viel versprochen, fand mich aber nicht ganz befriedigt. Die Lage ist schön, die Anlagen prächtig – aber die Häuser sehen zumeist sehr gebrechlich aus – und die vielen engen schmutzigen Gassen! Und die Stille überall – es ist fast ein Ereigniß, wenn man einem Menschen begegnet.

(1866)

VIEL LEBEN – ALS KIND IN KASSEL
von August Heinrich Hoffmann von Fallersleben

In Cassel fanden wir viel Leben und alles was eine Stadt zur Residenz macht: Lakaien, Beamte und Soldaten. Den letzteren schenkte ich besondere Aufmerksamkeit; sie waren nach meiner Ansicht die schönsten die man bis dahin gesehen hatte: geschmackvoll und zweckmäßig gekleidet, vortrefflich eingeübt, und leicht, frisch und munter in ihren Bewegungen. Ich stahl mich weg von Vater und Mutter und trieb mich stundenlang auf den öffentlichen Plätzen umher, wo es immer etwas zu sehen und zu hören gab. So lustig die Musik klang, so schrecklich tönte das Kettengeklirre der Gefangenen, welche die Straßen reinigen mußten; es waren viele politische Verbrecher darunter, die erst zwei Jahre später ihre Erlösung fanden.

(1868)

DIE RESIDENZSTADT CASSEL UND IHRE UMGEBUNGEN

von Adolf Nagel

Über Adolf Nagel ist nicht viel bekannt. Seine zahlreichen Gedichte widmen sich beinahe jedem Aspekt Kassels im späten 19. Jahrhundert. Um Kritikern an seinen liebenswerten, sprachlich nicht immer mit letztem Feinschliff bedachten Versen den Wind aus den Segeln zu nehmen, stellte er seinem Büchlein ein erklärendes, ja entschuldigendes „Vorwort" voran.

Vorwort

Dies Werk kann keinen Anspruch machen
Auf Lob und künstlerischen Werth,
Weil der Verfasser eine hohe
Belehrungsschule einst entbehrt.

Doch auch der Kritiker des Werkes
Gewiß ein mildes Urtheil fällt,
Hört er, daß es mit großer Mühe
Ein armer Kranker hergestellt.

Den hochgeehrten edlen Gönnern
Im Reich der Kunst und Industrie
Dies Werk soll Herzensdank bezeugen
Für die geschätzte Sympathie.

Den edelherzigen Mäceen,
Die diese Druckschrift hergestellt,
Mög' Gott gewähren Heil und Segen
In dieser und in jener Welt.
Der Verfasser.

I. Die Stadt und ihre Umgebungen

Daß auch Kurhessens Hauptstadt
Berühmt und Großstadt ward,
Hat nun sich den Bewohnern
Und Fremden offenbart.

Der neue Theil, der südlich
Vom Bahnhof dehnt sich aus,
Bezeugt's durch breite Straßen
Und manches schöne Haus.

Die Häuser mit Ziergärten
Daselbst sind sehenswerth,
Zumal die Villa Henschel,
Die Rundsicht noch verklärt.

Auch and're Theile machen
Erstaunen in uns reg',
Zumal die Königsstraße,
Der Theil am „Grünen Weg".

Dann sind die Gotteshäuser
Dahier beachtenswerth,
Wenn äußerlich auch wenig
Verzierung sie verklärt.

Sanct Martin's großer Tempel
Ist prächtig ausgeschmückt;
Der hübsche Thurm der Kirche
Durch Rundsicht uns entzückt.

Von andern Kirchen werden
Hervorgehoben drei:
Die für die Katholiken,
Am Graben, Renthof 2.

Die schöne Synagoge
Ist auch beachtenswerth.
Im Ständehause Cassels
Hat Manches sich geklärt.

Wo einst das erste Stockwerk
Der „Kattenburg" trat vor,
Ragt nun ein imposanter
Justiz-Palast empor.

Das Haus für die Gerichte
Und die Regierung hier
Bezaubert uns durch Größe
Und auch durch manche Zier.

Jedoch die Burg der Katten
Mehr hätte imponiert,
Wenn diese nach den Plänen
Des Gründers ausgeführt.

Die dortige Terrasse
Gewährt uns schöne Blick'
Auf Cassel, Aue, Fulda,
Zur Stein- und Kettenbrück'.

Die Stadt befördert rühmlichst
Die Industrie und Kunst
Und ihre hohen Schulen
Besitzen Ruhm und Gunst.

Der beste Schatz der Schätze,
Die Kunstsinn ihr verlieh,
Das ist die hochberühmte
Gemälde-Galerie.

Auch das bewundernswerthe
Museum ist berühmt.
Da manchem Schatz desselben
Das höchste Lob geziemt.

Von den gerühmten Schätzen
Erwähne ich hier nur:
Das Standbild der Minerva
Und Nike's Erzfigur.

Auf andern Kunstgebieten
Sich zeichnet dieses Haus
Durch viele Gipsabgüsse
Und Korkmodelle aus.

Das alte Lustschloß dienet
Der Kunst-Akademie;
Auch dem Armeecorps-Führer
Man Wohnung dort verlieh.

Notiert als nützlich seien
Credit-Anstalt des Gau's,
Die Gas-Anstalt, das Schlachthaus,
Das Rathhaus, Logenhaus.

Vortrefflich ist die Anstalt,
Die man der Stadt verdankt,
Durch die das Niestewasser
In jedes Haus gelangt.

An sehenswerthen Plätzen
Hat Cassel manchen Schatz;
Genannt hier seien Friedrichs-,
Rondel- und Königsplatz.

Sie sind geziert durch Bäume
Und manches schöne Haus;
Den Königsplatz auch zeichnet
Sechsfaches Echo aus.

Der ausgebaute Bahnhof
Ist höchst beachtenswerth,
Zumal die schöne Halle,
Die seine Stirn verklärt.

Der Bau für die Soldaten
Und auch der Strafhausbau
Als stattliche Gebäude
Verdienen Lob und Schau.

Schloss Wilhelmshöhe mit der im Krieg zerstörten Kuppel.

Denkmäler sind in Cassel
Jetzt wahrlich nicht mehr rar;
Das größte stellt den Bauherrn
Des Kunst-Museums dar.

Dann hebt man noch besonders
Zwei Standbilder hervor,
Verklärend Karl von Hessen
Und den berühmten Spohr.

Den Büsten Möller's, Schomburg's
Beachtung stets gebührt;
Das schöne Hessen-Denkmal
Die Vorder-Aue ziert.

Besondere Belobung
Dem Brunnen sei gewährt,
Der die vier größten Flüsse
Des Hessengau's verklärt.

Musik, Gesang und Schauspiel
Hat Cassel stets gepflegt;
Die Leitung des Theaters
Hat immer Lob erregt.

Ein Felsenkeller-Garten
Dahier ist Unicum.
Hôtels und Pensionen
Belobt das Publikum.

Von Cassels Druckereien
Empfehl' ich aller Welt:
Die beiden, die so edel
Mir Schriften hergestellt.

Gesangbücher, Kalender,
Das Handbuch der Provinz
Dem ersteren Geschäfte
Erwarben Lob und Zins.

Geschätzte Werke brachten
dem andern Lob und Glück;
Die Accidenz-Arbeiten
Bekunden viel Geschick.

Beliebt sind Cassels „Zeitung",
„Journal" und „Tageblatt",
Die „Tagespost", Adreßbuch,
Zumal im Reich der Stadt.

Die Gärtnereien Cassels
Als rühmlich sind bekannt.
Auch Bier und Cervelatwurst
Man dort vortrefflich fand.

Von den Vereinen seien
Nur drei hier aufgeführt,
Obgleich auch allen andern
Dort Gunst und Lob gebührt.

Im allbeliebten „Stadtpark"
Und auch im Schaub'schen Hein
Giebt's rühmliche Concerte
Bei Kaffee, Bier und Wein.

Von Cassel und Umgebung
Ein malerisches Bild
Im Garten „Belvedere"
Der Aussichtsthurm enthüllt.

Zwei allbeliebte Stätten
Umfaßt die Bahnhofshöh':
Das traute „Tannenwäldchen",
Die „Cöllnische Allee".

Im alten und im neuen
Begräbnis-Garten hier
Ward mach' berühmter Name
Verklärt durch Denkmalszier.

Zwei weltberühmte Stätten,
Die Landgraf Karl einst schuf,
Verherrlichen die Gegend
Und fördern Cassels Ruf.

Die nächste ist die Aue,
Der schönste Hain im Reich.
Die zweite Wilhelmshöhe,
Der Park, dem keiner gleich.

Das schönste Thor der Aue
Verklärt ein Prachtgewand:
Die trefflichen Gebilde
Von Siemering und Brandt.

Das Schloß verzieren Bilder
Der Fürsten dieses Gau's.
Das „Bowlinggreen" sich zeichnet
Durch Nahl's Figuren aus.

Das Marmorbad verherrlicht
Monnot's Figurenpracht.
Auch Kaupert's großer Löwe
Wird stets mit Lob bedacht.

Der Hauptteich ist an Fischen
Und auch an Schwänen reich;
Im Winter ist er Eisbahn,
Im Sommer Gondelteich.

Die Insel „Sieben Hügel"
Entzückt durch Blumenpracht.
Auch das Café im Parke
Wird gern mit Lob bedacht.

Und wem von schönen Stätten
Erwünscht noch größ're Wahl,
Dem winkt „Augustenruhe"
Und weiter „Wilhelmsthal".

Gerühmt wird auch die Aussicht
Von dem „Elf-Buchen-Thurm",
Der rechts von Wilhelmshöhe
Im Walde trotzt dem Sturm.

Wer lange kann verweilen
Im Habichtswald-Gebiet,
Gewiß noch manche schöne
Erholungsstätte sieht.

Auch manche hübsche Ortschaft
Es in der Nähe giebt,
Woselbst die Gastwirthschaften
Mit Gärten sehr beliebt.

(1885)

LAMPIOON. ABENTEUER EINES WANDERERS
von Manfred Hausmann

Lampioon träumt umher
Denk dir nur einen Wald über Berg und Tal und eine unendliche Stille darin. Ich ziehe langsam hindurch. Das Laub raschelt um meine Schuhe. Zuweilen gehe ich auf den Zehen. Und da findet das eine oder andere Ereignis statt.
Vorhin war noch Nacht unter den Stämmen, dann schwebte die Dämmerung herauf, nun scheint die Sonne und läßt den Dunst, der aus dem Waldboden steigt, in bläuliche Bahnen schimmern. Gibst du zu, daß das ein Ereignis ist? Ich finde, du könntest es ruhig zugeben.
Die Buchenwipfel sind über und über mit dicken Knospen versehen, da und dort zeigt sich auch etwas Grün, aber im ganzen sieht es noch kahl aus, da oben. Die kleinen Zweige indessen, die weiter unten gleich aus dem grauen Stamm herauswachsen, haben ihre Blätter schon völlig auseinandergefaltet. Wenn die Sonne hindurchscheint, sieht es aus, als schwämmen lauter grüne und goldene Lichtstreifen in dem dunklen Meer des Waldes.
Mit einem Mal wird der Wald noch merkwürdiger. Ich gerate an eine Stelle, wo Seidelbast wächst. Du kannst dir keine Vorstellung machen, wie herb und betäubend es hier riecht. Über mir schwimmen die durchsichtigen Blätter in der Luft, sie sind nicht golden, sie sind fast weiß, und um meine Füße herum stehen diese kleinen Sträucher und haben auf ihre nackten Zweige lila Blüten gesteckt. Lila oder Purpur, wie soll man die Farbe nennen? Und weil ich keine Eile habe, lege ich mich mitten in den Seidelbast hinein und schließe die Augen. Allmählich höre ich, daß der Wald nicht gänzlich still ist. Dahinten dröhnt etwas, ein Wasser vielleicht, allerlei Vogelstimmen kommen näher und entfernen sich wieder, ein Blatt raschelt, es klopft irgendwo, ein trockener Zweig fällt herab, ganz in der Ferne donnert es dumpf, da haben sie wohl in einem Steinbruch einen Sprengschuß gelöst.
Für dich bedeutet es nichts, im Walde zu liegen und nach allen Seiten hin zu horchen, wie? Aber ich bin über diesen Punkt anderer Ansicht. Du magst es mir glauben oder nicht, aber ich höre in diesem Augenblick geradezu die Ewigkeit. In diesem knispernden Ton, der

an mein Ohr dringt, wenn sich zum Beispiel eine Knospe im Wald öffnet, höre ich die Ewigkeit. Was sagst du nun? Ich bleibe wohl über eine Stunde mit geschlossenen Augen dort im Duft des Seidelbastes liegen und habe Zeit, über jedes Geräusch nachzudenken. Aber wenn die Kohlmeise mit ihrem hohen Ziit durch die Stille fliegt, so ist das wie der dünne Strich, den eine Sternschnuppe in das samtene Dunkel des Himmels reißt.

Dann stehe ich wieder auf, pflücke mir eine Handvoll Zweige und schlendere weiter. Ich habe diese Nacht nicht gut geschlafen. Wenn mir die Sonne ins Gesicht scheint, tun meine Augäpfel weh, auf meinen Ohren liegt ein feiner Druck. Der Geruch, der aus den Seidelbastblüten steigt, macht mich ordentlich schwindelig. Ich sollte das Zeugs wegwerfen. Aber ich finde es in einer Weise wieder so angenehm, ein wenig krank und schwindelig über die Erde zu wandern. Der Wald, in dem ich heute bin, heißt der Habichtswald. Wenn ich jetzt rechtsum machen und zwei Stunden geradeaus gehen würde, käme ich in die Stadt Kassel. Du mußt dich nicht wundern, daß ich das so ohne weiteres behaupte, aber ich kenne diese Gegend wie meine Hosentasche. Und wenn es dich interessiert, ich bin sogar in Kassel geboren. Als Junge habe ich oft genug über Sonnabend und Sonntag mit meinen Freunden den Habichtswald unsicher gemacht. Manchmal mußte ich natürlich auch mit meinen Eltern darin Spazierengehen. Ich will heute nicht nach Kassel. Nein, ich will überhaupt nicht nach Kassel. Da ist mir einmal etwas passiert, wie soll ich mich ausdrücken ... ich habe da einmal ... Kurz und gut, ich möchte heute nicht über die Sache reden. Quäl mich nicht! Morgen vielleicht, in acht Tagen vielleicht, vielleicht auch nie. Was ist noch schöner und geheimnisvoller als ein Wald im April mit Sonne und aufbrechenden Knospen und Duft von Seidelbast? Komm ein bißchen mit mir, wir wollen einmal in dies Tal hinuntergehen, da werden wir gleich etwas zu Gesicht bekommen, etwas... Siehst du wohl, das Helle da zwischen den Stämmen! Ein kleines Schloß! Wie verloren es doch in diesem Buchengrund liegt! Rechts steht eine Wasserkunst, ja, das Graue da, eine Grotte. In den Gebüschen dahinter habe ich einmal Ostereier gesucht. Wenn meine Eltern sonntags ihren Spaziergang machten, bekam ich eine Botanisiertrommel mit Kuchen umgehängt und einen Spazierstock mit einem Griff aus Elfenbein in die Hand. Ich mußte auch einen steifen Kragen um den Hals legen. Was waren das für Zeiten!

Aber jetzt klettere ich über die Parkmauer, schleiche die geschwungenen Wege hin, am Teich vorbei und um das Schloß herum. Nichts rührt sich. Die Jalousien sind herabgelassen, die Fensterläden vorgeklappt. Und der Kastellan, oder wer da nun wohnt, schläft wohl noch. Es ist vielleicht sieben Uhr. Schloß Wilhelmsthal im Habichtswald. Schöner und geheimnisvoller? Man kann das so schlecht vergleichen. Aber es ist sicher auf seine Weise unsäglich schön und geheimnisvoll. Ich steige die Freitreppe hinauf und rüttele vorsichtig an einem Fensterladen, den ich von der Rampe aus erreichen kann. Er gibt nach, ich presse mein Gesicht an die Scheiben und gucke in das Schloß hinein. Ein geheimnisvolles Zimmer. So lautlos, so dämmerig. Die Wände sind mattgrün. Davor stehen gebogene Stühle und Sofas aus hellem Holz mit ein bißchen Gold daran und ganz verblichener Seide, mattgrün auch sie. In der Ecke schimmert ein polierter Schrank. Darauf erhebt sich ein Papagei aus weißem Porzellan mit gelbem Kamm. Hinter ihm steigt ein Spiegel in die Höhe, der Papagei guckt hinein und sieht sich darinnen noch einmal in weiß und gelb. Und um den Spiegel herum läuft ein goldener Schnörkel. Alles so leicht, so schwebend. Und dann spielen da an der Decke hin und oben über der Tür goldbetupfte Kinder mit Tieren und Körbchen. Auch hängen an den Wänden Flöten und Geigen herab, so lustige Bündel, mit rosa Schleifen zusammengebunden. Dort sind es Flöten und Geigen, hier Degen und Flinten und da ein paar Zweige um einen Vogelbauer herum. Das hängt so nieder, Girlanden schlingen sich von einem zum ändern, Vögel sitzen drin, und über alles ist wieder ein Hauch von Gold gestäubt. Und von der Decke senkt sich leise ein gläserner Leuchter in den Schimmer hinein, hängende Tropfen und Perlen, gleichsam aus nichts gemacht, nur aus ein bißchen Gefunkel.
Ich habe schon viele wundersame Dinge auf dieser Welt gesehen, einen Wald voller Spinnweben mit Tau daran, ein vollständiges Bergwerk in einer Flasche, richtige Schächte mit Männern, die hackten, und kleinen Wagen, die hin- und herfuhren, alles in einer Flasche, ein Flugzeug, das bis in die Wolken stieg und sich überschlug und so weit wegflog, daß wir es nicht mehr mit unseren Augen erkennen konnten, das habe ich schon alles gesehen, aber ich glaube, dies Schloß, dies seidene und gläserne Zimmer, nein, daß so etwas Wundersames von Menschenhänden hergestellt werden kann! Und du meinst wohl auch, daß es sich so verhält. Heute kann nichts Schöne-

res mehr kommen. Oh, es gibt aber Tage, die sind wie ... von einer sanften Musik durchflutet. Und die Musik wird immer süßer und immer noch ein wenig süßer. Glückstage. Tage voll Duft und Wehmut. Man ist so empfindlich gegen jeden Klang und jeden Schimmer von Farbe. Die Augäpfel tun einem weh, die Gedanken beben so krank hinter der Stirn. Wer weiß, was sich noch ereignen will.

Ich springe von der Rampe herunter und trete etwas zurück, um mir das Schloß noch einmal in seiner ganzen Gestalt anzusehen. Eigentlich ist es außen beinahe ebenso zart ersonnen wie innen. Diese Schnörkel über den Fenstern, einer in den andern fliegend, die Girlanden, die Balkongitter, das zierliche Portal da links mit dem Wappen und den runden Treppenstufen, auch hier außen schwebt alles. Ich lege den Kopf etwas schief und habe die Hände auf dem Rücken. Und in der einen Faust halte ich den Strauß von Seidelbast. Ich betrachte das Schloß. So weiß und still steht es nun schon all die Jahrhunderte da. Bewegt sich da nicht jemand hinter der Jalousie und sieht zu mir heraus? Nein, doch nicht! Der Seidelbast duftet an meinem Rücken herauf, die Bäume des Parks sind wie ein graues und grünliches Gewölk, die Sonne rieselt hindurch. Ich spitze die Lippen und wehe ein bißchen Luft heraus, es pfeift nicht, es summt nur. Es gibt ja so Augenblicke, in denen man nichts denkt und nichts weiß, nicht wahr, man erblickt nur die Welt um sich her und steht da wie im Traum und läßt alles geschehen. So ist es jetzt mit mir.

Da erhebt sich die Musik dieses Morgens zu ihrer letzten Süße. Das Portal öffnet sich, eine junge Dame schlüpft heraus. Sie war es wohl, die sich hinter den Jalousien bewegte. Und nun hat sie ein winziges Hütchen mit Heckenrosen und einer kleinen Pfauenfeder auf dem Kopf, ganz vorn. Es sitzt so schräg, daß es aussieht, als fiele es gleich herunter, ihr Kleid ist wasserblau mit einem Schimmer von grauem Silber, sie trägt einen kurzen Rock und seidene Strümpfe. Meinst du, ich zöge mich jetzt zurück? Bewahre! Ich bleibe ruhig stehen und sehe ihr zu, ich wundere mich nicht einmal. Sie steigt mit langsamen, geräuschlosen Schritten die Treppe hinab und gleitet geradenwegs auf mich zu. Ihre Schuhe sind wieder aus Silber. Ich bleibe immer noch ruhig stehen, ich zwinkere nicht einmal mit den Augen. Aber sie ist so unglaublich vornehm, wie sie da auf mich zugleitet, daß ich mich sozusagen in Gottes Hand befehle. Ein wenig Haar hängt blond und wehend an ihrer Schläfe. Und als sie nun nahe genug gekommen ist, hält sie an, einen Schritt von mir entfernt, schiebt die Fingerspitzen vorn in ihren Gürtel, beugt sich ein wenig vor und sagt: Nun, mein Herr?

Ich stoße ihr, ohne mich auch nur einen Augenblick zu besinnen, meine Faust mit dem Seidelbast entgegen: Da!

Sie fährt erschrocken zurück und wölbt ihre Augenbrauen hoch. Aber dann lächelt sie gleich und nimmt den Strauß an. Ihre Knie wippen eine Kleinigkeit nach vorn, was wohl einen Knicks bedeuten soll: Danke schön, mein Herr!

Jetzt ist es an mir, die Unterhaltung fortzuführen. Und was kann ich anderes tun, als auch meinerseits die Fingerspitzen von oben in die Westentaschen zu stippen, mich vorzubeugen und zu fragen: Nun, mein Fräulein? Kehrt sie mir daraufhin etwa den Rücken und geht weg? O nein! Sie sieht sich um, wischt geschwind mit ihrer Zunge über die Lippen und ... und tupft mir einen Kuß auf die Nase: Da!

Ich sage leise: Danke schön, Fräulein Prinzessin! Und da ... da neigt sie sich, so wahr ich lebe, mir noch einmal entgegen und fragt noch einmal: Nun, Herr Landstreicher?

Ich lege meine Arme um sie und küsse sie auf den Mund. Und sie öffnet ihre Lippen und drängt sich an mich heran, eine lange, lange Sekunde lang. Aber dann fängt sie an zu zappeln und reißt sich los. Ich glaube, du bist verrückt! ruft sie. Und wipp wipp wipp ist sie die Treppe hinaufgesprungen. Zipp, zipp, zipp, winkt sie mir mit dem Seidelbast noch einmal zu. Bauz, fällt die Tür ins Schloß ... Du willst wissen, wie es nun weitergeht. Es geht nicht weiter. Ich habe mich etwas mit ihr unterhalten. Und damit gut.

Und was bedeutet das ganze Geschwätz? Prinzessin sagst du? Ich verstehe kein Wort von alledem. Nichts. Es bedeutet wirklich nichts. Du mußt es nicht so ernst auffassen. Ich träume ein wenig umher, ich bin ein wenig schwindelig. Es bedeutet nichts. Beinahe nichts. Man geht frühmorgens auf den Zehen im Wald umher und befaßt sich mit lauter Nichtigkeiten. Man legt sein Ohr an einen Buchenstamm und hört da drinnen die Säfte perlen, man küßt eine Prinzessin auf den Mund, hinterher schämt man sich, daß man nicht einmal seine Mütze abgenommen hat.

(1928)

DAS NEUE KASSEL IST UNVERGLEICHLICH
von Christine Brückner

Im Juni 1960 zog ich nach Kassel. Ich bin nicht in meine Vaterstadt zurückgekehrt. Ich bestreite das. Ich erkannte nichts wieder und wollte nichts wiedererkennen. Dabei gab es Anzeichen. Im Park Wilhelmshöhe sind die Anfangsbuchstaben meines Mädchennamens in die steinerne Wand eines Pavillons geritzt, zusammen mit zwei anderen Buchstaben. Mein Name an den eines Toten gebunden.
Mit dem 22. Oktober 1943 war endgültig und gewaltsam meine Kindheit zuende. Das Elternhaus bis auf die Mauern ausgebrannt; der Vater tot, die Mutter krank und ohne Obdach und Habe; die Schule, in der ich ein halbes Jahr später hätte Abitur machen sollen: bis auf die Grundmauern zerstört; die liebste Freundin verbrannt, mit Eltern, Großeltern, Hund – nichts, was man noch hätte begraben können.
Das war das Ende. Das war der Abschied. Da war alles in Flammen aufgegangen. Nach einer solchen Nacht geht man fort und dreht sich nicht um.
Ich weigerte mich, das alte Kassel wiederzufinden, in dem ich schon einmal neun Jahre lang gewohnt hatte. In meiner Erinnerung waren nichts als Trümmer und Tote. Das Vergessen war leichtgemacht. Die Straßen trugen neue Namen; es war nicht schwer zu lernen, daß jene Straße die Friedrich-Ebert-Straße war, daß der Platz, an dem einmal das Oberlyzeum stand, wer weiß denn noch wo, der Scheidemannplatz ist. Ein paar restaurierte Erinnerungsstücke genügten: Druselturm, Zwehrener Turm, Ottoneum. Die roten, klassizistischen Säulen vom alten Porticus des ‚Roten Palais' an der Fassade eines Kaufhauses: ich war's zufrieden.
Dann und wann sah ich jemanden, den ich einmal kannte. Für Sekunden tauchte das alte junge Gesicht vor mir auf. Olympiarolle, Nackenknoten, schwarzes Käppi; eine Uniform, HJ oder BDM, braun oder feldgrau. Wozu? Das ist vergessen. Ich gehe vorüber. Ich gehe unter der Tarnkappe von zwanzig vergangenen Jahren, im Schutz eines neuen Namens. Manchmal bleibt jemand stehen, nennt den alten Namen. Leugnen hilft nicht. Sagt er: „Sie haben sich gar nicht verändert", dann werde ich blaß, sage „oh" und gehe wei-

ter, wie jener Herr Keuner bei Bert Brecht. Ich habe mich verändert. Die Stadt hat sich verändert.

Das Haus der Eltern ist wieder aufgebaut, ein Trugschluß. Manchmal gehe ich vorüber, unternehme Kontrollgänge. Lange stand noch eine Birke vorm Haus und der Mandelbaum, den meine Mutter gepflanzt hat. Jeder kann Bäume schlagen, auch wenn er sie nicht gepflanzt hat. ‚Mein' ist das alles nicht mehr. Mein Elternhaus, meine Straße, meine Schule, mein – in jener Nacht sind alle meine Possessiva verbrannt.

Ich sah das Neue. Wer geblieben ist, wer bald nach der Katastrophe zurückkehrte, sah das Zerstörte, das Alte, stellte Vergleiche an. Die Stadt, die ich vorfand, war bereits unvergleichlich …

Wo die Erinnerung die Vergangenheit vergoldet hatte, was sie so gern tut, zeigte sich beim zweiten, kritischen Blick, daß es sich nicht um Gold, sondern um Dublee handelte. Das sehe ich vor mir: mein Vater, der Superintendent, vorzeitig pensioniert, wie er im Restaurant ‚Herkules' mit erhobenem rechtem Arm dasteht, die Lippen zusammengepreßt. Eine Sondermeldung aus dem Lautsprecher. Statt unsere Suppe zu essen, standen wir auf, erhoben den rechten Arm zum Deutschen Gruß und sangen das Horst-Wessel-Lied. Erinnerungen, die sich in 20 und 30 Jahren nicht vergolden lassen. In meinem Klassenzimmer hing ein Spruch an der Wand: ‚Wer leben will, der kämpfe also, und wer nicht streiten will in dieser Welt des ewigen Ringens, verdient das Leben nicht.' Das klingt nach Nietzsche und ist von Adolf Hitler. Eine Schule, in der eine alte Oberstudienrätin, Lehrfach Geschichte, blauäugig und ergriffen noch im Jahr 1943 von ‚unserem herrlichen Führer' sprach.

Wenn es Zeugnisse gegeben hatte, im Herbst und zu Ostern, war Messe in Kassel, dann gingen wir auf den Friedrichsplatz, wo damals die Verkaufsbuden standen, aßen Fischbrötchen und türkischen Honig. Was für ein Platz war das! Wie geschaffen für Aufmärsche. Da verbrachte ich jeden Ersten-Mai-Feiertag. Ich weiß nicht, aus wie vielen staatspolitischen Anlässen ich dort antreten mußte. So schön wie heute war der Friedrichsplatz noch nie! Kein Exerzierplatz mehr, kein Platz für Aufmärsche. Er ist farbig und festlich, heiter und gesellig. Die jungen Linden sind schon stattliche Bäume, und wenn sie im Juli blühen, dann zieht – nein! Es ist Ostwind, Schönwetterwind, da mischt sich in Kassel die Spinnfaser in alle Blütendüfte. Wie einst. Ich erinnere mich: Ich ging mit einer Winterhilfswerk-Büchse

durch die Königsstraße, die Wilhelmstraße; heute ist das ein Fußgängerzentrum, um das uns viele Städte beneiden. In dieser Stadt leistete ich das ‚Pflichtjahr für deutsche Mädchen' ab, hier tat ich drei Jahre lang Kriegsdienst beim Generalkommando IX A.K., mit Erkennungsmarke und Gasmaskentornister ausgestattet. Eine NS-Stadt, in der ich tun mußte, was man mir befahl; eine Kriegsstadt, dunkel, kalt, in der man Panzer baute und den Fieseler Storch. Ich bin in eine demokratische Stadt zurückgekehrt!
Im alten Staatstheater habe ich ‚Katte' gesehen; ‚Schlageter' von Hanns Johst und Stücke von Rehberg. Auch Unvergessenes: den ‚Sommernachtstraum' und ‚Iphigenie'. Ich schwärmte für Luise Glau und für Stephan Skodler. Ich sehe die junge Ruth Beheim noch vor mir, singend auf einer Schaukel in Mozarts ‚Cosi fan tutte'. Im neuen Staatstheater kann ich Ionesco sehen, Beckett, Bond und Shakespeare à la Zadek. Oft begeistert und manchmal empört. Aber: ich sehe Welttheater.
Ich ging damals in die Fulda zum Schwimmen. Da reihte sich Freibad an Freibad, lange Zeit noch nach Geschlechtern getrennt. Wenn ein ‚Fieseler Storch' unter dem Bogen der Fuldabrücke durchflog, tauchten wir wie die Enten. Heute schwimme ich im azurblauen, wohltemperierten Wasser des Stadions am Auedamm, die Fulda gleitet lehmig vorüber, Motorboote, ab und zu ein Hubschrauber oder ein Schwanenpaar in den Lüften, am anderen Fuldaufer lagern Kühe auf den Weiden, in der Ferne die Autobahn, die Schlote der Fabriken. Der Dampfer ‚Elsa' fährt nachmittags noch immer die Kaffeegäste zur ‚Grauen Katze', aber an manchen Abenden verwandelt er sich in ein ‚river boat' mit Jazz und Beat.
Kassel liegt etwa in der Mitte zwischen dem 51. und 52. Breitengrad. Aber an manchen Sommertagen meint man, diese ehedem so steinerne dunkle Stadt mit den engen Straßenzügen, den dürftigen, mit Eisengittern wehrhaft gemachten Vorgärten sei auf dem 48. Breitengrad wieder aufgebaut; viel weiter südlich. Kommt man die Treppenstraße hinunter, an Sonnenschirmen und Caféhausstühlen und Blumenrabatten vorbei, geht der Blick weit ins Land. Ich mag diese Landschaft. Sie ist hessisch-harmlos, ohne Attraktionen. Der Fluß zu klein, um das Stadtbild zu bestimmen, kein Seeufer mit eleganten Promenaden, die Berge kaum zur Höhe der Mittelgebirge ansteigend, aber: eine Stadt mit mehr Grün als alle anderen Städte. Über 20 Prozent des Stadtgebietes sind Waldgebiet. Ich schätze, daß minde-

Café des Nordischen Hofs, direkt gegenüber dem Bahnhofsgebäude, Mai 1954 (o.); Foyer des neuen Staatstheaters (Großes Haus), sechziger Jahre (r.).

stens 20 weitere Prozent Gärten und Anlagen sind. Man öffnet die Straßenbahntür an den Endstationen und ist im Wald.
Und die Parks! Unserer vor allem, die Karlsaue. Da machen wir jedes Jahr eine Ente und einen Karpfen mit Brotresten fett. Wir müßten längst einen goldenen Wanderschuh bekommen haben, so oft sind wir im Winter und Frühling, im Sommer und Herbst um unseren See gegangen. Im neuen Kassel ist vieles ‚unser'. Wir sagen ‚unser Park' und sagen ‚unser OB'.
Wo nur ein Stückchen Erde ist, auf dem weder eine Straßenbahn fahren noch ein Auto parken könnte, da blühen in Kassel, bevor noch die Baustelle zugeschaufelt ist, Blumen und Sträucher, und wo der Platz für ein Beet nicht ausreicht, da steht ein Zementtrog, aus dem es grün und blühend wuchert. Und die Springbrunnen! Vorm Rathaus, vorm Theater, vorm Bahnhof, es plätschert sogar im Kino. Wasserspiele vom Herkules bis zum Königsplatz, von Kaskade zu Kaskade. Vor vielen Jahren, als auch solch ein documenta-Jahr war, reiste ich einige Monate durch die Vereinigten Staaten. Ich suchte vergeblich in den Zeitungen nach Meldungen aus der Bundesrepublik. Keine Zeile Politik, keine Zeile Sport, aber mehrfach las ich von ‚Kassel, a small town in Western Germany'. Die documenta hat uns Weltruhm verschafft. Wenn man mich nach dem Woher fragte und Kassel hörte, dann sagte man: Ah, documenta! Man kommt eher aus Sydney und

Montreal, um die documenta zu sehen, als aus Wehlheiden und Bettenhausen. Die Stadt scheint moderner zu sein als viele ihrer Bewohner. Vieles ist gegen den Wunsch und gegen den Widerstand der Bürger geworden, wie es jetzt ist: das Fußgängerzentrum, die schwarz-weiße Pflasterung der Königsstraße, die Anlagen auf dem Königsplatz. Für die Beleuchtung ihres Wahrzeichens allerdings haben die Bürger tatkräftig und spendenfreudig selbst gesorgt: der Herkules, Halbgott und Übermensch, mahnt uns nun auch des Nachts als leuchtendes Vorbild zu großen Anstrengungen.

Die alte Neue Galerie! Dorthin gingen wir sonntags nach dem Gottesdienst, geradewegs zu den Niederländern. Der ‚Kasseler Apoll' galt damals noch als das Glanzstück der kleinen Antikensammlung, marmorn, blank und schön, das Lockenhaupt zur Wand gerichtet, er kehrte seine Blöße noch nicht ungeniert dem Beschauer entgegen.

Als Untersekundanerin schrieb ich einen Hausaufsatz über das Hugenottenviertel, die Obere Neustadt. Ich saß in der Murhardbibliothek, zeichnete Grundrisse und Balkongitter und ‚Œils-de-bœuf'. Kassels schönstes Stadtviertel ist zerstört, der Aufsatz ist verbrannt. Wenn ich heute im Lesesaal sitze, fällt mein Blick wie damals auf den goldenen Bücherwurm, aber mein Blick fällt auch im Sachkatalog auf die Rubrik ‚III. Weltkrieg', wohlgeordnet hinter Weltkrieg I und II. Das zerstört alle Illusion. Wir sind im Jahr 1968.

In den ersten Jahren hat mich das hessische ‚als' gestört. Bis ich dann in einem Brief Jacob Grimms las: ‚Könnt ich Euch doch als mal besuchen.' Jetzt weiß ich, daß es damit seine Richtigkeit hat. Als mal, das heißt immer mal. Es klingt dem Ohr noch nicht angenehm, aber doch ganz vertraut. Längst weiß ich, daß man hier sagt: ‚es schickt', wenn es genug ist. Unsere Mägen haben sich an Schmandhering und stracke Wurst gewöhnt, nur beim Speckkuchen streiken sie. Ich kenne mich in der Kasseler Art und in der Kasseler Mundart nun schon aus. Die Geschichten von ‚Henner und Gußdchen' in der ‚Hessischen Allgemeinen' lese ich, ohne zu stocken. Wir schreiben an unsere Freunde: ‚Kassel liegt auf der halben Strecke, wenn ihr in die Berge oder an die See oder in die DDR fahrt. Wir haben siebzehn Rembrandts! Besucht uns doch als mal!'

(1968)

„... DANN SEHEN SIE KASSEL SCHON LIEGEN"

von Vicco von Bülow (alias Loriot)

Gehen Sie hier zwischen den
Mülltonnen
rechts um die Ecke,
links über den Schrottplatz,
durch das Loch im Zaun und immer
geradeaus auf dem Abstellgleis,
dann sehen Sie Kassel schon liegen

(1970)

Nach dem ersten deutsch-deutschen Gipfeltreffen zwischen Bundeskanzler Willy Brandt und dem DDR-Ministerpräsidenten Willi Stoph waren beide kurz darauf erneut in Kassel zusammengetroffen. Loriots Tagebucheintragung ist auf den 19. März 1970 datiert, an diesem Tag traf man sich in Erfurt. Die Wegbeschreibung würde sich somit auf den Weg von Erfurt nach Kassel beziehen, der nicht nur lang, sondern zu der Zeit auch ganz besonders beschwerlich war.
Loriot erhielt 1985 als erster Preisträger den Kasseler Literaturpreis für grotesken Humor, wohl nicht zuletzt deshalb, weil er schon früher in seinem Schaffen eindrücklich auf die nordhessische Metropole hingewiesen hatte. So verkündet der Flugkapitän in einem legendären Fernsehsketch, dass die Außentemperatur minus 56 Grad betrage, und: „Auf der linken Seite sehen Sie Kassel". Während die am Gang sitzende Dame (Evelyn Hamann) Rilke zitiert und der in der Mitte eingezwängte Passagier (Loriot) mit dem Bordessen kämpft, kommt es zu folgendem Dialog mit dem am Fenster sitzenden Herrn (Heinz Meier):

Meier: Kennen Sie Kassel?
Loriot: Nein.
Meier.: In Kassel war ich zwei Jahre auf der Gewerbefachschule.
Loriot: Ach.

Man erfährt ferner, dass Kassel ein neues Schwimmbad habe – „Toiletten separat". Bedauerlich nur, dass Loriot hier Kassel verleugnet, doch ist dies der künstlerischen Freiheit zuzugestehen. Wenn er Kassel tatsächlich vergessen haben sollte, konnte er seine Kenntnis im Oktober 2004 auffrischen, als ihm der Jacob-Grimm-Preis in der Kasseler Stadthalle verliehen wurde. Seitdem steht im Goldenen Buch der Stadt ein eigenhändig gemaltes Knollenmännchen nebst Gedicht:

ALS DANK AN KASSEL
EIN GEDICHT
ICH HOFFE SEHR
ES STÖRT HIER NICHT ...

GEBURTSORT DER PARKSCHEIBE
von Peter Köhler

Aus freien Stücken kommt eigentlich niemand hierher. „Ab nach Kassel!" lautet der bekannte Schreckensruf, der eine Versetzung in die Mitte Deutschlands begleitet. Dann heißt es nach Kassel ziehen oder gleich Selbstmord begehen.

Kassel ist ein Unort. Die Atmosphäre ist herb wie das Bier, die Menschen grob und ungeschlacht wie die Nachkriegsbauten, nur daß die Bauten menschlicher wirken. Ob Kasseläner, Kasselaner oder Kasseler – der Kasseler ist zugereist, der Kasselaner in Kassel geboren und der Kasseläner war schon vor seiner Geburt hier –, unter diesen sturen, unfreundlichen und barschen „Schlacken", wie sie sich selber nennen, wirkt schon ein einfacher Griesgram wie ein vergnügtes Huhn.

Gott wird sich dereinst dafür zu verantworten haben, daß er eine so schöne, ja anmutige Landschaft, wie sie die Umgebung von Kassel ist, mit solchen Leuten verschandelt hat. Versuchen sie gar zu sprechen, so erzeugen sie Geräusche wie „Mäh sin mäh", uff deutsch: Wir sind wir, also offenbar Ziegen. Öffen sie statt des Mundes den anderen After, so kommt das „Kasseler Wörtchen" heraus. Da ist es logisch, daß zu ihren liebsten Futtermitteln Abfall zählt, den sie „Weckewerk" nennen, eine ungeformte, bräunliche Masse, die wie recycelt aussieht.

Einkaufen, Essen, Ausscheiden macht in Kassel ein erfülltes Leben. Zweihunderttausendfach geklont und in Mietshaussiedlungen wie aus dem Kopierer eingeschlossen, haben es sich Otto und Ottilie Normalversager im Gefängnis ihres Daseins bequem gemacht und genießen den Freigang am Abend und am Wochenende. In den Worten des Dichters, den Worten Roda Rodas[1]: „Der richtige Deutsche wohnt in Kassel."

Im 18. Jahrhundert verkaufte Landgraf Friedrich II. 12000 Untertanen an die Engländer. Leider ist er schon viel zu lange tot.

„Eine aktive Rolle in der Weltpolitik hat Kassel seit mehr als hundert Jahren nicht mehr gespielt", konstatierte 1981 der Stadtführer Karl-Hermann Wegner in seinem Buch „Kassel. Ein Stadtführer". Immerhin verbinden sich in jüngerer Zeit die Namen zweier Politiker mit Kassel. Roland Freisler war in Kassel Rechtsanwalt, bevor er unter der Regierung Hitler Karriere machte und sich als entschiedener Befürworter eines zeitgemäßen Wir-Gefühls profilierte, und Antje Vollmer hat Kassel für die Grünen zu ihrem Wahlkreis gemacht. Beide haben aber nichts miteinander gemein, denn während Roland Freisler Deutschland auf dem Weg zur militärischen Weltmacht unterstützte, möchte Antje Vollmer Deutschland sogar zur moralischen Weltmacht gestalten; evtl. ja mit ihr als moralisch-pastoraler Personen-Mine.

Nicht einen einzigen bedeutenden Künstler oder Wissenschaftler hat Kassel hervorgebracht, sie alle ließen sich lieber anderswo zur Welt bringen. Nicht einmal sterben wollten große Persönlichkeiten hier, ausgenommen Erdmann, dessen Grab auf der Roseninsel im Bergpark Wilhelmshöhe liegt: „Andenken / an meinen treuen Dachshund / Erdmann / 1890-1901 / W. II." prangt auf dem Grabstein. „W.II." ist Wilhelm II., dessen Sommerresidenz Schloß Wilhelmshöhe war. Verkehrte Welt: Wilhelm überlebte seinen Dackel um 40 Jahre, statt umgekehrt.

Die Kasseler sind weder Künstler noch Wissenschaftler, sondern praktisch, auch in der Kommunalpolitik. „Das Rathaus verfügt über eine ‚Tauben-Fernhalte-Einrichtung'", meldete 1995 Eckart Winkler in seinem Buch „Kassel von A–Z". „Alle Stellen, an denen sich Tauben niederlassen können, wurden mit Metalldrähten versehen, die in kurzen Abständen unter Strom gesetzt werden. So wird der Gebäudezerstörung durch Taubenkot wirksam vorgebeugt."

Daß die Zerstörung das Beste für ein Gebäude, ja für alle Gebäude sein kann, ahnen die mit einem festen Wohnsitz in dieser Stadt Gedemütigten nicht einmal, vielleicht wegen der Erinnerung an den derzeit letzten Weltkrieg, als die schuldlose „Stadt der Reichskriegertage", die schuldlose Stadt des Generalkommandos der IX. Armee, die schuldlose Stadt der Rüstungsindustrie von einem sinnlosen Terrorangriff in Schutt und Asche gelegt wurde. Die Kritikusse haben recht: Tatsächlich waren manche der zehntausend Toten keine Parteimitglieder.

„Das ehrwürdige Gesicht dieser Stadt", so beschrieb 1966 Hans Römhild die Totalsanierung der Altstadt, „wurde am 22. Oktober 1943 durch einen der größten Luftangriffe fast völlig zerstört. Allein über 30 Orgeln fielen dem Angriff zum Opfer." Was aber an Fachwerkhäusern stehenblieb, wurde sofort nach dem Krieg dem

Straßenasphalt gleich gemacht, denn getreu der Losung „Autos sind die besseren Menschen" hat man mehrspurige Straßen durch die Innenstadt gebrochen und Zweckbauten errichtet, statt Häuser zu bauen. Seither ist Kassel zur „autogerechten Stadt" und die Innenstadt zur City pervertiert. Spuren menschlicher Besiedlung sind nicht zu finden, statt dessen haben sich Gewerbefleiß und Erwerbssinn vor dem Altar des Gewinnstrebens das Jawort zum Geld gegeben und im Puffbett der harten Mark mit Profitsucht die Raffgier gezeugt.

In Kassel wurde die Parkscheibe erfunden, als Stadt geistiger Neuerungen ist sie nicht hervorgetreten. Die Brüder Grimm, die lange Jahre in Kassel lebten, sammelten Märchen, denn die Realität war schon damals zu schrecklich. Gleichwohl sieht sich Kassel selbst als „Stadt der Künste und Kongresse". Aber die alten Meister, die Rembrandts, Dürers, Tizians, van Dycks, Frans Hals' und Rubens', befinden sich wohlweislich in sicherer Entfernung in Wilhelmshöhe, und selbst die moderne Kunst, der doch sonst vor gar nichts graut, kommt nur alle fünf Jahre nach Kassel. Spuren hinterläßt die documenta nicht, denn die Bierzelte und Imbißbuden auf dem Friedrichsplatz werden sofort nach Schluß der documenta abgebaut.
Kassel hat keine Universität, sondern – 1970 im Rahmen der Großen Studentischen Weltrevolution ins Dasein gerufen – eine Gesamthochschule; eine Stadt der Forschung und Wissenschaft ist Kassel also nicht geworden. Daß die Gesamthochschule inzwischen die „Universität" im Namen führt, liegt allerdings in der Logik der Sache, schließlich gab es an ihr schon immer auch „Professoren": Dozentinnen für Arbeitswissenschaft und Polytechnik, die in ihrem früheren Leben Realschullehrerinnen für Hausarbeit und Stricken waren, oder Musiklehrer von der Baumschule, die ein wie auch immer geartetes Deputat ergattert haben und, wer weiß, Kurse im Hackbrettspielen anbieten.

Vor allem in den Fachbereichen Hochstapelei und Inkompetenz und den Sonderforschungsbereichen Vetternwirtschaft und pseudolinkes Arschgerede genießt diese Scheinuniversität einen gewissen Ruf. Ausgerechnet in Kassel mußte ein solches Narrenhaus für Akademiker gegründet werden. Armes Kassel! Denn Kassel ist doch eine Stadt, die mit ihrer Existenz schon genug gestraft ist.

(1998)

1 Roda Roda: Tatsächlich schrieb Alexander Roda Roda (1872-1945), geboren als Sándor Friedrich Rosenfeld in Mähren, der als humoristischer Erzähler und Publizist weit über seine k.u.k.-Heimat hinaus bekannt wurde, über Kassel folgendes: „Überhaupt habe ich gefunden: alle Nationen begehen den Fehler, andre Völker nach den paar Exemplaren zu beurteilen, die sie bei sich zu Haus zu sehen kriegen. Ganz falsch. Glauben Sie mir: der richtige Deutsche lebt in Kassel, der richtige Bayer in Feldmoching, ohne sich aus Kassel und Feldmoching je zu rühren".

DAS LEBEN IST NICHT WUNDERBAR

von Thomas Gsella

Das Leben ist nicht wunderbar,
und hier ist es unsäglich.
Hier sagt man „Frohes neues Jahr"
vor lauter Unglück täglich.
Im Winter darben Mensch und Schwein
mit Pommes und Polenta.
Im Sommer fallen Spinner ein
und machen documenta.
Die City wie aus Hass gerührt,
der Bahnhof ein Schlamassel.
Leb' du zur Not in Ulm und Fürth,
doch nie, niemals in Kassel.

(2010)

DEUTSCHLANDS SPARTANER.
MENSCHEN- UND ZUNGENSCHLAG

LAND UND VOLK
von Emil Müller

Der Hesse ist nicht so leicht erregbar, nicht so jovial und mittheilsam als der Süddeutsche, insbesondere der Bewohner der Main-, Neckar- und Rheinlande, noch auch so phlegmatisch, kühl und zurückhaltend als seine norddeutschen Nachbarn, der Hannoveraner und Westfale. Uebrigens zeigt auch der hessische Volkscharakter je nach den verschiedenen Landestheilen ein mannichfaches Gepräge. Im Norden an der Diemel ist westfälische Sitte und niederdeutsche Sprache zu Hause. In dem übrigen Niederhessen, an der Schwalm und Fulda, wird ein oberdeutscher Dialekt geredet, der noch viele Formen des mittelalterlichen Hochdeutsch bewahrt hat, aber auch von der heutigen Schriftsprache sich im Ganzen nicht sehr weit entfernt und z.B. in der Nähe von Kassel fast nur wie ein vergrößertes Schriftdeutsch klingt; der Volkscharakter zeigt aber auch hier noch fast norddeutsche Ruhe und Gesetztheit. [...] Ueberhaupt kann man als Eigenschaften des hessischen Volks bezeichnen: verständigen Ernst, Fleiß, Ordnungsliebe und Rechtssinn, der zuweilen in Eigensinn und Proceßsucht ausartet. Dagegen haben die Nachbarn den Hessen wol auch dies und jenes Ueble nachgesagt, namentlich eine gewisse Unbehülflichkeit oder Tölpelei wird ihnen vorgeworfen. Darauf scheint sich wenigstens der Spottausdruck „blinde Hessen" zu beziehen, dem man übrigens auch im Lande selbst häufig begegnet; nur liebt man es hier, ihn vielmehr von der blinden hessischen Tapferkeit herzuleiten. ...
In dem geselligen Leben der hessischen Hauptstadt herrscht frostige Steifheit und Abschließung der Stände wol noch in höherm Grade als in den meisten andern kleinen Residenzen Deutschlands. Eine öffentliche Geselligkeit, ein eigentliches Volksleben ist in Kassel fast gar nicht zu finden. Desto mehr macht sich außer dem polizeilichen Element – das sich insbesondere in dem Verbot auf der Straße zu rauchen kundgibt – das militärische dem Fremden bemerklich.

(1857)

EIN HÜBSCHER MÄNNERSCHLAG
von Carl Julius Weber

Carl Julius Weber (1767-1832) war einer der bedeutendsten deutschsprachigen Satiriker und Reiseschriftsteller. In seinen schlicht „Deutschland" betitelten „Briefen eines in Deutschland reisenden Deutschen" kriegt jede Region ihr Fett weg, so auch Hessen:

Die Hessen sind die eigentlichen Spartaner Deutschlands (weit mehr als die Preußen, die einmal nichts von Breviloquenz[1] wissen) genügsam und rauh, wie ihre Hügel und Berge, arbeitsame, frugale, starke, gesunde Menschen, daher geborne Soldaten, und ächte Catten im verjüngten Maaßstabe [...] Die Hessen sind ein hübscher Männerschlag, aber wie kommt es, daß die Weiber solche verdammte Husarengesichter führen auf dem Lande, wahre Medusenköpfe? in Städten und zu Cassel siehet man jedoch Figuren, die man schön nennen kann, für welche auch schon die bessere deutsche Sprache vortheilhaft einnimmt. Uebertriebene Arbeit und schlechte Nahrung tragen offenbar die Schuld, alle Lasten und Sorgen des Haushalts pflegen mehr auf weiblichen Schultern zu ruhen, wo der Staat militärisch ist, daher auch die auffallend plumpe Hände und Füße, und das erstorbene Auge, neben der schwarzen Kleidung, welche die Farbe der gelbbraunen Haut noch mehr hebt, der ganze weibliche Theil des Volkes ist in ewiger Trauer.

(1828)

1 Breviloquenz: Wortkargheit.

DAMEN CONVERSATIONS LEXIKON

Kassels Bewohner zeichnen sich durch norddeutsche Geistesregsamkeit und süddeutsches Gemüth aus. – Die Frauen sind gebildet, lebhaft, blond, schlank, zartfühlend, von herzgewinnendem Benehmen, energisch, meist von angenehmem Aeußern. Sie tragen unverwischt die Spuren ihrer Abkunft von den edlen Katten.

(1834-1838)

BETTELEI
von Carl Heinrich Junghans

Die Bettelei im Hessischen ist ohne Beispiel; oft lief ein Trupp zerlumpter Kinder unter Schreien und Winseln eine Viertelstunde weit neben dem Wagen her, um ein Almosen zu erhalten.

(1831/35)

EIN TREUER GIMPEL, EIN GETREUES VOLK
(BRIEF AUS PARIS)
von Ludwig Börne

Haben Sie es gelesen, daß die Stände in Cassel gleich damit angefangen, den Churfürsten um seine allergnädigste Erlaubniß zu bitten, daß ihm sein getreues Volk eine Statue errichten dürfe? Haben Sie es denn wirklich auch gelesen, und hat mir das nicht ein neckischer Geist auf einem Zeitungsblatte vorgegaukelt? Nein, daß sich die Freiheit in Deutschland so schnell entwickeln würde, das hätte ich nie gedacht! [...]
Ist aber ein treuer Gimpel, der Deutsche! Man kann ohne Sorge den Käfig offen lassen, der Vogel fliegt nicht fort. [...]

(17. Januar 1831)

BRIEF EINES REISENDEN FRANZOSEN
von Johann Kaspar Riesbeck

Das hessische Landvolk, lieber Bruder, ist im ganzen genommen bis zum Ekel häßlich. Die Weibsleute sind die eckigsten Karikaturen, die ich noch gesehen habe. Ihre Kleidung ist abscheulich. Die meisten gehen ganz schwarz und tragen die Röcke so hoch, daß man gar keine Taille, wohl aber die ungelenken Stampffüße bis an die Knie erblickt. Die Männer ersetzen zum Teil durch eine anscheinende Stärke, was ihnen an Schönheit mangelt. Im ganzen sind sie kein großer, aber ein dauerhafter und behender Schlag Leute. Hier und da erblickte ich auch riesenmäßige Figuren, die aber alle ungeheure Köpfe und Füße hatten. Sie sind meistens blond und kraushaarig. Ihre Lebensart ist rauh; Erdäpfel und Branntwein, den man auch den Kindern gibt, sind ihre vorzüglichsten Nahrungsmittel.

(1783)

WAS ES FÜR MENSCHEN IN DER WELT GIBT!
von Adolph Freiherr von Knigge

In Kassel logierte ich im Posthause am Königsplatze. In dem Zimmer neben mir an war ein alter fremder Geheimerrath abgetreten. Die Stadt gefiel mir so gut, daß ich acht Tage dort blieb. Wenn ich nun des Abends zu Hause kam, so hörte ich meinen Nachbar immer sehr laut, und das zuweilen bis Mitternacht, reden, ohne daß ich gewahr wurde, daß ihm jemand geantwortet hätte. Da mir dies ein sonderbarer Umstand schien, erkundigte ich mich eines Tages bey Tisch nach den genauern Umständen dieses Geheimenraths und erfuhr dann durch einen Hofjunker, der eben auch an der Wirthstafel speisete, Folgendes:
„Der Herr von Erbschall ist ein herzlich guter Mann, hat aber die Schwachheit, immer allein reden zu wollen. Er hat eine kleine Anzahl Histörchen im Vorrathe, die er während seiner Kriegsdienstjahre gesammlet hat und welche alle sich damit anfangen: ‚Als ich in Schlesien bey der Armee war, da hatte ich einen Wachtmeister, das war ein verfluchter Kerl' u.s.f. Dieser verfluchte Kerl, dieser Wachtmeister, hat dann so viel närrische Streiche in seinem Leben gemacht, daß man unter zwey Stunden nicht fertig wird, wenn der gute Geheimerath jemand in die Ecke klemmt, um ihn mit seinen Erzählungen in Transpiration zu setzen. Allein man kennt ihn, und

wenn er bey Hof kömmt (Er ist seit drey Wochen als Fremder hier), so geht man ihm aus dem Wege oder sucht wenigstens den Rücken frey zu haben. Weil diese Zurückhaltung ihm nun einen unleidlichen Zwang auflegt, so erholt er sich des Abends, wenn er zu Hause kömmt, und fängt an, seinem Bedienten vorzuerzählen: ‚Hört einmal Christian! dabey fällt mir ein, als ich noch in Schlesien bey der Armee' u.s.f. Der Geduldigste wird es müde, bey einem solchen Herrn Bedienter zu seyn und jeden Abend, stehendes Fußes, bis Mitternacht zu Boden erzählt zu werden. Also bleiben auch selten die Laquaien länger wie ein halbes Jahr bey ihm. Glücklicherweise aber hat er itzt einen stocktauben Menschen bekommen, der mit der größten Gleichgültigkeit jedes Histörchen anhört. Seit zwey Monaten ist er bey ihm in Diensten, und da der Geheimerath nichts weniger wie Antwort und Unterbrechung bey seinem Vortrage verlangt, so passen sich diese Leute sehr gut zusammen. Der Herr von Erbschall merkt gar nicht, daß sein Christian taub ist, und was er sonst seinem Reisecoffer erzählen müßte, erzählt er nun seinem ohrenfesten Bedienten." – Was es für Menschen in der Welt gibt!

(1783)

JOURNAL

von James Boswell

„Kassel war nur mittelprächtig", resümierte der junge schottische Rechtsanwalt James Boswell, der durch seine Biographie des Dr. Samuel Johnson berühmt wurde, seinen Besuch in der Residenzstadt im Oktober 1764. Vor allem, dass er nicht zur landgräflichen Tafel geladen wurde, machte ihm zu schaffen. „Es ist nicht Sitte, nach den Fremden zu schicken. Sie müssen bei Hofe ihre Aufwartung machen und werden dann vielleicht eingeladen, vielleicht auch nicht. Wahre Gastfreundschaft ist das kaum [...]", ärgerte sich Boswell, der zu Beginn seines Aufenthalts vom Landgrafen empfangen worden war.

Dienstag, 23. Oktober. [...] Wir fuhren durch eine ziemlich kahle Gegend nach Kassel. Als wir uns der Stadt näherten, kam mir der Krieg[1] wieder in den Sinn. Die drei Stadtteile auf erhöhtem Gelände bieten sich recht wirkungsvoll dar. Ich trat im „Stockholm" ab, einem sehr guten Gasthof, und schickte sogleich zum Hofmarschall du Rosey, doch wurde mir ein magerer Willkomm zuteil. Eine Magd überbrachte nämlich meine Botschaft, und der Hofmarschall liess fragen, ob ich keinen Bediensteten hätte. An Kleinigkeiten erkennt man die Art eines Hofes, wie das Wesen eines Menschen. Ich wurde benachrichtigt, der Landgraf sei verreist, man werde mich aber davon verständigen, wenn Seine Durchlaucht wieder hier sei. So brachte ich den Abend im Gasthof zu und erledigte eine Menge Schreiberei. Ich war gespannt auf den Landgrafen. Er ist von den europäischen Fürsten derjenige, der sich am meisten langweilt, abgesehen vom König von Frankreich. Mein Sänftenträger erzählte Jakkob, Seine Durchlaucht jammere ständig: „Oh, ih hab lang syde. Der Syde valt meer lang."[2] Er meinte auch, seit der Fürst den Glauben gewechselt habe, finde er keine Ruhe, er möchte den Papismus gerne abschwören, aber die Regentschaft lasse es nicht zu. Kurz, man überantworte ihn zwangsläufig der Verdammnis. Was für ausgefallene Gedanken spuken doch in den Köpfen des gemeinen Volkes!

(1764)

1 Der Krieg: Der Siebenjährige Krieg 1756-1763
2 syde: so auch im englischen Original. Vermutlich gab Boswell damit das Deutsch des Landgrafen Friedrich II. wieder, so wie er es verstand.

BRIEF AUS KASSEL AN ALBERT SPIEGLER
von Gustav Mahler

Ich lebe wie ein Hottentotte. Ich kann kein vernünftiges Wort mit jemandem sprechen. Die Kasselaner sind so fürchterliche Haubenstöcke, daß ich eine Unterhaltung mit einem Wiener Fiaker vorziehe. Gearbeitet habe ich manches – wenn auch nur für die „Schublade". Ich hätte nun Macht und Gelegenheit, meine Kompositionen aufzuführen; doch ist mir in Anbetracht der Stupidität der hiesigen Verhältnisse jede Aufführung so gleichgültig, daß ich nicht einen Finger darum rühre.

(23. Januar 1885)

Der Königsplatz um 1900.

MIT HUNDERT UND ABER HUNDERT LAMPEN ERLEUCHTET

von Johann Wolfgang von Goethe

Wie düster aber auch in der letzten und schwärzesten aller Nächte meine Gedanken mochten gewesen sein, so wurden sie auf einmal wieder aufgehellt, als ich in das mit hundert und aber hundert Lampen erleuchtete Kassel hineinfuhr. Bei diesem Anblick entwickelten sich vor meiner Seele alle Vorteile eines bürgerlich-städtischen Zusammenseins, die Wohlhäbigkeit eines jeden einzelnen in seiner von innen erleuchteten Wohnung und die behaglichen Anstalten zu Aufnahme der Fremden. Diese Heiterkeit jedoch ward mir für einige Zeit gestört, als ich auf dem prächtigen tageshellen Königsplatze an dem wohlbekannten Gasthofe anfuhr; der anmeldende Diener kehrte zurück mit der Erklärung: es sei kein Platz zu finden. Als ich aber nicht weichen wollte, trat ein Kellner sehr höflich an den Schlag und bat in schönen französischen Phrasen um Entschuldigung, da es nicht möglich sei, mich aufzunehmen. Ich erwiderte darauf in gutem Deutsch: wie ich mich wundern müsse, daß in einem so großen Gebäude, dessen Raum ich gar wohl kenne, einem Fremden in der

Nacht die Aufnahme verweigert werden wolle. „Sie sind ein Deutscher", rief er aus, „das ist ein anderes!" und sogleich ließ er den Postillion in das Hoftor hereinfahren. Als er mir ein schickliches Zimmer angewiesen, versetzte er: er sei fest entschlossen, keinen Emigrierten mehr aufzunehmen. Ihr Betragen sei höchst anmaßend, die Bezahlung knauserig; denn mitten in ihrem Elend, da sie nicht wüßten, wo sie sich hinwenden sollten, betrügen sie sich noch immer, als hätten sie von einem eroberten Lande Besitz genommen. So schied ich nun in gutem Frieden und fand auf dem Wege nach Eisenach weniger Zudrang der so häufig und unversehens herangetriebenen Gäste.

(1792)

WENN DIE AKADEMISCHE FREIHEIT SICH IM GRABEN WÄLZT

von Ernst Koch

Es sind wieder, wie immer auf Pfingsten, viele Göttinger Studenten zu Kassel. Die Göttinger Studenten sollten, wenn sie die Philister bekehren wollen, bessere Sujets von Aposteln hierherschicken, als sie zu tun pflegen. Denn die Apostel sprachen am Pfingsttage mit feurigen Zungen, dagegen die Studiosen, die hier sind, mit lahmen. Aber ist es ihnen zu verdenken, den fleißigen, wenn sie, um nicht vom Sitzen in der Studierstube steif zu werden, nach Kassel fahren, um sich hier in den Wein- und Bierhäusern im Stehen zu üben? Sie müssen horrend gesessen haben! Pfui! wenn sich die akademische Freiheit im Graben wälzt und den Straßenjungen einer Residenz zum Hohne wird!

(1834)

WILHELMSHÖHE

von Joachim Ringelnatz

An Bäumen und Steinen vorüber.
Dort oben soll Ledderhose[1] sein.
„Das Leben wird täglich trüber",
Sagen die Leute. Wie mag
Es erst im November sein?!
Nein, da trinke ich lieber
Jetzt, am hellichten Nachmittag,
Bei Ledderhose mit mir allein Wein.
Das hockt sich – wie eine Krähe –
Dort scheu vergnügt und allen fremd.

Ich brauchte mindestens zwei Flöhe
Für einen Reim auf Wilhelmshöhe,
Fühl aber nur vergangene Angst im Hemd.
Doch hab ich inzwischen den Ring versetzt.
Für zweihundert Mark!
Und du kannst dir denken: Jetzt
Bin ich ein König und stark, stark.
Wichtwürdige Gesichter
Balancieren rings um mich her,
Als wären es alles Richter. –
Ich aber denke an dich, Peter Scher[2].

(1927)

1 Ledderhose: Ausflugslokal auf der Wilhelmshöhe.
2 Peter Scher: ein mit Ringelnatz befreundeter Schriftsteller (1880-1953).

UND DER HUMOR!

von Josef Kainz

Hier ist es wunderschön! Kann ja in dem jebildeten Norddeutschland nicht anders sein. Plauschen thun aber die Leute hier, das ist colossal. Alle vier Stunden sperrt einer sein Maul zu einem hm! oder hä? auf und auf 10 Fragen bekommt man gar keine Antwort ... Und der Humor! Der Humor von dieser Bevölkerung. Alles sieht drein, als ob sie Selbstmörder wären. Wenn die hiesigen Comödianten auch so sind – heilige Comödie! Dann muß ein französisches Conversationsstück wirklich rührend sein. Bin neugierig ...

(1875)

Josef Kainz (Schauspieler, 1858-1910), Sommer 1875 Bewerbung und kurzer Aufenthalt in Kassel, Stelle am Theater, ging wegen mangelnder Möglichkeiten (durfte keine Heldenrollen spielen). Kainz galt später als größter Schauspieler seiner Zeit, wurde auf dem Sterbebett zum Burgtheaterdirektor ernannt.

I–A!

von Adolf Glaßbrenner

Ein Esel dacht: den schweren Sack
Willst du nicht länger tragen;
Er wurde hager, blaß und spack
Und stöhnte und thät klagen;
Jedoch, sobald der Müller da,
So rief er blos I–a, I–a!

Es ging ein Jahr um's andere hin.
Der Esel mußte tragen;
Doch trüb und trüber ward sein Sinn,
Er thät erbärmlich klagen.
Jedoch, wenn er den Müller sah,
So rief er bloß I–a, I–a!

Doch endlich kommt er nicht mehr fort,
Konnt' nicht den Sack mehr tragen;
Drauf gab er sich sein Ehrenwort,
Sein Leiden laut zu klagen;
Jedoch, als er den Müller sah,
So rief er blos I–a, I–a!

Er wurde alt, er wurde krank,
Thät immer heft'ger klagen,
Jedoch sein ganzes Lebelang
Hat er den Sack getragen.
Als sterbend er den Müller sah,
Da röchelt er I–a, I–a!

In Stokau, Augs- und Lüneburg,
In Cassel und in Wesel!
Was einmal Esel durch und durch,
Das ist und bleibt ein Esel!
Was auch geschieht und was geschah,
Der Esel schreit I–a, I–a!

(1844)

THERE WAS AN OLD PERSON OF CASSEL

von Edward Lear

There was an old person of Cassel,
Whose nose finished off in a tassel;
But they call'd out, „Oh well! – don't it look like a bell!"
Which perplexed that old person of Cassel.

(1872)

D'R ERLKEENICH

von Christejahn Duckefett (d.i. Hermann Elsebach)

Goethes Erlkönig hatte es den Parodisten seit jeher angetan, auch denen aus Kassel. Christian Ducke-
fett (Pseudonym von Hermann Elsebach) ließ in seiner Fassung das nur am Schluss leicht, aber
wesentlich veränderte Original von einem Kasseläner Kommentator konterkarieren.

Wer reitet so spät durch Nacht und Wind?
(So lossen, so lossen doch rieten!)
Es ist der Vater mit seinem Kind.
(Der kunnte ne Droschke sich mieten!)
Er hat den Knaben wohl in dem Arm,
(Sall hä'n uff en Buckel sich hangen?)
er faßt ihn sicher, er hält ihn warm.
(Das kann me vum Vadder verlangen!)
„Mein Sohn, was birgst du so bang dein Gesicht?"
(Was sieht hä[1] bie stockfinsterem Himmel?)
„Siehst, Vater, du den Erlkönig nicht?
(Der Junge hot, glaub' ich, en Fimmel![2])
Den Erlenkönig mit Kron' und Schweif?"
('Ne Krone wohl, awer kin Schwänzchen!)
„Mein Sohn, es ist ein Nebelstreif."
(Du faselst, min liewes Hänschen!)

„Du liebes Kind, komm geh mit mir!
(Der Junge, der äß doch in Lätschen![3])
Gar schöne Spiele spiel ich mit dir!
(Das Kend sall Karten nit blätschen![4])
Manch bunte Blumen sind an dem Strand.
(Die hot hä d'rheime im Dibben!)
Meine Mutter hat manch gülden Gewand."
(Dodrim[5] brucht hä au nit zu hippen!)
„Mein Vater, mein Vater, und hörest du nicht,
(So loß doch in Ruh' dinnen Ahlen!)
was Erlenkönig mir leise verspricht?"
(Glich wet'de de Schnudde woh hahlen?[6])
„Sei rihig, bleibe ruhig, mein Kind!
(Sunst gewwet's wahrhaftich noch Schmisse![7])

In dürren Blättern säuselt der Wind."
(Mä sin an dr Schwanen-Wisse.)

„Willst, feiner Knabe, du mit mir gehn?
(Mit dä? Wohenne, du Triewer?)
Meine Töchter sollen dich warten schön!
(Der Junge gehheert nit bie Wiewer!)
Meine Töchter führen den nächtlichen Reih'n,
(De Mäderchen geheeren ins Bette.)
und wiegen und tanzen und singen dich ein!"
(M i n n e – schnarchen schund imme de Wette!)

„Mein Vater, mein Vater, und siehst du nicht dort
(Nuh hahl awer bahle de Klappe!)
Erlkönigs Töchter am düsteren Ort?"
(Paß uff! Wenn ich dä einen schnappe!)
„Mein Sohn, mein Sohn, ich seh' es genau,
(Dr Ahle geheert bie de Kälwer!)
es scheinen die alten Weiden so grau!"
(Ich glauwe, hä firchtet sich selwer!)

„Ich liebe dich! Mich reizt deine schöne Gestalt!
(Hä äß doch in Diecher gewickelt!)
Und bist du nicht willig, so brauch ich Gewalt!"
(Jetzt hot sich der Junge verstickelt!⁸)
„Mein Vater, mein Vater, jetzt faßt er mich an!
(Din Ahler hält dich bloß feste!)
Erlkönig hat mir ein Leids getan – – –"
(Ein richtiger Unleid bes de!)

Dem Vater grauset's. Er reitet geschwind.
(Ich sahte's je schund: hä hot bange!)
Er hält in den Armen das ächzende Kind,
(So Umstänne macht' ich nit lange!)
erreicht den Hof mit Müh und Not.
(Jetzt kann hä'n awer verdreschen!)
Und – kommt doch noch pünktlich zum Abendbrot!
(Ach – dodrimme hot hä gekreschen?⁹)

(1919)

1 hä: er
2 der Junge hot en Fimmel: er hat eine Macke, tickt nicht richtig
3 Lätschen: Hausschuhe (auch: Patschen)
4 Karten blätschen: spielen
5 dodrim, dodrimme: darum, deshalb
6 de Schnudde hahlen: den Mund halten (eig.: die Schnauze, aber nicht so derb)
7 sunst gewwet's noch Schmisse: sonst gibt es Schläge
8 verstickelt: versteckt
9 gekreschen = gekrischen, regional für: gekreischt

Und noch eine Parodie, ganz im Dialekt; und modernisiert: das Pferd muss einem Fahrrad weichen. Zudem wird der traurige Tod des Knaben bei Goethe durch ein anderes, kleineres Malheur ersetzt. Autor und Entstehungszeit sind nicht überliefert.

DR ERLKEENICH

Wer dricket sin Rad so dull[1] durch de Nacht?
Der Vadder äß es, der heime macht[2],
un vor sich hot hä sinnen Jungen
ins Imschlagtuch hibsch ingebunnen.

„Was finges De dann ze krischen an?"
„Huch – Papa! Do äß je der Botzemann[3]
mit ner Krone uff – un ner wissen Hulle!"
„Das äß je der Näbel nur uff der Fulle!"[4]

„Du kleiner Fiste![5] Kumm her bie mä!
De Kippe voll Wackeln[6] stopp ich Dä!
Was hon ich Bollchen[7] un Späl-Werk zuhuß –
un was De witt, das suchs De Dä uß!"

„Huch, Papa! Höres De dann nit gut?
Was der do als for mich sprechen dut!"
„Schweich stille, min Schätzchen! 's äß halb so schlimm!
Der Wind wurschtelt nur als in'n Blättern rim!"

„Min Jingelchen! Witt De mit mä gehen?
Minne Mäderchen spälen mit Dä so scheen!
Do macht dä'n Krach un macht dä'n Schlaach –
un towen[8] könnt dä'n ganzen Daach."

„Huch, Papa! Guck mo do hingen nuß!
Do kommen schond sinne Wänste[9] ruß!"
„Du Dussel! Guck doch mo richtig hin!
's weeren de ahlen Wieden sin!"

„Du Klowes![10] Nu wird's mä bahle zu dumm –
ich drehe Dä noch ds Genicke rum!"
„Huch, Papa! Hä kimmet, hä krichet mich jo!
Verdäbbelt – nu äß des Unglicke do ...!

Der Vadder strampelt wie dull un verrickt,
hä kimmet heim un denkt: „s'äß geglickt!"
Ds Jingelchen gaget[11] als wie ne Drompete –
denn ... for sin Heeschen, do wars schon ze speete.

1 dull: verrückt, dumm
2 der heime macht: heim machen=heim/nach Hause gehen,
3 Botzemann: Butzemann, der schwarze Mann, mit dem man Kindern droht
4 Fulle: Fulda
5 du kleiner Fiste!: Fiste=Junge
6 Wackeln: Kieselsteine
7 Bollchen: Bonbons
8 towen: toben; laut, ausgelassen spielen
9 Wänste: Kinder
10 Klowes (auch: Glowes): von Nikolaus; Klowesowend ist der Nikolausabend. Klowes ist ein nicht
  sehr derbes Schimpfwort für jemanden, der ungeschickt ist
11 gaget: gagen, gaagen, gaken (mit langem a): schreien

KASSELER ORIGINALE

von Heinrich Ruppel

Ephesus als Fremdenführer

Ephesus fungierte zuweilen als Fremdenführer. Dabei zeigte und erklärte er auch die Wasserkünste der Wilhelmshöhe. Und einmal, als er an der Teufelsbrücke stand, sagte er: „Dies hie äß de Deiwelsbrügge. Do hodd sich neilich enner runnergesterzt un en Hals gebrochen."

„Aus Melancholie?" fragte eine mitleidige Seele.
„Nä, nä, uß Wählhieden!"[1] sagte Ephesus.

Wie sie sich schreiben

Ephesus und Kupille stehen „am Dalles" (Altmarkt) und sehen vor Klamberts[2] Haus vier kleine Wänste[3] spielen. Sagt Kupille: „Karle Klambert sinne Kinner schriewen sich alle midd S: sinn Schang[4], sinn Schorsche unn sinn Scharlotte." „Stimmet", meint Ephesus, „nur sinn Zofie, dos schriewet sich mit Z."

Nächtliche Konsultation

Um Mitternacht scheppert die Nachtglocke bei dem Arzt am Altmarkt. Der Doktor steht auf, öffnet das Fenster und ruft hinunter: „Na, was ist denn los?"
„Ach, Herr Dokter", klagt eine Stimme, „ich kann kein Wasser lossen!"
„Einen Augenblick, ich komme runter und mache Ihnen auf!"
Er öffnet die Haustür und erkennt im matten Laternenlicht Kupille: „Na, S i e sind's ja! Dann kommen Sie mal mit herauf!"
Sie betreten das Behandlungszimmer, und der Arzt reicht ihm die entsprechende Flasche: „Nun versuchen Sie's mal!"
Der Doktor geht an den Schreibtisch, und Kupille verzieht sich in die Ecke hinter dem Vorhang. Nach einer kurzen Weile sagt er: „Herr Doktor, gäwen Se mäh noch 'ne Flasche!"
„Na, sehen Sie, es geht doch", meint der Doktor.
„Och jo, Herr Doktor", stimmt Kupille zu, „unnen hädd's jo auh gegangen, wann der verflixte Schutzmann nit ahn der Ecke gestanden hädde."

Sprech moh d's Werdchen!

An dem Werdche erkennen sich die Kasselaner, wo immer in der Welt sie auch zusammentreffen. Nur sie können das Werdche aussprechen. Bei anderen klingt es wie ein Wörtchen, ein Wort, e Wurd oder sonstwas. Es ist das gleiche, das der General Cambronne auf französisch mit „merde" ausdrückte, als er sah, daß die Schlacht verloren war.

Franzosen haben es mal unfreiwillig in Kassel provoziert, als sie über den Markt gingen und bei einer alten Marktfrau Obst kauften. Es war schon November und kalt. Die Hockin hatte vor sich ein Kohlenöfchen stehen, das ihr die Füße wärmte. Die Franzosen zahlten mit einem größeren Schein, die Frau gab ihnen Münzen heraus. Einer der Touristen kannte die Valuta noch nicht und ließ sich von dem Freund nachzählen. Dieser rechnete nach und merkte, daß alles in Ordnung war: „C'est juste."
Empört darauf die Kasselaner Marktfrau: „Se schesst nit, se wärmet sich!"

(1933)

Heinrich Ruppel (1886 Neukirchen, Kreis Hersfeld-Rotenburg – 1974 Ziegenhain), Lehrer und produktiver Verfasser von Erzählungen, Schnurren und Schwänken, auch im nordhessischen Dialekt. Ephesus und Kupille: Kasseler Originale, Gelegenheitsarbeiter und Herumtreiber. Kupille (eigentlich Heinrich Adam Ernst) starb, wie Ruppel berichtet, noch nicht vierzig Jahre alt, offenbar im Alkoholdelirium, am 1. April 1903. Ephesus, so wurde der gelernte Bäcker Johann Georg Jäger aus Melsungen genannt, starb 1929. Ein Brunnen am Altmarkt erinnert an sie.
1 Wählhieden: Wehlheiden, ehem. Dorf vor den Toren Kassels, 1899 eingemeindet
2 Karle Klambert: Pseudonym des Schriftstellers, Bibliothekars, Archivars und Heimatforschers Paul Heidelbach (1870-1954), das er für seine Mundartdichtungen benutzte.
3 vier kleine Wänste: das Wanst = kleines Kind
4 Schang: Jean; Schorsche: Georg; Scharlotte: Charlotte; Zofie: Sofie

DAS KASSEL-GEFÜHL
von Matthias Altenburg

Fullewasser, Fullewasser, hoihoihoi. Henner geh vom Dreddewar, es kimmed ne Dame. Ich will däh was schissen und Schäß sprejen. Ich kann ihn nicht mehr hören, diesen breiten, plumpen Kasseler Dialekt. Der immer so tut, als wäre alles halb so schlimm, als würde schon alles gut werden! Der einem diese lebenslange Angst vor der kalten, großen Welt in die Seele pflanzt!
Und wenn ich ihn dann doch wieder höre, sonntagmorgens auf dem Wilhelmshöher Bahnhof, dann treibts mir die Tränen in die Augen vor lauter Rührung.
Pardon, aber ich liebe Kassel.
Habt ihr's gemerkt?

Und irgendwann kommen wir allealle zurück.
Und dann bleiben wir.
Für immer.
Wirklich.

(2001)

KASSELÄNER SCHLAGGENLIED

von Peter Köhler

Mäh gachdlds un schniggeds,
mäh schbegglds un schdiggeds,
d'r Wäächer gachnuffld alszus.
Sinn Auren ze häggich,
sin Wärche ze schdäggich,
de Böbber zwerwächelds hin'rus.
                  Gemigge nä!

Däh Gizze verschmigged,
Däh bahle gerigged,
diss wunn se Gedierze beschnohrn.
Bie emme hä mugged,
verschderdsde zerschnugged,
de Blewwen, midd Broren un Gohrn.
                  Gemigge nä!

Nu driwweld un fochded,
nu grijed un gnochded
hä dirfdjen uß au sinn Geöbbl;
worimme Gegiggl?
Worimme als Schniggl?!
dorimme de Schbrore zerschdöbbl!
                  Gemigge nä! nä! nä!

(2012)

KASSEL-WILHELMSHÖHE – DIE ÜBERLEBEN WOLLEN

von Peter Köhler

Kassel, Stadtteil Wilhelmshöhe: Hier, mitten in Deutschland, wohnen Menschen. Menschen, für die der deutsche Traum längst ein Alptraum geworden ist – smarte Geschäftsleute, elegante Ehefrauen, die zwei Kinder von einem einzigen Mann haben, adrette Heranwachsende, deren Haut noch nie ein Stück Dreck gesehen hat, zwölfjährige gesunde Mädchen, nicht ausgewachsen und noch immer unschuldig. Männer und Frauen fristen hier in Villen und Bungalows ihr Dasein. Und die Polizei tut nichts. Sie ignoriert diese Welt nicht einmal.

Hier existiert Christian. Er, noch keine achtzehn, verbringt seine Zeit mit Lernen. Er geht in einer Woche sechs Mal zur Schule. Zu Englisch, zu Physik, zum Kunstunterricht – was er lernt, ist ihm egal. Doch in Wilhelmshöhe ist er kein Außenseiter. Da, wo er lebt, ist er normal. Kriminologen sagen, daß es in Kassel Hunderte wie ihn gibt, Tausende. Wilhelmshöhe liegt da, wo die Stadt am reichsten und gefährlichsten ist.

Christian lebt mit seiner Familie in einem großen, regenundurchlässigen Bungalow in Mulang, dem Nobelviertel des noblen Wilhelmshöhe. In dem geräumigen Gebäude, das er sein Zuhause nennt, wohnen vier Menschen – zusammen mit den Möbeln. Gegessen wird von Tischen.

„Wilhelmshöhe ist nichts Besonderes", sagt Jens, Christians Freund, lakonisch. „Reiche Leute, die überleben wollen." Christian findet das nicht verkehrt. Und Gewissensbisse hat er nicht. „Hauptsache cool bleiben", sagt er. Macht es ihm nichts aus, zu fremden Leuten, die ihm nichts getan haben und die er nicht kennt, freundlich zu sein – sie anzulächeln? „Ich find's geil", sagt er, „ich liebe solche Scheiße." Er plaudert sogar mit seinen Nachbarn, weil er weiß, daß die ihn nie anzeigen werden.

Christian ist ein typisches Produkt seiner Umwelt. Zuhause fiel nie ein böses Wort. Er klaut keine Autos, geht nicht auf den Strich, Schulen für Verhaltensgestörte kennt er nur vom Hörensagen. Und viele Jugendliche in Christians Alter haben hier ein ähnliches Leben hinter sich. Sie alle haben lesen und schreiben gelernt, die Eltern finden das in Ordnung.

Wenn er einmal Geld braucht, fragt Christian Vater oder Mutter; er kennt sie beide. Während anderswo auf diesem Planeten junge Leute sich den Arsch für ein bißchen Knete aufreißen, aus fahrenden Autos heraus in Menschenschlangen vor Kinos ballern, versperrt sich Christian gegen die Realität des Lebens und hört Musik aus seinem Walkman, den er nicht gestohlen hat, sondern gekauft – gegen Quittung.

CDs sind selbstverständlich in Wilhelmshöhe, wo sie mühelos von Freunden und Bekannten ausgeliehen oder in Geschäften über der Theke erworben werden können. Geldausgeben, das ist in dieser abgeschotteten Welt ein Statussymbol. Shopping, so der Slangausdruck, lautet die Droge. Man macht es ganz offen, vorzugsweise im Zentrum, obwohl man dort leicht im Gedränge mit anderen Menschen in Berührung kommt, sich eine Erkältung zuzieht.

Christians Raubzüge führen ihn oft in die Königsstraße, die Problemzone der Stadt, wo er sich auf die kleinen piekfeinen Läden spezialisiert hat. Wie sucht er seine Opfer aus? „Ganz einfach", lacht er, „ich schaue in die Auslagen. Gute Klamotten, teure Fressalien, Umhängetaschen, das reizt mich. Sauer werde ich nur, wenn ich in einem Geschäft bin, das dann doch nur Plunder feilbietet." Dann kann es schon mal passieren, daß Christian ausrastet und einfach geht, ohne etwas zu kaufen.

Gabriele, Christians Mutter, hat ihn längst aufgegeben. Sie weiß, daß er entweder Betriebswirtschaft studieren oder eine Banklehre beginnen wird, und sie betet, daß er vorher stirbt. Aber sie ist selbst krank, kocht für Christian und wäscht sein Laken und seine Sachen, lange bevor sie zu stinken anfangen.

Als Gabriele vor 22 Jahren aus Holzhausen, einem kleinen Dorf an der Eder, nach Kassel kam, war sie jung, ehrgeizig und voller Hoffnungen. Ihr Leben konnte nur besser werden, glaubte sie. Dann folgte sie ihrem Geliebten nach Wilhelmshöhe, nach Mulang. Damit war die soziale Katastrophe besiegelt.

Es ist mir nicht gelungen, in Christians Polizeiakte Einblick zu nehmen. Es gibt keine. Er ist nie vorgeladen worden, auch nicht wegen Mord oder Ladendiebstahl. Dabei hat Christian nicht die geringste Angst, auffällig zu sein. Und er ist nicht nur in der Öffentlichkeit angepaßt, er ist es auch daheim. Er hat noch nie versucht, sich dane-

benzubenehmen, schlecht über seine Freunde zu reden oder seine Eltern umzubringen.
Christian, in seinen hellen Momenten, will dann eigentlich raus. Er hofft auf ein nettes Mädchen, das sein Leben wieder ins Lot bringt. Sonst aber, das weiß er, wird es mit ihm ein böses Ende nehmen – wenn es nicht noch schlimmer kommt. Und das wäre in Kassel-Wilhelmshöhe nicht ungewöhnlich.

(1992)

KURZ UND UNINTERESSANT
von Robert Gernhardt und Peter Knorr

Auf den Spaghetti-Feldern rund um Kassel hat die Ernte begonnen. Das jedenfalls erklärte uns Landwirt Labrich, der sich mit den Worten verabschiedete: „Ich muß jetzt leider weiter. Ravioli holi ..."

(1975)

SCHÜTTELREIM
von F. W. Bernstein

Keinesfalls ist Kassel schlecht
als Schauplatz für die Kesselschlacht,
weil nicht nur der Schlessel kacht,
sondern auch der Schlasselkecht.

(1988)

NORDHESSEN – DA WO DIE WURST AM MÜRBSTEN IST

von Hartmut El Kurdi

Das kulinarische Universum Nordhessens habe ich größtenteils durch meine Tante Hertha und ihren Gatten kennengelernt. Die ältere Schwester meiner Mutter hatte als erste der Althaus-Sisters ihre oberhessische Heimat, den Vogelsberg, verlassen und war nach Norden, nach Kassel, gezogen, in einen Landstrich, der sich nicht nur durch einen vollkommen anderen Dialekt, sondern auch durch eine eigenständige Wurst- und Fleischwarenpalette vom restlichen Hessen absetzt.

Tante Hertha hatte dort „Onkel Henner" geheiratet, einen Ureinwohner, der so extrem kasselänerte, dass ich ihn, als ich ihm fünfjährig zum ersten Mal vorgestellt wurde, ebenso wenig verstand wie meinen Opa Achmed aus Jordanien. Ich sprach ja nur deutsch und englisch. Arabisch und Kasselänerisch klangen für mich gleich unverständlich, zwei fremdartige Sprachen angefüllt mit verstörenden, kehligen Krächzlauten.

Onkel Henner hatte von Geburt an eine kaputte Hüfte und ein zu kurzes Bein und trug deswegen einen seltsamen prothesenartigen Beinverlängerungsstiefel. Für mich, in meinem Kopf war er nur „das Humpelstilzchen". Er wiederum nannte mich laut und öffentlich bis zu seinem Tode immer nur „Säämr". Ich war ihm nämlich mit meinem eigentlichen, meinem arabischen Vornamen „Samer" vorgestellt worden, der in unserer Familie allerdings mit leicht anglisiertem „a" ausgesprochen wurde, weil wir vor unserem Umzug nach Kassel gerade einige Jahre in London gelebt hatten.

Nachdem es Onkel Henner schließlich gelungen war, sich diesen für ihn wohl komplett schrulligen Namen irgendwie zu merken, sah er keinen Grund, sich noch einmal umzustellen. Er ignorierte damit die erste selbstbestimmte Entscheidung meines Lebens: die, mich fortan bei meinem deutschen Zweitnamen „Hartmut" rufen zu lassen.

Die Namensänderung hatte ich kurz vor meiner Einschulung initiiert, weil die bescheuerten Kinder in unserer Siedlung „Samer" nicht über die Lippen bekamen, zumindest nicht ohne angefügte Scheißwitze: „Wie heißt du? Besamer? Hä, hä, hä ..."

Solche und andere Hirnlosigkeiten konnte ich nur mit dem urgermanischen Namen kontern, den mir meine Mutter in einem Anfall von BDM-Seligkeit verpasst hatte, der vom jordanischen Standesbeamten allerdings in der anglo-arabischen Umschrift „Hardmoud" in meiner Geburtsurkunde notiert worden war. Aber egal. Für Onkel Henner blieb ich „Säämr", was ich irgendwie auch wieder sympathisch fand.

Wobei Onkel Henner nicht unbedingt jemand war, der ausschweifende Kommunikation betrieb. „Säämr, hol mir ma'n Päckchen HB!", war eigentlich das einzige, was er regelmäßig zu mir sagte. Ich flitzte dann los und zog für zwei Mark ein Päckchen aus dem Automaten, wofür er mir wiederum einen Groschen schenkte. Mehr war nicht zwischen uns. Deswegen war ich auch verwirrt, als er mich eines Abends beim Abendbrot aus dem Nichts heraus ansprach: „Höre mo' Säämr, widde'n Stücke ahle Wurschd, die honn ich direkt aus Fürstenha'en!"

Ich sah ihn verwirrt an: Hatte ich recht verstanden? Bot er mir tatsächlich ein Stück „alte" Wurst an? Was sollte das? Wollte er mich damit beleidigen? Hatte ich als Gast nicht Anspruch auf frische Wurst? „Fürstenha'en" war übrigens sein Heimatdorf Fürstenhagen, das wusste ich, da waren wir mal zum Kaffee gewesen, war mir aber den vermeintlichen Wurstabfall auch nicht leckerer erscheinen ließ.

„Nein ... ich mag keine alte Wurst", stammelte ich verwirrt und schob Onkel Henners Hand mit der schmuddelig-braunen Knüppelwurst zurück.

Das interessierte ihn aber nicht weiter. Mit geübten Handgriffen schnitt er eine dicke Scheibe ab, zog blitzschnell die Haut ab und schob sie mir in den Mund. Es ging so schnell, dass ich mich weder wehren noch meinen Mund verbarrikadieren konnte. Die Wurst lag lauernd, unspezifische Würzigkeit andeutend, auf meiner Zunge, bereit, sich beim ersten Zubeißen geschmacklich voll zu entfalten. Einen Moment lang dachte ich, ich müsse mich übergeben.

Onkel Henner schaute mich erwartungsvoll an: „Unn? Schmeckets?" Aus der Nummer kam ich nicht mehr raus, so viel war klar. Ich wollte ja meinen einzigen Arbeit- und Geldgeber nicht unnötig verärgern und riskieren, dass er in Zukunft meine Cousine Claudia zum Fluppenholen schickte. Also ergab ich mich meinem Schicksal und begann zu kauen.

Markttreiben auf dem Königsplatz, Mitte der fünfziger Jahre.

Ich rechnete mit muffigem Ranzgeschmack, mit kleinen Krabbelmaden oder mit dicken Schimmelplocken, wie in dem verdorbenen Joghurt, den ich zwei Wochen zuvor ganz hinten im Kühlschrank gefunden und dummerweise halb aufgegessen hatte.
Aber wie immer am Plotpoint einer Geschichte kam alles ganz anders.
In meiner Erinnerung hat dieser Moment etwas Epiphanisches: Wow! So gut konnte etwas also schmecken! Wer hätte das gedacht? Sicher war mein damaliges Geschmackserlebnis zutiefst unanalytisch, ich nahm die „Ahle Wurschd" einfach undifferenziert als Leckergranate wahr – das allerdings nachhaltig und prägend. [...]
Ich bevorzuge nach wie vor die „dürre Runde". Aus ästhetischen wie kulinarischen Gründen. Sie scheint mir die vollkommene Synthese von Form und Inhalt zu sein. Sie ist herzhaft, manchmal derb im Geschmack, aber in ihrer Erscheinung doch elegant, praktisch und leicht handhabbar. Man braucht – hat man die Haut erst einmal entfernt – kein Werkzeug, um sie zu essen, muss sie nicht in Scheiben schneiden, kann einfach abbeißen und sieht dabei trotzdem nicht wie ein Flegel ohne Tischmanieren aus. Nicht umsonst ist dies die traditionelle Art, die „Ahle Wurschd" zu genießen: direkt „aus der Faust", in der anderen Hand ein Stück trockenes oder gebuttertes Brot.

Und jedes Mal, wenn ich wieder eine „dürre Runde" nach Niedersachsen importiert habe, in meiner Küche sitze und auf diese folkloristische Art die ganze Wurst an einem Abend verspeise, gedenke ich Onkel Henner, der einige Jahre nach meiner Wurstinitiation an den von mir besorgten HBs beziehungsweise am durch sie verursachten Lungenkrebs starb.

Vorher jedoch brachte er mir noch eine weitere nordhessische Leckerei, ein sogenanntes „Schmeckewöhlerchen" nahe: „Weckewerk". Hergestellt wird dieser Klassiker des Fleischereiabfällerecyclings aus Heruntergefallenem und Liegengebliebenem, das gemeinsam mit einer mysteriösen Würzmischung und alten Brötchen durch den Fleischwolf gejagt wird. Das Ergebnis wird zu großen grauen Blöcken gepresst, in der Metzgerei dickscheibenweise verkauft und zu Hause in der Pfanne aufgebraten.

Onkel Henner stellte damals das dampfende Weckewerk auf den Tisch, reichte mir eine Scheibe Brot und sagte: „So Säämr, jetzt gibbets mo' was richtich guudes zu essen!

Dos honnse in Arabien bestimmt net!"

Womit er nicht Unrecht hatte. Doch davon ein anderes Mal mehr.

(2007)

Hartmut El Kurdi wurde 1964 in Amman/Jordanien geboren, wuchs in London und Kassel auf und heißt entgegen anders lautenden Gerüchten tatsächlich so", heißt es auf seiner Homepage. Wie man lesen kann, hat der Aufenthalt in Nordhessen sprachlich und kulinarisch Wirkung gezeigt.

KASSEL TRANSIT – ERLEBNISSE AUF DER DURCHREISE

UNTER DENEN KASSLER HERRLICHKEITEN
von Johann Wolfgang von Goethe

In seinem Tagebuch vermerkte Goethe über die erste Kasseler Reise:

d. 13. ... Nachts 1 Uhr in Cassel.
d. 14. früh die Parade, Orangerie, Auegarten, Menagerie, Modelhaus pp. Nachm. die Galerie Abends zu Forstern, ihn zu Tische mitgenommen. Viel gefragt, und geschwazzt.
15. Auf Weissenstein, den Winterkasten erstiegen, die übrige Anlage besehen. Abends zurück.
16. früh das Kunstkabinet, die Antiken, die Statue des Landgrafen unter Nahls Händen. Gegessen. Weggefahren um 12 Uhr. [...]

In einem Brief an Frau v. Stein vom Mittwoch, 15. September 1779 resümierte er:

Wir gehen unter denen Kassler Herrlichkeiten herum und sehen eine Menge in uns hinein. [...] wir sind wohl und lustig, es war Zeit daß wir ins Wasser kamen.

(1779)

BRIEFWECHSEL
von Johann Wolfgang von Goethe und Christiane Vulpius

Christiane Vulpius war seit 1788, der Rückkehr Goethes aus Italien, seine Geliebte. Ihr gemeinsamer Sohn August, das „Gustl", wurde am 25.12.1789 geboren. Erst 1806 heirateten sie kirchlich. Am 5. Juni 1801 war Goethe mit Sohn und Geist (dem Schreiber) von Weimar nach Bad Pyrmont zu einer Brunnen- und Badekur aufgebrochen. (Später berichtet er davon: „Die Cur wird mir hoffentlich gut bekommen, ob sie mir gleich beim Gebrauch unbequem ist, indem sie mir den Kopf einnimmt und mich nicht das Mindeste arbeiten läßt.") Für die Rückreise im August war ein Treffen in Kassel vereinbart. Hauptzweck scheint das Einkaufen gewesen zu sein, denn es wird mehrmals erwähnt, dass man alles in Kassel kaufen könne. Der Briefwechsel aus diesen Tagen kreist um das geplante Wiedersehen in Kassel.

Christiane an Goethe
Weimar, 23. (oder 24.) Juni 1801

Ich hoffe recht sehnlich auf einen Brief von Dir, um zu hören, daß Du Dich mit dem guten Kinde wohlbefindest. Ich bin ganz wohl, aber so ganz ohne das zu sein, was man herzlich liebt, will mir gar nicht behagen, und bei aller Zerstreuung, die ich mir mache, ist doch immer, als wenn mir das Beste fehlte. [...]
Auf Cassel freu ich mich sehr. Wenn meine Freude nur nicht in Brunnen fällt! Dieß ist immer der Fall, wenn man sich so sehr freut. Sage ja dem Gustel, daß er mir auch etwas schreibt. Neues ist bei uns nichts Merkwürdiges vorgefallen, als daß der Prinz von Baden hier war.
Schreibe mir ja bald und behalt mich nur recht lieb. Ich bin recht eifersüchtig auf das Bübchen.
Leb wohl, mein Lieber.   Christiane.

Goethe an Christiane (kurz vor der Abreise aus Pyrmont, Weiterfahrt nach Göttingen)

Die Ausgaben waren mäßig, ich habe mich aber auch durchaus eingeschränkt. Einiges habe ich Dir eingekauft. Einiges sollst Du Dir in Cassel selbst kaufen, wo alles so gut wie hier zu haben ist.
Mittwoch, den 15., gehe ich nach Göttingen, wo ich noch einige Zeit bleibe, und Du sollst auf alle Fälle zur rechten Zeit hören, wann Du mich in Cassel triffst. Ich schreibe Dir alles umständlich. Sage nur dem Herrn Professor [Johann Heinrich Meyer]: daß er sich vorläufig einrichtet, um mit Dir kommen zu können. Wir freuen uns beide recht herzlich darauf, dich wiederzusehen. Gustel wünscht nur, daß wir in Cassel besser Wetter haben als hier.
Lebe recht wohl, beschäftige Dich mit Deinen Gärten, wo ich mit Dir vergnügt bald herumzuwandlen hoffe.
Pyrmont, den 12. Juli 1801.   G.
Ich will noch ein paar Worte hinzufügen und Dir sagen, daß wir beide Dich herzlich lieb haben und oft auf Deine Gesundheit trinken. Ich wünsche nichts mehr, als wieder bei Dir zu sein, wir wollen den Rest des Sommers vergnügt zusammen zubringen. Auf Cassel freue ich mich besonders. [...]

Goethe an Christiane

Nun bin ich acht Tage hier [in Göttingen] und befinde mich ganz leidlich. [...] Indessen, da die Briefe von hier aus manchmal so langsam gehen, will ich Dir voraus meinen Plan sagen: Ich wünsche, daß Du Sonnabend, den 15. August, in Cassel eintreffest, ich werde an demselbigen Tage auch anlangen. Du kehrst im Posthause am Königsplatz, bei Madame Goullon ein; wer zuerst kommt, macht Quartier, so daß wir zwei Zimmer haben, eins für Dich und Gustel, eins für mich und den Professor. Mache diesem mein schönstes Compliment und sage ihm, daß er sich ja losmachen und mit Dir kommen soll. Indessen sage niemanden, daß ich so lange ausbleibe. Bringe einiges Geld mit, etwa 100 Thaler, und laß Dir von unserm Nachbar Goullon ein Briefchen mitgeben, das Du aber erst in den letzten Tagen zu fordern brauchst.
Ich freue mich herzlich, Dich wiederzusehen und mit Dir in Cassel, unter so viel neuen und schönen Sachen, einige Tage zuzubringen. Ein recht zierliches Unterröckchen und einen großen Shawl, nach der neusten Mode, bring ich Dir mit. In Cassel kannst Du Dir ein neues Hütchen kaufen und ein Kleid, sie haben die neusten Waaren dort so gut als irgendwo.
August ist gar lieb und gut und macht mit allen Menschen Freundschaft, Du wirst Dich recht freuen, wie er zugenommen hat, wenn Du ihn wiedersiehst. Lebe wohl, behalte mich lieb und sei überzeugt, daß meine Liebe gegen Dich unveränderlich ist. Schreibe mir gleich, wenn Du diesen Brief erhältst, damit ich doch auch weiß, wie Dirs geht, und setze auf die Adresse: Bei Herrn Instrumentenmacher Krämer, an der Allee.
Göttingen, den 24. Juli 1801.   G.

Christiane an Goethe
Weimar, den 27. August *[gemeint: Juli 1801. Offensichtlich hat Christiane den August so sehr herbeigesehnt, dass sie sich im Datum irrt.]*

Deinen Brief, mein Lieber, habe ich dießmal balde erhalten, er ist nur 3 Tage unterweges gewesen. Ich beschäftige mich mit allem, was nur gehn will: sorge vor den Winter; von dem, was ich itzo erspart habe, kaufe ich mir meine Winterbutter. Aber alle meine Geschäfte

thu ich nicht mit dem Vergnügen und der Freude, als wenn Du hier bist. Es ist freilich länger geworden, als ich mir dachte, Du bist nun schon auf den Freitag 8 Wochen fort. Ich glaube aber, es ist gut, daß Du in Göttingen wieder etwas ausruhest. Das Ganze wird Dir gewiß besser bekommen, als Du es denkest. Und wenn wir erst wieder zusammenkommen, alsdann wird alles gut werden. Ich freu mich recht, Dich und Dein liebes Bübchen wiederzusehen und euch an mein Herz zu drücken. Ich will alles besorgen, wie Du es geschrieben hast, und Mittewoch, den 13. August, will ich von hier abreisen, damit wir die Pferde nicht so stark anzugreifen brauchen. Ich werde alle Stunden und Tage zählen, bis ich zu Dir komme und Dir sagen kann, wie herzlich ich Dich liebe. Die gute Mutter [Frau Rath, Goethes Mutter] hat mir auch einen schönen Brief geschrieben, den will ich mitbringen. Auch will ich Dir alle Briefe mitbringen, es sind viele da. Das wird eine große Freude sein, wenn wir uns wiedersehn. Ich freu mich unaussprechlich darauf. In Gedanken war ich schon immer bei Dir; schreiben wollte ich nicht, ich glaubte immer, Du wärst nicht mehr in Pyrmont, denn der Hofrath Loder hat hier überall gesagt, daß Du vier Wochen in Göttingen eingemiethet hättest, und wenn Dirs gefiehl', würdest Du wohl noch länger da bleiben. Deinen Brief vom 12. aus Pyrmont habe ich erst 24. erhalten, also hatt ich in 3 Wochen keinen Brief. Da war ich sehr in Angst; ich habe manchen Tag gar nicht essen können. Nun aber, da ich wieder was von Dir höre, schmeckt es mir wieder. Ich bin ganz wohl, und es steht auch alles gut mit der Häuslichkeit.
Leb wohl. Wir werden gewiß den 15. August in Cassel bei der Madame Goullon eintreffen und zusammen recht vergnügt sein.

Schloss Wilhelmsthal bei Cassel.
In Photographien nach der Natur,
(3 Blatt äussere Ansicht, 11 Blatt innere Einrichtung)
in sehr eleganter Mappe gr. 4.
Preis **15** Thaler.

Schloss Wilhelmsthal, in unmittelbarer Nähe von Cassel (bekannt durch Napoleon), ist im reinsten Rococostyl erbaut und werden diese Wiedergaben nicht nur von Kunstfreunden und Besuchern des Schlosses, sondern seines Styls wegen besonders von Künstlern, Akademien etc. geschätzt werden.

Cassel. **Theodor Kay,**
Königl. Hof-Kunst- und Buchhandlung.

BRIEF AN DEN BRUDER KARL
von Friedrich Hölderlin

Friedrich Hölderlin, der große Lyriker der Goethe-Zeit, hatte Ende Dezember 1795 eine Hofmeisterstelle bei der wohlhabenden Familie Gontard in Frankfurt angetreten und sich bald in Susette, die Ehefrau des Hausherrn, verliebt. Als „Diotima" verewigte er sie in seinen Gedichten und dem Roman „Hyperion". Am 10. Juli 1796 flüchtete die Familie mit dem Hauslehrer vor den heranrückenden französischen Truppen nach Kassel und blieb dort bis zum 9. August, danach noch einmal von Mitte bis Ende September. Kassel, vor allem die Wilhelmshöhe, die Gemäldegalerie und das Fridericianum, stellten für Hölderlin eine bedeutende Inspiration dar; vor allem scheint sich während des Kassel-Aufenthalts die Liebe zwischen Hölderlin und Susette, für die „der hiesige Ort", schreibt H. bedeutungsvoll, „in so mancher Rüksicht interessant" sei, mächtig entwickelt zu haben. Der Hölderlin-Herausgeber D.E. Sattler vermutet direkte Einflüsse des Ortes auf das literarische Schaffen Hölderlins: „Die wilden Rosen und gelben Birnen, das in den See hängende Land bezeichnen trigonometrisch genau die Zeit und den Ort des glücklichen Sommers 1796: die heute noch sichtbare Stelle am Kasseler Lac, an der sie ihr Ebenbild, die liebenden Schwäne sahen."

Hälfte des Lebens

Mit gelben Birnen hänget
Und voll mit wilden Rosen
Das Land in den See,
Ihr holden Schwäne,
Und trunken von Küssen
Tunkt ihr das Haupt
Ins heilignüchterne Wasser.
Weh mir, wo nehm' ich, wenn
Es Winter ist, die Blumen, und wo
Den Sonnenschein,
Und Schatten der Erde?
Die Mauern stehn
Sprachlos und kalt, im Winde
Klirren die Fahnen.

Kassel. d. 6 Aug. 96.

Ich hoffe, mein Karl, daß es wegen der Posten jezt möglich ist, Dir einmal wieder Nachricht zu geben und dann auch solche wieder von Dir zu erhalten; denn Du kannst Dir leicht denken, daß es in mancher Rüksicht für mich großes Bedürfniß ist, die besondern Umstände von den großen Begebenheiten, die sich bei Euch zugetragen

haben, und besonders alles, was meine theure Familie dabei betrift, genau zu wissen. [...]
Meiner Lage fehlt nichts, als Ruhe über die Meinigen. Ich lebe seit drei Wochen und drei Tagen sehr glüklich hier in Kassel. Wir reisten über Hanau und Fuld[a] – ziemlich nahe bei dem französischen Kanonendonner, doch noch immer sicher genug, vorbei. Ich schrieb Dir an dem Tage meiner Abreise, daß wir nach Hamburg giengen, aber der hiesige Ort ist in so mancher Rüksicht interessant für Mad. Gontard, daß sie beschloß, sich einige Zeit hier aufzuhalten, da wir hier angekommen waren. (Sie läßt die l. Mutter und Dich grüßen, und räth euch, eure Lage so heiter als möglich anzusehen.) Auch HE. Heinze, der berühmte Verfasser des Ardinghello, lebt mit uns hier. Es ist wirklich ein durch und durch treflicher Mensch. Es ist nichts schöners, als so ein heitres Alter, wie dieser Mann hat.
Wir haben auch hier seit einiger Zeit unsre Schauspiele, nur daß sie friedlicher waren, als die eure. Der König von Preußen war bei dem hiesigen Landgrafen auf Besuch, und wurde ziemlich feierlich bewirthet.
Die Natur, die einen hier umgiebt, ist groß und reizend. Auch die Kunst macht einem Freude; der hiesige Augarten und der weiße Stein haben Anlagen, die unter die ersten in Deutschland gehören. Auch haben wir Bekanntschaft mit braven Künstlern gemacht.
Die Gemäldegallerie und einige Statuen im Museum machten mir wahrhaft glükliche Tage.
Nächste Woche reisen wir ins Westphälische, nach Driburg (ein Bad in der Nähe von Paderborn) ab. Ich lege Dir die Adresse bei, unter der ich Deinen Brief sicher erhalte. Wird es Friede, so sind wir mit Anfang des Winters in Frankfurt.
Leb' wohl, mein Karl! Gieb keine Deiner rechtmäßigen Hoffnungen auf! Schreibe mir bald und viel und genau und ja auch dabei aus Deinem Herzen.
Grüße unsere gute Mutter und all die lieben Unsrigen tausenmal und versichere sie meiner herzlichen Teilnahme.
Dein
Friz.

BEWEGTES LEBEN IN CASSEL

von Friedrich Karl von Strombeck

Welch ein bewegtes Leben hatte ich einst zu Cassel geführt, zur Zeit des Daseins eines Königreichs, welches, seinem Wesen nach, ein Theil eines übermächtigen, fremden Kaiserreichs war. – Ich möchte aus meinem Leben wahrlich diese Zeit nicht missen; denn sie war es, welche in mir manchen Keim entwickelt hat, der ohne sie verdumpft wäre. Auch blieb mir aus ihr das Andenken an so manchen hochgebildeten und wohlwollenden Menschen, so manche heitere Erinnerung. Denn der Fremde ist es vorzüglich, welcher an den Fremden dessen edelere Natur und gute Eigenschaften erkennt. – Nur eine Nacht blieb ich zu Cassel: hier war mir Alles seit den drei und zwanzig Jahren, die ich von hier entfernt, fremd geworden, und in einer Stadt, wo ich so Manches gewirkt und so viele Bekannte und Freunde hatte, war mir nicht einer mehr.

Als ich am andern Morgen mit der Extrapost, die ich hier, um so schnell als möglich zur Heimath zu gelangen, genommen hatte, an den Ruinen, die zu einer „Kattenburg" sich erheben sollten, vorbeifuhr, und sie bereits hin und wieder mit einer üppigen Vegetation bedeckt fand, so erregte dieses doch, so fremd mir auch Hessen ist, ein wehmüthiges Gefühl. Mich dünkt, die Zeit ist vorbei, in welcher in Hessen ein schönes Gebäude nach dem andern emporstieg: eine Zeit, welche ich dennoch, mit ihrem Menschenhandel, Prügeln, Spitzruthen und Despotismus, nicht wieder herbeiwünschen möchte.

(1838)

Friedrich Karl von Strombeck aus Braunschweig kam 1791, 20jährig, an die Uni Göttingen und wird von dort aus erstmals Kassel kennengelernt haben. Das erwähnte Königreich, „Theil eines übermächtigen, fremden Kaiserreichs", ist das napoleonische Königreich Westphalen, das, mit der Hauptstadt Kassel, von 1806 bis 1813 existierte. Der Jurist Strombeck wurde zum „Ritter der Westphälischen Krone", dann in den Freiherrenstand erhoben und ging 1810 als Staatsrat nach Kassel. Als Repräsentant des Jérôme'schen Königreichs musste er 1814 Kassel verlassen, dieser Reisebericht schildert sein erstes Wiedersehen nach 23 Jahren.

Kassel auf Reisen

(Aus der Kasseler Pastorenzeitung:)
„Unser teuerer und verehrter Mitbruder, Herr Konsistorialrat Guhr, mußte auf seiner Erholungsreise durch Südtirol beständig auf der Hut sein, um seine Familie vor dem Anblicke von Nuditäten zu bewahren."

Simplicissimus, 10. Jahrgang, Nr. 8, 23. Mai 1905

REVOLUTION BEIM PREUSSISCHEN KOMMISS
von Kurt Tucholsky

„Das Ganze halt –!"

Als wir aus Bukarest wegfuhren – unser Hauptmann war schon vorher ausgekniffen –, da blieben wir in Hermannstadt stecken. Die Gleise waren verstopft – und wir saßen im Hotel, lasen die ersten Revolutionsnachrichten aus der Heimat und überdachten die Lage. Revolution –? Hier war jedenfalls nur wenig davon zu spüren. Der alte Mackensen hatte in letzter Minute den Rumänen noch einmal den Krieg erklärt – es muß ihm da irgendein kleines Malheur passiert sein, aber dieser kleine private Kriegszustand hatte wirklich einen ganzen Nachmittag lang bestanden, und alle Kommandostellen, die davon erfuhren, lachten sich blau. 's war eben ein forscher Reitergeneral – da kannst nix machen. Inzwischen fingen die einzelnen Formationen an, sich sachte aufzulösen. Geschlossen oder einzeln ließen die Mannschaften unbeliebte Offiziere im Stich, winkten mit der Hand: Auf Wiedersehen! und fuhren ab nach Kassel.

(1922)

DREHSCHEIBE ZWISCHEN DEN ZONEN

von Wolf Strache

"Baedeker und Grieben gelten nicht mehr", bemerkte der Fotojournalist Wolf Strache im Vorwort zu seinem Buch "Verwandeltes Antlitz", in dem er 1947, kurz nach Kriegsende, Reportagen durch Deutschland versammelte.

Die reisende Menschheit ist undankbar. Sie wertet die Städte, in denen sie zu Gast ist, nicht nach ihren Domen, ihren Palästen oder Ruinen, nicht nach ihren Theatern oder Kunstausstellungen – denn an all diesem hat sie keinen Anteil –, sondern sie wertet die Haltepunkte ihrer ruhelosen Wanderung nur nach Zuganschluß, Nachtquartier und Verpflegung. Unaufhaltsam unterwegs, immer begierig nach der nächsten Verbindung, die weiterführt, strömt das regellose Heer der Heimatlosen von Nord nach Süd, von Ost nach West, hin und zurück, über die Zonengrenzen, durch die Passierstellen, durch die Wälder und Äcker der Grünen Grenze, und all die, die so auf Wanderschaft sind, nennen die Namen der Städte wie gut bekannte Begriffe, und meinen doch nur: Bahnsteig, Wartesaal und Bunker.

Auf dem Bahnhof von Kassel treffen sich gegen Abend die Züge von Süden, die die Reisenden der amerikanischen Zone nach Norden tragen, die Züge von Norden, die den Verkehr aus der britischen Zone bringen, und die Züge von Osten, die eben die Prozedur des Grenzübergangs aus der russischen Zone hinter sich haben. Die ahnungslosen Neulinge, die in die andere Zone hinüberwollen, begegnen den frisch-erfahrenen Abenteurern, die es eben geschafft haben. Furchtsame Grenzgänger, die schwarz in die eine oder andere Richtung fahren möchten, holen sich Erkundigungen bei jenen, die eben durch die Postenketten gebrochen sind. Die ganze Hilflosigkeit dieses geschlagenen Volkes, das die Wege durch die eigene Heimat nicht mehr kennt, offenbart sich in den Bunkergesprächen, die nun beginnen und die bis in die frühen Morgenstunden nicht abreißen.

Die Luft im Bunker ist stickig und verbraucht, schon wenn man ankommt. Zwischen den Sitzenden, Hockenden, Liegenden, Stehenden gibt es kaum einen schmalen Gang. Die vielen Einbeinigen, die auf Krücken hier hindurchstolpern, haben es nicht leicht, ihren Weg zu finden. Viele Menschen liegen einfach mitten im Gang. Ihre

Der zerstörte Hauptbahnhof mit dem Abgang zum Bunker, der nach dem Krieg als Übernachtungsgelegenheit diente, zweite Hälfte des Jahres 1945.

Gesichter sind nach oben gerichtet und scheinen die schweren Füße, die über sie hinwegtasten, nicht zu fürchten.
Hier hockt jede Sorte Menschen: Flüchtlinge mit kleinen Gebirgen von Gepäck, die noch keine Heimat vor sich sehen, obwohl sie ihre alte Heimat auf immer verlassen mußten. PW's, die aus englischer oder französischer Gefangenschaft heimkehren. Kriegsgefangene aus Rußland, die nach Westen wollen. Mancher hat noch das helle Dreieck auf dem Rücken und das weiße PW auf Hose und Jacke. Sie tragen alle Sorten Uniformen, abgerissenes Feldgrau, das Olivgrün der Alliierten, verblichenes Seemannsblau, zerfranste Arbeitsdienstmäntel. [...]
Es scheint, als sollte dieses Volk nicht mehr zur Ruhe kommen. Während des Krieges verschickte man sie aus den Großstädten aufs Land, aus dem Westen nach dem Osten, später wieder aus dem Osten nach dem Süden oder Norden. Sie wurden verjagt von Bombenangriffen, verlagert mit Rüstungswerken, verscheucht von den weichenden Fronten. Als der Krieg zu Ende war, gingen sie auf die Wanderschaft, einander zu suchen. Dann kam die Rückevakuierung und scheuchte die Menschen vom Land wieder in die zerbombten Städte. Dann kamen die Flüchtlingstransporte aus dem Osten, aus dem Balkan, aus den geräumten Gebieten. Dann kam der Hunger.

Dann kam die Arbeitslosigkeit. Balzac könnte in diesem Bunker noch einmal neunzig Bände voll dramatischer Erzählungen schreiben. Und Käthe Kollwitz hätte, wenn sie noch lebte, auf Jahre hinaus Modelle für ihren Skizzenblock, je ein halbes Dutzend auf den Quadratmeter.

Gegen Morgen kommt ein kalter Luftzug durch die Schleusen herein. Das Tageslicht dringt nicht in diese Höhle, aber an den da und dort Aufbrechenden, die rechtzeitig zu ihrem Zug anstehen wollen, erkennen wir den nahenden Tag. Wiederum tragen die Züge von Kassel aus ihre leidgejagte Last nach Norden, Osten, Süden und Westen. Für einen grauen Tag leert sich der Bunker. Für zehn Stunden, bis es wieder Abend wird.

Sagte ich Kassel? Es handelt sich nicht nur um Kassel. Es handelt sich gleichermaßen um Bebra, Fulda, Eisenach, um Hof, um Helmstedt, um Frankfurt am Main, um München, um Berlin Stettiner Bahnhof – es handelt sich um jeden Umschlagplatz menschlicher Ware, um jede Drehscheibe, auf der der endlose Strom auf eine neue endlose Straße geschickt wird.

(1947)

BRIEFE AN ASTRID CLAES
von Gottfried Benn

Die Germanistikstudentin Astrid Claes promovierte 1953 mit einer Arbeit über Gottfried Benn. Sie schrieb ihm mehrere Briefe, Benn antwortete interessiert. Es kam schließlich im Juni 1954 zu einem Treffen in dem von Benn so genannten „Park Hotel". Die Briefe von Astrid Claes sind nicht erhalten.

18 VI 54. 10 h abends

Liebes Fräulein Claes, es war nett, Sie am Telefon zu sprechen. Also bitte: Dienstag 29. VI Kassel, Park Hotel, Friedrichstr. 25. Wer zuerst kommt, wartet auf den andern. Ich kenne das Hotel nicht, aber ein Reisebüro hat es mir empfohlen. Ich habe Ihnen ein Zimmer schon bestellt, Sie sind mein Gast, ich lade Sie ein. Am 30. VI fahren Sie zurück nach Köln u. sind am 1 VII in Ihrem Verlag.

Reizend, dass sich diese Kombination ergibt, es ist besser als Berlin.
Tausend Grüsse, bitte springen Sie nun nicht wieder ab, wir werden uns Kassel ansehn u. hoffentlich guter Laune sein.
Ihr
G.B.

19 VI 54 Sonnabend. Nachmittag.

Chère, nun kommt auch noch Ihr Brief vom 17. aus Köln, aber er kann wohl keine Verwirrung mehr stiften. Es bleibt beim 29. VI Kassel. [...]
Wer in Kassel zuerst ankommt, wartet auf den andren, aber nicht im Vestibül, Hotelhalle, sondern in seinem Zimmer, bis der andre ihn benachrichtigt. Sie werden ein Zimmer mit Bad haben – hoffentlich, bestellt habe ich es – Sie können also ruhen, schlafen, sich den östlichen Schmutz abwaschen, das Haar kämmen, die Lippen röten. Sie sind, bitte, von dem Augenblick an, wo Sie Kassel betreten, bitte mein Gast. Und nun: honny soi qui nicht kommt.
Viele Grüße
Ihr
G B

und auch pflichtgemäss
werde ich am 28. abends an Sie denken – was treiben Sie da bloss? Vortrag?

19. VI 54 11 h abends.
Teuerste, nun muss ich auch noch auf Ihr wirklich ein bischen unnützes Telegramm antworten. Eigentlich müsste ich antworten: Scheren Sie sich zum Teufel, aber ich antworte: 29 VI Kassel, Park Hotel.
Benn

Das Hotel Haus Hessenland, Friedrichstraße 25, in dem sich Benn und Claes trafen.

[Blumen/Karte 29.06.54]

Guten Tag! Bitte rufen Sie mich an, wenn Sie mich sehen wollen, mein Zimmer ist 229.

Be.

1. VII 54.

Liebe Astrid, „Delphin" ist ein ganz wunderbares Gedicht, ein unvergleichliches. Ich finde es noch grossartiger als „The Raven". Dann kommt „die Ratten". Missglückt „Der arme Heinrich", die 2. Strophe zerstört es.
Auden auch sehr gut.
Kam gut hier an. Das war ein schönes Abschiedsgeschenk, dass Sie noch an das Fenster klopften!
Ich hoffe, Blumen von Ihrer Wohnungsbesorgerin standen in Ihrem Zimmer, als Sie kamen, Sie nippten noch etwas Nectar u. Ambrosia u. schliefen.
Ich denke an Kassel.

Immer
Ihr
G.B.

Sonnabend nachmittag, 3 VII 54.

Liebe Astrid, wie werden Sie diesen Sonntag verbringen? Ich vermute, Sie fahren zu Ihrer Dogge, die sich freuen wird, ihre Herrin zu sehen. Wie heisst sie?
Es ist einer jener grauen Sommertage, wie ich sie liebe, ich bin allein in der Wohnung, es ist still, kein Telefon u. Klingeln zu erwarten. Ich hause in einer Stube, die nach hinten liegt, auf den Hof, die verlasse ich selten. Dies ist meine Heimat, nach der ich mich auch auf Reisen immer sehne. Ich bin viel, viel morbider, als ich vielleicht aussehe u. vielleicht auch auf Sie wirke. Eigentlich ist Alles längst zu Ende.
Liebste Astrid, ich habe eine Bitte: seien Sie in Ihren Briefen an mich nicht wieder und nicht mehr so erbittert u. streng u. rechthaberisch, das geht nun nicht mehr zwischen uns. Für Sie habe ich das Gesicht, das ich Ihnen zeigte, als ich Ihnen die Orangeade brachte – für andere allerdings habe ich andere Gesichter.
Ich denke weiter an Kassel u. an alle Einzelheiten, ich wollte, es gäbe noch mehr Einzelheiten, sich zu erinnern. Vielleicht kommen noch einige hinzu, wenn wir uns wiedersehen.
     Ihr   G.B.

NUR ZWEI KOFFER

von Marcel Beyer

Was dort im Koffer liegt, sagst du, ist allein
mir bekannt: doch kein leichtes Rasierzeug,
die Borsten gelockert von Hand. Ein anderer,
brüchige Riemen, auch sein Inhalt

ungenannt, die Seife, die Klingen schienen
– aus Wien, Berlin, aus Kassel – uns
miteinander verwandt. Es bleiben nur
die zwei Koffer, Rasurfehler hier, und du: ich
stelle die Kinderfrage ebenso lautlos. Wozu.

(1997)

Interpret Joachim Sartorius schreibt: „Kassel gibt allerdings Rätsel auf. Es mögen hier Assoziationen im Spiel sein, die in der privaten Biographie von Marcel Beyer gründen und ohne ihre Kenntnis nicht zu entschlüsseln sind. Vielleicht ist es aber auch nur ein Hinweis auf die Stadt, in der sich im Juni 1954 der achtundsechzigjährige Gottfried Benn zum ersten Mal mit Astrid Claes, seiner letzten Angebeteten, traf."

ICE KASSEL-FULDA
EINE GOTTFRIED-BENN-PHANTASIE
von Robert Gernhardt

Manchmal an Ufern von Flüssen,
wenn der Blick ihrem Lauf folgen tut,
fällt von uns ab Zwang und Müssen,
steigt jäh auf Sehnsucht nach Flut.

Tief unter Vogelflügen,
über verdämmerndem Land,
Sitzen wir fröstelnd in Zügen –
ICE, Bordrestaurant –:

Chiffren! Und Süddurst entfacht sich.
„Weißwein vom Gardasee
1 Flasche 12.80".
Preiswert: Méditerranée.

„Garcon, bring me un vino!"
„Herr, ich verstehe Sie nicht!
Hier ist nicht Portofino,
wo man in Vielsprachen spricht.

Hier, Herr, ist immer noch Hessen.
Uraltes Deutschredeland,
seit sich einst halboffnen Fressen
ein erstes ‚Ei wie dann?' entwand:

Was also, Herr, darf ich bringen?"
Die Frage zielt mitten ins Sein.
Allez! Laß die Antwort gelingen:
„Ei Gude, isch möchte e Wein!"

(1979)

TAGEBUCHEINTRAG
von Rudi Dutschke

30. Mai 1979
Kassel
Fühle mich weiterhin „beschissen"...

(1979)

REVOLUTION IN WILHELMSTAL
von Sten Nadolny

Jetzt sitze ich im Intercity „Mercator" nach Freiburg und Basel. Er führt nur die Erste Klasse, daher zahle ich einen Zuschlag bis Freiburg. Außer mir sitzen hier drei jüngere Geschäftsleute mit halbdunklen Anzügen. Jeder hat einen sehr flachen, sehr geraden Diplomatenkoffer bei sich. Einer liest eine französische Zeitung. Vater fuhr nie im Zug, immer nur mit Firmenwagen und einem Chauffeur, den er zur Eile antrieb. „Zeit", sprach er, „ist das einzige, was wir nie wieder herausbekommen."
Der Zug fuhr an der Leine entlang und dann über Fulda weiter. Mit Kassel ist es also leider nichts. Dort wäre ich wahrscheinlich ausgestiegen. Im Park des Schlosses Wilhelmstal in Kassels Nähe lag ich vor Jahren und las „Geschichte und Klassenbewußtsein" von Georg Lukács. Ich wohnte in einem Gasthaus, das mir sehr gefiel. Das Haus roch dezent nach feuchten Wänden, die Tapeten deuteten, als ich in

der Mitte eines Zimmers stand, eine leichte Verbeugung an. Ich aber las auch dort unbeirrt weiter, im Schein einer immer wieder einnickenden Nachttischlampe, halb versunken in die Bettengruft. Alles schien mir für ein Buch über Revolutionen ganz die richtige Umgebung. Heute ist mir, als ob der Park, das Gasthaus und vor allem dieses Zimmer sich für kühne erotische Experimente mehr geeignet hätten, vom Bett selbst vielleicht abgesehen.

(1981)

OBERLIPPENFLAUM IN WILHELMSTHAL

von Sten Nadolny

Meine Art des Reisens ist ideal: Ich komme immer rechtzeitig zum Zug, ganz gleich, wann ich eintreffe. Es läuft gerade ein Zug nach Kassel ein, allerdings schrecklich voll. Ich reise stehend, an eine Außentür gelehnt, und wechsle Blicke mit einer jungen Schwarzhaarigen mit sehr gerader Kinderstirn und rotem Pullover. Als ich aus dem Fenster schaue, damit sie mich in Ruhe ansehen kann, betrachte ich bewußt die weiter entfernt liegenden Objekte, denn ich weiß, daß dies dem Blick etwas Ruhiges gibt. Hinter der hübschen Schwarzhaarigen steht eine Dünne mit Raffzähnen, die sich gemeint fühlt, das macht die Sache kompliziert. In Frankfurt steigen viele Leute aus, auch die Dünne. Jetzt können die Schwarzhaarige und ich zueinander. Sie hat einen offenen, lebhaften Blick. Ihre Augen haben einen gelbbraunen Innen- und einen dunkleren Außenkreis, dazwischen spielen sie ins Grüne. Das Mädchen hat einen ganz zarten winzigen Flaum auf der Oberlippe, und ich weiß sofort, daß es jetzt darauf ankommt, diesen mit der Zungenspitze berührt zu haben. Wir sprechen miteinander. Sie gehört zu den Mädchen, die „flirten". Aber dann geht es um behinderte Kinder, mit denen sie zu tun hat, und sie sagt lauter reale, einleuchtende Sätze darüber. Sie fährt bis Kassel, ich natürlich auch. Wir verabreden uns: 7h30 an der Bahnhofsuhr.
Abendsonne. Ich bin nach Wilhelmsthal gefahren. Das Gasthaus gibt es noch, aber jetzt modernisiert. Im Park ein Schwan auf dem Teich,

ein Veilchen neben einer Baumwurzel, jetzt läutet sogar noch eine Glocke aus der Richtung des Gasthofs, die goldenen Putten glänzen in der Sonne, und eine Amsel hüpft auf dem Rasen. Ich miete ein Zimmer und breche wieder nach Kassel auf. Angela kommt. Wir sehen durch ein Münz-Fernrohr in den Mond und trinken Wein in einem sonst langweiligen Lokal. Ich erkläre ihr, daß ich sie gerade hätte küssen wollen und warum ich es dann doch nicht getan hätte, und dann tue ich es. Viele Frauen sind hübsch, aber nur sehr wenige haben so einen herrlichen winzigen Flaum auf der Oberlippe. Ihn mit der Lippe zu fühlen ist noch schöner als mit der Zunge. Ich möchte schrecklich gern, daß sie mitfährt nach Wilhelmsthal, aber sie wohnt hier bei Verwandten und hat außerdem sehr klare Prinzipien. Am Tisch gegenüber sitzt ein Gastarbeiter und blickt herüber. Ich merke, daß es eigentlich gemein ist, vor den Augen eines Mannes, der es in einem fremden Land mit Frauen schwer hat, ein solches Mädchen zu küssen. Andererseits denke ich mir, daß er selbst diesen Gedanken lächerlich finden würde. Ich bringe dann Angela zu ihrem Haus, und wir sagen uns Lebewohl.
Im Zug von Kassel nach Bad Wildungen und Hagen, am nächsten Vormittag. Morgens versuchte ich per Anhalter von Wilhelmsthal nach Warburg zu kommen. Statt der Autos kam aber nur eine riesige Schafherde, die die ganze Landstraße weit und breit füllte. Da kann man schlecht per Anhalter weiterkommen. Die kleinsten Schäfchen knabberten voller Neugier am Henkel meiner Reisetasche herum, der sah für sie aus wie ein saftiger Stengel. „Bäh!" sagten die Schafe und wiederholten das mehrmals laut und deutlich zum Mitschreiben. Und die Ältesten sagten „böh". Es dauerte ewig, bis die Herde durch war. Mitten zwischen den Schafen dachte ich, ich wollte lieber zum Film als in die Schule. Eine freundliche, aber etwas laute Taxifahrerin nahm mich dann für zehn Mark bis Kassel mit.
Die Bahnstrecke Kassel-Hagen ist so, wie ich es mir immer gewünscht habe, die reinste Idylle, die echte Eisenbahn. Niedliche Gnom-Kirchlein, ein Bahnhofsgebäude mit Rosettenfenstern: „Guntershausen". Krüppelwalmdächer, ein Fluß, der sich an einem Hügelsaum entlangkrümmt. „Grifte". Ein alter Backofen, Dorfteiche, ein riesiger alter Einzelbaum hinter dem Fluß, dann der Fachwerkbahnhof von Altenbrunslar. Obstbaumgesäumte Wege in die Wälder hinauf. Ist das auf dem Hügel eine Burg? „Wabern". Ein Zug nach Westerland steht ein paar Gleise weiter. Ein Schloß zur Linken,

Schloss Wilhelmsthal, von der Parkseite aus gesehen.

man sieht es nur beim Zurückblicken. (Gibt es ein Schloß Wabern?) Auf einem Hügel ein beachtlicher Dom, er gehört zu Fritzlar. Etwas weiter eine bunte Holzbaracke, auf welcher steht: „Pommernfleiß". Reitställe. Gerade sind viele schöne Pferde zu sehen, und auf ihnen vornehm gekleidete Herren in Schwarz, mit weißen Halstüchern und Zylindern.
„Ungedanken". Vier dicke Schweine reiben sich an einer Gartenmauer. Dann „Mandern" oder so ähnlich. Eine sehr massige und stabile Schranke für einen winzigen Feldweg. Vielleicht sind hier die Traktoren manchmal größer als die Bahn.
„Wega".
In den Schrebergärten von Bad Wildungen fangen sämtliche Hunde, große und kleine, beim Vorbeifahren des Zuges an zu bellen. Vier Reiter am Hanggrat gegen den blauen Himmel. Ein Bussard kreist. Der Zug verläßt Bad Wildungen in der Gegenrichtung, wie soll ich das verstehen? Schon wieder „Wega"! Jetzt macht er eine Kurve, er hat einen Haken geschlagen.
„Anraff". Wir fahren unter einer alten Steinbrücke durch, darauf stehen zwei Mädchen. Ich winke, sie winken zurück. Eine Zugfahrt wie ein Waldspaziergang. Lichter Laubwald rechts, man sieht bis auf den

braunen Boden durch. Ortsschilder: „Netze", „Höringshausen", „Korbach". In Korbach gibt es zwei Kirchen, die eine scheint mir schief zu stehen. Ein Mann steigt zu und verabschiedet sich mit Kuß von einer jungen Frau. Sie sagt: „Ich gehe weiter nach vorne, da kann ich länger winken." Bei der Weiterfahrt sehe ich sie am Ende des Bahnsteigs stehen, winken und – weinen. Dann schließe ich das Fenster, drehe mich um und sehe, daß auch der Mann weint. Waldhügel, nichts als Wald. Was sich auch immer verändern mag, der Wald ist jederzeit „so wie früher". Der Zug fährt etwa ein schnelles Fahrradtempo. Blumenpflücken wäre möglich. Hochsitze, zwei Eichelhäher, „Eimelrod", „Usseln", ein Gasthaus neben riesigen Rundholzstapeln. Wir fahren über eine Eisenbahnbrücke hoch über Willingen, sie ist so eindrucksvoll, als hätten die Römer sie noch gebaut. In Brilon-Wald wird der Zug voll, ein Kegelausflug aus dem Ruhrgebiet auf der Heimreise.
In Hagen steige ich um.

(1981)

In dem Romanerstling des späteren Ingeborg-Bachmann-Preisträgers (für „Die Entdeckung der Langsamkeit") wird, wie der Titel verrät, viel gereist. Der angehende Lehrer Ole Reuter kauft sich nach dem Examen erst einmal, statt an die Schule zu gehen, eine Bahn-Netzkarte und fährt drauflos. Doch noch gibt es das heutige Schnellbahnnetz nicht, daher fahren die Züge schnöde an Kassel vorbei. Wilhelmstal wird bei Nadolny mal mit, mal ohne -th- geschrieben.

WARUM NICHT MAL NACH KASSEL FAHREN?
von Walter Kempowski

Nach Kassel war es nicht sehr weit. Warum also nicht mal nach Kassel fahren? fragte sich Sepp, und ich war derselben Meinung: Warum nicht mal nach Kassel fahren, da war man ja noch nie gewesen. [...] Nach Kassel fahren – „merkwürdiges Gefühl: Hessen, nicht?"

(1984)

KASSEL UND KUNST

von Harry Oberländer

Es wird ein Tag im Januar sein, da wird Licht die schneebedeckten Höhen des Mittelgebirges überfluten und dich treffen wie Blitze. Der Intercity-Express wird durch die Tunnelröhren jagen, wie ein Geschoß, von Fulda bis Wilhelmshöhe abwechselnd über hohe Brücken und unter den Bergen hindurch, die heißen Knüll und Günsterröder Höhe und Söhre. Du wirst dich wundern, daß du dich immer noch an die Namen erinnern kannst, es sind ganz fremde und ganz vertraute Namen, aus weiter Ferne, aus dem Heimatkundeunterricht bei Fräulein Morgenstern. Die war gar nicht von hier, hatten die Leute gesagt, die war aus dem Osten gekommen, aus Breslau. Die konnte erzählen, wie die Russen ihren Flüchtlingszug durchkämmt hatten, um Uhren und Schmuck zu konfiszieren. War dann aber sehr schnell auch vertraut mit der Gegend hier, wo Werra sich und Fulda küssen, mit dem Habichtswald, dem Reinhardswald, dem Herkules und dem Landgrafen Karl samt seinen Hugenotten. Sang auch sehr gerne und vor allem Paul Gerhardt, an Wandertagen im späten August: *Geh aus mein Herz und suche Freud ...*

Du wirst dich wundern, daß dir dies alles wiederkehrt, im ICE, einer Sorte Zug, die es damals nicht gab, und während du die Ansage hörst, man werde in wenigen Minuten Kassel-Wilhelmshöhe erreichen, wirst du dir überlegen, für ein paar Stunden die Fahrt zu unterbrechen, du bist nicht gern, wo du herkommst, du bist nicht gern, wo du hinfährst, warum also nicht. Warum nicht zwei, drei Stunden Kassel, es soll eine Ausstellung geben im Fridericianum, alte Meister aus der Sammlung der Landgrafen. Kassel war doch einmal für dich *die* Stadt, es gab keine andere erreichbare, in Kassel begann die Welt. Und fuhren noch Züge mit Dampflokomotiven, du wirst dich ganz genau erinnern, faszinierend unheimliche Geschöpfe, die da schnaufend und zischend im Kleinstadtbahnhof standen, und keine Zugfahrt hast du je wieder so genossen, wie diese knappe Stunde Fahrt nach Kassel und an der Hand der Großmutter die Stadt. Das ging durch Wälder und Wiesen und alle paar Minuten ein Halt, manchmal ein bloßer Bahnsteig mit Namensschild am Acker, manchmal ein richtiges Bahnhofsgebäude mit rotbemütztem Vorsteher. Und ging

dann, während der Qualm an den Böschungen vor den Scheiben vorüberzog, durch die Vorstädte, Obervellmar und Niedervellmar, Harleshausen und schließlich, an vielen schwarzrotschmutzigen Ziegelmauern vorbei in den Hauptbahnhof hinein, lange vorher stand es angeschrieben: *Kassel Hbf*, schwarz auf weiß.
Du wirst dich entscheiden und die Zeitung fast ungelesen in die Reisetasche packen, der Krieg am Kaukasus wird weitergehen, der Krieg in Bosnien wird weitergehen, du wirst dir rasch den Mantel überziehen, Handschuhe, Schal, das zunehmende Alter macht empfindlicher und anfälliger für Erkältungskrankheiten, du wirst einen Herrn mit Hut darstellen auf dem Bahnsteig von Kassel-Wilhelmshöhe, einen Herrn wie du damals den einen oder anderen staunend gemustert hast, damals, als du zum zweiten oder dritten, zum vierten oder fünften Mal die Königsstraße entlanggelaufen bist, ein Kind vom Land, und die Stadt war aufregend und groß, war fremd und verheißungsvoll. So wirst du auf dem Bahnsteig stehen, wenn deine Zukunft schon halb oder noch mehr vergangen ist und der Zug wird weiterfahren, auf Gleisen, die unter dem Bahnhof hindurchführen. Ein neuer Bahnhof, eigens so geplant und gebaut, damit die Züge nicht unnötig Zeit verlieren, dieser Bahnhof, der kein Ziel mehr ist, nur noch eine Durchgangsstation. [...]
Du wirst dich wundern, daß es in diesem so neuen Bahnhof nirgends Rolltreppen gibt, du wirst in der schmalen Halle stehen, in einer glänzenden postmodernen Andeutung von Galerie, und etwas erschrocken auf das Flachdach der Vorhalle schauen, das sich allein durch seine kühne Höhe von einer Grenzabfertigungsanlage der DDR unterscheidet. Marx hab' sie selig. Etwas unschlüssig wirst du auf der Wilhelmshöher Allee stehen, linker Hand Schloß und Herkules. Du wirst in den Bahnhof zurückgehen und einen Zug zum Hauptbahnhof nehmen. Von dort nur ein paar hundert Meter Fußweg zur Kunst.
Wann fiel zum ersten Mal das Zauberwort *documenta*? Das muß gegen Ende der Schulzeit gewesen sein, im Gymnasium, in der Oberstufe. Da fanden diese erbitterten Diskussionen statt, was eigentlich Kunst sei. Ob das denn überhaupt noch Kunst sei. Der zuständige Kunsterzieher hieß Bolte, malte Landschaften und Stilleben, hatte ein Alkoholproblem und war von allen Lehrern der menschlichste. Bolte liebte van Gogh und eiferte Matisse nach, mit Andy Warhol und Joseph Beuys konnte er wenig anfangen, war aber tolerant. Damals,

Kassel war in deinem Bewußtsein schon etwas auf die Provinzgröße geschrumpft, die es wirklich hat, damals hast du dir mit dem Losungswort *Ich komme für Herrn Studienrat Bolte* Zugang zum Lehrerzimmer verschafft, dort die vollen Aschenbecher in einen Eimer geleert und die Beute zurück in den Kunstraum gebracht. Die Kippen hast du auf eine dünne Spanplatte geklebt. Zwischen die aufgeklebten Kippen hast du das Photo eines russischen Panzers collagiert, eines russischen Panzers, der nach Prag gerollt war, um den Prager Frühling zu beenden. Du hast das für einen Mordsspaß gehalten, für eine Provokation, [um] ins geheiligte Lehrerzimmer eindringen zu dürfen, mußte man doch üblicherweise draußen vor der Türe warten, bis die pädagogische Autorität eine kurze Stehaudienz gewährte. Bolte aber nahm all das ganz ernst. Nicht nur hat er dich gewähren lassen, nein, er ließ das Kunstwerk auch ausstellen, im Foyer, gleich unter der Bronzebüste Albert Schweitzers. Du hast ihm ab und an während des Unterrichts ein paar Flaschen Bier und einen Flachmann besorgt und zwar so, daß es kein Schwein merkte. Mit Bolte seid ihr damals, Ende der Sechziger, zur documenta gefahren, es war ja nicht weit, die Klasse gespalten in Traditionalisten und Revolutionäre.

Du wirst also, das Bild eines Herrn in gepflegtem Wintermantel mit Schal und Hut, vom Intercity-Bahnhof Wilhelmshöhe zum Kasseler Hauptbahnhof fahren. Du wirst in einen elend schmutzigen und kalten Lokalzug steigen, der aus Melsungen kommt, aus Fritzlar oder Korbach, und wirst dich schon wieder fragen, ob es die Sentimentalität wert war, deine Fahrt zu unterbrechen. Du wirst im Hauptbahnhof ankommen, der nie ein schöner Bahnhof war, sondern nach dem Krieg gebaut, jetzt aber wird er dir vollends schäbig erscheinen, weiter entfernt von der Welt denn je, ein Haufen Tote auf Urlaub hängt da herum, Fixer, die sich hinter dem Vorhang des Photoautomaten schnell einen Schuß setzen. Du wirst dich erinnern, daß es damals, so um die Abiturzeit, um die Zeit deiner ersten documenta, mit Haschisch und Flowerpower herging in den Discotheken. Und daß die Kulturrevolution und der Geist der Utopie sich damals materialisierten in einem offenen Cabrio, irgendeinem kunstsinnigen Caféhausbesitzer gehörte es, damit seid ihr damals an einem Sommerabend durch die ganze Stadt gekurvt. *Alle Macht den Räten* habt ihr den erschreckten Passanten zugerufen und *Jeder ist ein Künstler*. Auch damals war Kassel keine schöne Stadt, zerstört im Krieg und hastig wiederaufgebaut im Wirtschaftswunder. Du wirst durch die Unterführung vorm Hauptbahnhof laufen, dann die Treppenstraße hinunter, und Fridericianum und Staatstheater werden in der Linie deines Blickes liegen. Das Staatstheater, das hat immer so bedeutend und erhaben geklungen, als sei es ganz etwas anderes als eine komödiantische Angelegenheit. Da bist du zum ersten Mal im Leben im Theater gewesen, vor Weihnachten in *Peterchens Mondfahrt*. Die bessere Gesellschaft deiner Kleinstadt fuhr stets nach Kassel ins Theater, auch in die Oper, mit dem *Kurhessischen Besucherring* und *Pfannkuches Busreisen*. Die feineren Leute gingen auch ins *Café Paulus*, wo du selber, als Kind, immer ermahnt wurdest, dich anständig zu benehmen. Später hast du dann *Don Carlos* gesehen, im *Kleinen Haus*, und mußtest den unvermeidlichen Aufsatz schreiben über Gedankenfreiheit. Einmal gab es, eher versehentlich, ein Stück von Günter Grass, weil *Wilhelm Tell* wegen Krankheit ausfallen mußte. Das Stück von Günter Grass handelte von einem positivistisch denkenden Zahnarzt und einem Pudel, der auf dem Kurfürstendamm verbrannt werden sollte.

Der Friedrichsplatz wird eine große schmutzige Baustelle sein, keine Ahnung, was es da eigentlich zu bauen gibt. Die Baufirma, so steht es auf dem Schild, wühlt und wälzt hier um in öffentlichem Auftrag und ist aus Erfurt in Thüringen. Das wird heute, im Januar 1995, schon niemanden mehr wundern, schnell gewöhnt sich der Mensch an Veränderungen, auch an große. Kassel wird wieder mitten in Deutschland liegen und weniger davon haben, als es sich erhofft hat. Da fehlt der *sky walking man* von der letzten documenta, sein unverbindlicher himmelstürmender, gegenständlich populistischer Optimismus. Nur der Landgraf Friedrich steht und wankt nicht auf seinem Sockel, man hat ihn mit einem Stahlgerüst umgeben und mit einer Bauplane überdacht. Da wirst du vorbeigehen zum Eingang des Fridericianum und wirst lesen, daß die Ausstellung montags geschlossen ist. Das wird dich beinahe schon nicht überraschen.

Und so banal um den Anlaß deines Aufenthalts gebracht, wirst du zwischen Königsplatz und Brüder-Grimm-Platz ziellos umherlaufen, die Sonne wird sehr tief in die Königsstraße hineinstrahlen und die Weihnachtsgirlanden erleuchten, die hängen noch quer über der Straße. Vor dem Denkmal des Louis Spohr wird dir wieder durch den Kopf gehen, daß es dich immer irritiert hat, daß der Platz hier Opernplatz heißt und dann ist da gar keine Oper, nur ein Kaufhaus. So wirst du in eine Straßenbahn steigen, die dich nach Wilhelmshöhe zurückbringt. Und wenn du längst schon wieder im ICE sitzt, auf dem Weg nach Berlin, wenn der Horizont in einem blutunterlaufenen Abend vergeht, wirst du dir denken, daß alles Fragment ist, Splitter, Episode. Wie die Stadt Kassel, die im Kriege unterging und in ihrer Schönheit nie wiedererstand, selber künstlich, wie die documenta. Bis dahin, bis zur nächsten, dann vermutlich wieder Kassel.

(1995)

FEAR AND LOATHING IN LAS KASSEL
von Katja Huber

Gar nicht mit Kassel kam die Schriftstellerin Katja Huber klar. Offenbar fiel die Stadt stark ab gegen ihre bisherigen Lebensmittelpunkte: München und Wolgograd.

In einem schlauen Buch, das fast niemand gelesen hat, steht: „Steig niemals aus in Kassel!" Dieses Buch liegt in meinem Reisegepäck. Direkt neben der Fahrkarte mit dem Endzielbahnhof „Kassel". Da ich die Fahrkarte noch vor dem schlauen Buch erworben habe, wandert das Buch in einen dafür vorgesehenen Papierbehälter der Deutschen Bahn AG. Den Papierbehälter ziert ein rechteckiges Piktogramm mit dem *monospace*-Aufdruck „news". Die Tatsache, daß ein wirklich schlaues Buch in einem Zeitgeistmülleimer der Bahn verschwindet, sollte mich skeptisch machen.
Der Aufdruck „Kassel" auf meinem Ticket läßt keine Skepsis zu. In „Ihrem Reisemagazin Zug" heißt Trier „die älteste und schönste Stadt Deutschlands". Von meinem Mitbewohner habe ich erfahren, daß Trier die schrecklichste Stadt Deutschlands ist. Wer lügt? „Alle Künstler lügen" ist der Titel der Ausstellung, die man zur Zeit in Kassel besuchen kann.
In „Ihrem Reisemagazin Zug" heißt Kassel „Zentrum Deutschlands, Kunst- und Kulturstadt". Also oder trotzdem steige ich aus. Es ist Nacht in Kassel. 18 Uhr. Die Videoscreens im *Kulturbahnhof Kassel* sind irgendwie hoffnungserweckend, grün. Ein bißchen blau und rot. Lissabon gegen Kaiserslautern. Ein kulturinteressierter Kasseler

steht vor dem Videoscreen. Er schreit „Tor" und „Jetzt geht's ab!" Und jetzt geht's wirklich ab im Kulturbahnhof. Burger King gegen Kassler. Das „Bäckerlädchen" bietet Lebkuchen feil. Eine Geschenkboutique verspricht das pure Glück für DM 3,60. Das pure Glück ist selbstklebend. Es besteht aus 30 Holzmarienkäfern, eingeschweißt in Zellophan. Das Balikino trotzt allen ersten und letzten Eindrücken „Das Leben ist schön", eben doch! Ich frage den Kasseler, was man so macht, in Kassel. Der grunzt „Da – Spielothek" und schreit schon wieder „Tor!"

Wenige Minuten nach meiner Ankunft habe ich eine neue Identität. Ich heiße Thomas Crow, bin blond, 185 cm groß und wiege 90 kg. Mein Lebensziel ist es, Monster, Zombies und fliegende Schwabbler zu erschießen. Bevor ich mein Lebensziel erreicht habe, bin ich tot und um fünf Mark ärmer. Wenn ich wollte, könnte ich versuchen, mein Geld an den Spielautomaten wieder reinzuholen. „Für jedes kaputte Birnchen und Tastenfeld, das Sie finden, gibt's DM 5,–."

Monster erschießen macht mehr Spaß und ist anstrengend. Ich habe Hunger. Die Kneipen in Kassel heißen „Salzburger Land", „Kasselstube" und „Paradies". Im Paradies der Kasseler Kneipenszene fließen Remouladen- und Bechamelsoßen. Alles, was auf den Tisch kommt, ist Panade. Alles, was um den Tisch blüht, ist Plastik. In der Ritterstube, in die ich schließlich gehe, ist das Holz aus Plastik oder umgekehrt. Ich muß mich entscheiden. Ragout fin mit Propionsäure gegen Wiener Schnitzel mit jungem Gemüse. Das Wiener Schnitzel gewinnt und schmeckt richtig nach Wiener Schnitzel. Wie das Erbschen-Möhrchen-Gemüse mit Scheibli-Käse schmeckt, werde ich nicht erfahren. Mir ist so schlecht! Ich wär' so gern in einer richtigen Autobahnraststätte. Essen macht Spaß und ist anstrengend. Kassel macht keinen Spaß und ist anstrengend. Jetzt brauch' ich aber echte Kultur. Im Stadttheater spielen sie „Romeo und Julia". „*Der* Romeo und *die* Julia?" frage ich die Kassiererin, die meinen Ermäßigungsausweis per Mikroskop untersucht. Dann merke ich, daß ich muß. Der WC-Spülstein-Duft im Klo ist nicht stärker als im restlichen Gebäude.

Irgendwie habe ich gar keine Lust mehr auf „Romeo und Julia". Ich bin müde. Vielleicht geh' ich einfach schlafen.

Ich bin wieder wach, und ein neuer Tag beginnt. Es schneit und ist kalt. Kultur brauch' ich nicht, aber Wärme. Also Therme. „Hessentherme". Planschen und entspannen im Solebad mit Whirlpool,

Außenrutsche und Saunenlandschaft. Auf der Rutsche bin ich zehn Minuten. Das Wasser ist kalt, und nichts rutscht. Ich krieche auf allen Vieren durch dunkle Röhren und friere. In der Saunenlandschaft bin ich fünf Minuten. Ein nackter Bademeister schimpft mich „Textilsau" – Textilsaunen ist verboten. Im Aufwärmbecken bin ich zwei Minuten. Eine angezogene Krankengymnastin will meinen Therapieausweis sehen. Im Whirlpool bin ich eine Minute. Blondlocke, 30, fragt Schnauzbart, 35: „Ist dein Ständer jetzt endlich weg, Edi?" Ich mache einen Unterwasserhandstand und bekomme Nasenbluten. Edi sagt, ich soll den Pool nicht versauen.
Irgendwie habe ich gar keine Lust mehr auf „Hessentherme". Auf Viva übertragen sie heute ein Depeche-Mode-Konzert. Vielleicht gehe ich ja ins Hotelzimmer ...
Nach den Thermen ist die Wärme Kälte. Auf der Straße noch mehr. Eine Straßenbahn fährt an mir vorbei. Danach kommt eine halbe Stunde nichts. Dann gehe ich eben wirklich ins Hotelzimmer. Gehen ist gesund und macht warm. Die lustigen Namen von Kneipen und Geschäften am Wegesrand machen auch warm und heben die Laune. Ich lächle beim Anblick der Vinothek „Leib und Seele". Einrichtungshaus „Bettenburg" lese ich und denke mir „tolle Idee". In der Ferne leuchtet ein kleines Lichtlein, das mir irgendwie Mut macht.
Das Lichtlein ist zum Licht geworden, ich stehe vor dem anthroposophischen Zentrum. „Alles wird gut!" sage ich dem Licht. Mir fällt ein, daß der eigentliche Grund meiner Reise die Liebe ist. „Das Leben ist schön!", beschließe ich. Ich denke an den eigentlichen Grund meiner Reise und schließe die Augen. Als ich sie öffne, sehe ich Anne Frank. „Anne Frank, das Bräunungs- und Kosmetikstudio". Vielleicht wird das Leben wirklich schön, mit dem eigentlichen Grund meiner Reise. Vielleicht in Fulda oder Erfurt. Vielleicht in Essen. Vielleicht sogar in Trier. Irgendwie habe ich gar keine Lust mehr auf Kassel!

(1998)

„NÄCHTE WAREN DAS ...!"
GESCHICHTEN, MYTHEN UND MÄRCHEN

NICHT ZU TIEF BÜCKEN:
ÜBER WILHELM DEN WEISEN

von Julius Wilhelm Zincgref

Landgraf Wilhelm IV., genannt „der Weise" (1532-1592), war ein großer Förderer der Naturwissenschaften, vor allem der Astronomie. Auf dem Stadtschloss ließ er die erste Sternwarte des Kontinents errichten. Das Astronomisch-Physikalische Kabinett in der Orangerie gründet wesentlich auf seinen Sammlungen. Und geistreich war er auch, wie diese von Julius Wilhelm Zincgref in „Der Teutschen scharfsinnige kluge Sprüch" überlieferte Anekdote zeigt:

Als weiland Herzog Johann Pfalzgraf dero Landen zu regieren anfangen wollten und dazu Landgraf Wilhelms, als seines Vettern treuen Rat begehrt, hat derselbe nächst vorhergehender Erinnerung, was Regieren für eine große Last wäre, zur Antwort gegeben: Euer Liebden seien nicht zu hochmütig in der Regierung, sonst möchten Sie oben anstoßen und fallen, bücken sich auch hingegen nicht zu tief, sonsten siehet man deroselben in den Hintern.

(um 1630)

DER CURIEUSE PASSAGIER

Cassel ist die Haubt-Stadt des Niedern Fürstenthums Hessen und eine Fürstl. Landgräfl. Residenz und Landes-Regierung, der höchste Schmuck und Zierde des Landes. [...] Anno 1382, 85 und 1400 hat die Stadt drei Belägerungen ausgestanden und sich erhalten.

(1725)

Stadtansicht aus dem Curieusen Passagier.

Postkartenmotiv zum 1000. Stadtjubiläum 1913 (l.), die Orangerie als Kulisse für den Hof Jérôme Bonapartes, unvollendetes Gemälde von Louis Dupré, um 1810 (r.).

DER MILITÄRISCHSTE STAAT VON GANZ DEUTSCHLAND

von Johann Kaspar Riesbeck

Kassel ist eine sehr schöne und zum Teil prächtige Stadt von ungefähr 32000 Einwohnern. Die Hugenotten haben diese sowie viele andere Städte Deutschlands auf unsere Kosten blühend gemacht. Die Zahl der Untertanen des Landgrafen ist mir zuversichtlich auf 330000 Seelen angegeben worden. Dieser Staat ist der militärischste von ganz Deutschland; seine Bauern sind nicht nur alle exerziert, sondern auch immer in die ganze weite Welt marschfertig. Die Verschickung der hessischen Truppen nach Nordamerika ist an sich nicht ärgerlich, weil dieser Hof mit dem von St. James [der Londoner Residenz] in einer beständigen Verbindung steht. Allein diese Verbindung selbst ist für das Land keine vorteilhafte Maxime. Unmöglich können die englischen Subsidien den Schaden ersetzen, den diese Verbindung bisher dem Lande wie dem Fürsten zugefügt hat. Nach dem letzten Schlesischen Krieg war das Land von allen jungen Mannschaften entblößt, und kaum waren wieder einige nachgewachsen, als sie nach Amerika wandern mußten. Es sollen in allem nun gegen 20000 Hessen nach diesem Weltteil gegangen sein, wovon gewiß die Hälfte nicht wieder zurückkommt. Das Land hat also den sechsten Teil seiner schätzbarsten Einwohner durch den Bostoner Teebrand verloren.

(1783)

NACH KASSEL IN DIE EISEN

von Johann Gottfried Seume

Ein 18jähriger Leipziger Theologiestudent, Johann Gottfried Seume, beschloss, unzufrieden mit seinen dogmatischen Professoren, nach Paris zu gehen, „um mich umzusehen, was da für mich zu tun sei". Unterwegs wurde er von Hessen-Kasselschen Werbern aufgegriffen und über Ziegenhain und Kassel als Soldat für Großbritannien nach Amerika verschifft, um dort gegen die Aufständischen zu kämpfen. In seinem autobiographischen Fragment „Mein Leben" erzählt er, wie er die dritte Nacht seit seinem Aufbruch in Thüringen verbringt ...

[...] und hier übernahm trotz allem Protest der Landgraf von Kassel[1], der damalige große Menschenmakler, durch seine Werber die Besorgung meiner ferneren Nachtquartiere nach Ziegenhain, Kassel und weiter nach der neuen Welt. [...] Man brachte mich als Halbarrestanten nach der Festung Ziegenhain, wo der Jammergefährten aus allen Gegenden schon viele lagen, um mit dem nächsten Frühjahr nach Fawcets Besichtigung nach Amerika zu gehen. Ich ergab mich in mein Schicksal und suchte das Beste daraus zu machen, so schlecht es auch war. Wir lagen lange in Ziegenhain, ehe die gehörige Anzahl der Rekruten vom Pfluge und dem Heerwege und aus den Werbestädten zusammengebracht wurde. Die Geschichte und Periode ist bekannt genug: niemand war damals vor den Handlangern des Seelenverkäufers sicher; Überredung, List, Betrug, Gewalt, alles galt. Man fragte nicht nach den Mitteln zu dem verdammlichen Zwecke. Fremde aller Art wurden angehalten, eingesteckt, fortgeschickt. Mir zerriß man meine akademische Inskription als das einzige Instrument meiner Legitimierung. Am Ende ärgerte ich mich weiter nicht; leben muß man überall; wo so viele durchkommen, wirst du auch; über den Ozean zu schwimmen war für einen jungen Kerl einladend genug, und zu sehen gab es jenseits auch etwas. So dachte ich. Während unseres Aufenthalts in Ziegenhain brauchte mich der alte General Gore zum Schreiben und behandelte mich mit vieler Freundlichkeit. Hier war denn ein wahres Quodlibet von Menschenseelen zusammengeschichtet, gute und schlechte und andere, die abwechselnd beides waren. Meine Kameraden waren noch ein verlaufener Musensohn aus Jena, ein bankrotter Kaufmann aus Wien, ein Posamentierer aus Hannover, ein abgesetzter Postschreiber aus Gotha, ein Mönch aus Würzburg, ein Oberamtmann aus Meinungen, ein preußischer Husarenwachtmeister, ein kassierter hessischer Major von der Festung und andere von ähnlichem Stempel. Man kann denken, daß es an Unterhaltung nicht fehlen konnte; und nur eine Skizze von dem Leben der Herren müßte eine unterhaltende, lehrreiche Lektüre sein. Da es den meisten gegangen war wie mir, oder noch schlimmer, entspann sich bald ein großes Komplott zu unser aller Befreiung. Man hatte soviel gutes Zutrauen zu meinen Einsichten und meinem Mut, daß man mir Leitung und Kommando mit uneingeschränkter Vollmacht übertrug; und ich ging bei mir zu Rate und war nicht übel willens, den Ehrenposten anzunehmen und fünfzehnhundert Mann auf die Freiheit zu führen und sie dann in Ehren zu entlassen, einen jeden seinen Weg. Außer dem glänzenden Antrag kitzelte mich vorzüglich, dem Ehrenmanne von Landgrafen für seine Seelenschacherei einen Streich zu spielen, an den er denken würde, weil er verteufelt viel kostete. Als ich so ziemlich entschlossen war, kam ein alter preußischer Feldwebel zu mir sehr vertraulich. „Junger Mensch", sagte er, „Sie eilen in Ihr Verderben unvermeidlich, wenn Sie den Antrag annehmen. Selten geht eine solche Unternehmung glücklich durch; der Zufälle, sie scheitern zu machen, sind zu viele. Glauben Sie mir altem Manne, ich bin leider bei dergleichen Gelegenheiten schon mehr gewesen. Sie scheinen gut und rechtschaffen, und ich liebe Sie wie ein Vater. Lassen Sie meinen Rat etwas gelten! Wenn die Sache glücklich durchgeht, werden wir nicht die letzten sein, davon Vorteil zu ziehen." Ich überlegte, was mir der alte Kriegsmann gesagt hatte, und unterdrückte den kleinen Ehrgeiz, entschuldigte mich mit meiner Jugend und Unerfahrenheit und ließ die Sache vorwärts gehen. Der Kanonier-Feldwebel hatte recht; es wurde alles verraten: ein Schneider aus Göttingen, der ein Stimmchen sang wie eine Nachtigall, erkaufte sich durch die Schurkerei eine Unteroffizierstelle bei der Garde, und da man ihn dort gehörig würdigte und er des Lebens nicht mehr sicher war, die Freiheit und eine Handvoll Dukaten. Ich erinnere mich der Sache noch recht lebhaft. Alle Anstalten zum Ausbruch waren getroffen. Wir lagen in verschiedenen Quartieren, in den Kasernen, dem Schlosse und einem alten Rittersaale. Man wollte um Mitternacht auf ein Zeichen ausziehen, der Wache stürmend die Gewehre wegnehmen, was sich widersetzte, niederstechen, das Zeughaus erbrechen, die Kanonen vernageln, das Gouvernementshaus verriegeln und zum Tore hinausmarschieren. In drei Stünden wären wir in Freiheit gewesen, Leute, die Wege wußten, waren genug dabei.

Als wir aber den Tag vorher abteilungsweise auf den Exerzierplatz kamen, fanden wir statt der gewöhnlichen zwanzig Mann deren über hundert, Kanonen auf den Flügeln mit Kanonieren, die brennende Lunten hatten, und Kartätschen in der Ferne liegend. Jeder merkte, was die Glocke geschlagen hatte. Der General kam und hielt eine wahre Galgenpredigt. „Am Tore sind mehr Kanonen", rief er, „wollt Ihr nicht gehen?" Die Adjutanten kamen und verlasen zum Arrest, Hans, Peter, Michel, Görge, Kunz. Meine Personalität war eine der ersten: denn daß der verlaufene Student nicht dabei sein sollte, kam den Herren gar nicht wahrscheinlich vor. Da aber niemand etwas auf mich bringen konnte, wurde ich, und vermutlich noch mehr der Menge wegen, bald losgelassen.

Der Prozeß ging an, zwei wurden zum Galgen verurteilt, worunter ich unfehlbar gewesen sein würde hätte mich nicht der alte preußische Feldwebel gerettet. Die übrigen mußten in großer Anzahl Gassenlaufen, von sechsunddreißig Malen herab bis zu zwölfen. Es war eine grelle Fleischerei. Die Galgenkandidaten erhielten zwar nach der Todesangst unter dem Instrument Gnade, mußten aber sechsunddreißigmal Gassen laufen und kamen auf Gnade des Fürsten nach Kassel in die Eisen. Auf unbestimmte Zeit und auf Gnade in die Eisen, waren damals gleichbedeutende Ausdrücke und hießen so viel, als ewig ohne Erlösung. Wenigstens war die Gnade des Fürsten ein Fall, von dem niemand etwas wissen wollte. Mehr als dreißig wurden auf diese Weise grausam gezüchtigt; und viele, unter denen auch ich war, kamen bloß deswegen durch, weil der Mitwisser eine zu große Menge hätten bestraft werden müssen. Einige kamen bei dem Abmarsch wieder los, aus Gründen, die sich leicht erraten lassen; denn ein Kerl, der in Kassel in den Eisen geht, wird von den Engländern nicht bezahlt.

Endlich ging es von Ziegenhain nach Kassel, wo uns der alte Betelkauer in höchst eigenen Augenschein nahm, keine Silbe sagte und uns über die Schiffbrücke der Fulda, die steinerne war damals noch nicht gebaut, nach Hannoversch-Minden spedierte. Unser Zug glich so ziemlich Gefangenen: denn wir waren unbewaffnet, und die bewehrten Stiefletten-Dragoner und Gardisten und Jäger hielten mit fertiger Ladung Reihe und Glied fein hübsch in Ordnung. Ich genoß, trotz der allgemeinen Mißstimmung, doch die schöne Gegend zwischen den Bergen am Zusammenfluß der Werra und der Fulda, die dort die Weser bilden, mit zunehmender Heiterkeit. Das

Reisen macht froher, und unsere Gesellschaft war so bunt, daß das lebendige Quodlibet alle Augenblicke neue Unterhaltung gab. So ging es denn auf sogenannten Bremer Böcken den Strom hinab.

(1813)

Und weiter über den Atlantik bis nach Halifax in Kanada. Nach einem Jahr kam Seume zurück nach Bremen, wo er wegen zweier Fluchtversuche eingekerkert wurde. Erst 1787, nach sechs Jahren wechselnder Gefangenschaft, kam Seume wieder frei. Berühmt wurde er durch seinen Reisebericht „Spaziergang nach Syrakus im Jahre 1802".

1 der Landgraf von Kassel: Friedrich II., nach dem das Fridericianum und der Friedrichsplatz benannt sind.

DIE VIEHMÄNNIN

von Jacob und Wilhelm Grimm

In der Vorrede zu ihren „Kinder- und Hausmärchen" würdigen die Brüder Grimm die Zwehrener Bäuerin hugenottischer Herkunft Dorothea Viehmann, die eine der Hauptquellen der Märchensammlung war.

Einer jener guten Zufälle aber war es, daß wir aus dem bei Kassel gelegenen Dorfe Niederzwehrn eine Bäuerin kennenlernten, die uns die meisten und schönsten Märchen des zweiten Bandes erzählte. Die Frau Viehmännin war noch rüstig und nicht viel über fünfzig Jahre alt. Ihre Gesichtszüge hatten etwas Festes, Verständiges und Angenehmes, und aus großen Augen blickte sie hell und scharf.* Sie bewahrte die alten Sagen fest im Gedächtnis und sagte wohl selbst, daß diese Gabe nicht jedem verliehen sei und mancher gar nichts im Zusammenhange behalten könne. Dabei erzählte sie bedächtig, sicher und ungemein lebendig, mit eigenem Wohlgefallen daran, erst ganz frei, dann, wenn man es wollte, noch einmal langsam, so daß man ihr mit einiger Übung nachschreiben konnte. Manches ist auf diese Weise wörtlich beibehalten und wird in seiner Wahrheit nicht zu verkennen sein. Wer an leichte Verfälschung der Überlieferung, Nachlässigkeit bei Aufbewahrung und daher an Unmöglichkeit langer Dauer als Regel glaubt, der hätte hören müssen, wie genau sie immer bei der Erzählung blieb und auf ihre Richtigkeit eifrig war; sie änderte niemals bei einer Wiederholung etwas in der Sache ab und besserte ein Versehen, sobald sie es bemerkte, mitten in der Rede gleich selber. Die Anhänglichkeit an das Überlieferte ist bei Menschen, die in gleicher Lebensart unabänderlich fortfahren, stärker, als wir, zur Veränderung geneigt, begreifen. Ebendarum hat es, so vielfach bewährt, eine gewisse eindringliche Nähe und innere Tüchtigkeit, zu der anderes, das äußerlich viel glänzender erscheinen kann, nicht so leicht gelangt. Der epische Grund der Volksdichtung gleicht dem durch die ganze Natur in mannigfachen Abstufungen verbreiteten Grün, das sättigt und sänftigt, ohne je zu ermüden.

* Unser Bruder Ludwig Grimm hat eine recht ähnliche und natürliche Zeichnung von ihr radiert, die man in der Sammlung seiner Blätter (bei Weigel in Leipzig) findet. Durch den Krieg geriet die gute Frau in Elend und Unglück, das wohltätige Menschen lindern, aber nicht heben konnten. Der Vater ihrer zahlreichen Enkel starb am Nervenfieber, die Waisen brachten Krankheiten und die höchste Not in ihre schon arme Hütte. Sie ward siech und starb am 17. Nov. 1816.

(1819)

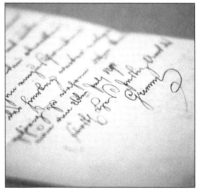

Dorothea Viehmann, Stich von Ludwig Emil Grimm, um 1815 (l.), Grimm-Handschrift.

ER FÜHRTE MICH AUF LAUTER UM- UND NEBENWEGEN

von Karl Heinrich Ritter von Lang

In Kassel angekommen, suchte ich Herrn Jakob Grimm auf und lernte daselbst auch seinen Bruder Wilhelm kennen. Sie lebten beide beisammen mit ihrer Mutter, beide auf derselben kurfürstlichen Bibliothek angestellt und sind auch jetzt beide als Bibliothekare nach Göttingen gegangen. Ich bat Herrn Jakob Grimm, mich auf die Wilhelmshöhe zu führen; fast hätte er sich's nicht getraut, und er führte mich auf lauter Um- und Nebenwegen, damit wir nicht auf den Kurfürsten stießen, der nicht leiden kann, wenn seine Staatsdiener spazieren gehen; und sogar war es ein Sonntag. Herr Grimm wäre gern nach München zur Universität oder Bibliothek gegangen, aber da er ein abgesagter Feind des jetzt in Baiern allgemein eingeführten Ypsilons[1] war und er meinen Rath nicht befolgen wollte, sich Grymm zu schreiben so ist nichts daraus geworden. Er hat's jetzt besser.

(1842)

1 Ypsilon: Der philhellenische König Ludwig I. von Bayern hatte 1825 per Anordnung den griechischen Buchstaben Ypsilon im Landesnamen verbindlich eingeführt. Seitdem heißt Baiern Bayern. Nur die Germanisten, als deren Gründungsvater Jacob Grimm gilt, schreiben weiterhin „bairisch".

CHRISTOFEL

von Jean Paul

Auf der Chaussee, den 28. April 1795.

Mein Großvater, regierender Fürst von Flachsenfingen, der ein bekannter lebenslanger Rival von Hessenkassel – nämlich vom dasigen Landgrafen Friedrich – war, konnte sich über nichts so sehr entrüsten als über dessen „Winterkasten" und am meisten über den kupfernen Herkules darauf, – und das darum, weil er einen solchen Kasten und metallnen Goliath nirgends in seinem Territorium vorzuweisen hatte. Wenn zuweilen ein hoher Reisender oder gar ein vornehmer Hesse, der nichts von der Nebenbuhlerei gehört hatte, über der Tafel den hochstämmigen Enaks-Sohn oder Christofel – so nennt ihn der kasselsche Pöbel –, so gut er konnte, nach dem Leben schilderte, wenn er deswegen anführte, daß der Titan 31 Fuß messe (ohne das Stativ), daß folglich sein Ellenbogen unter kein preußisches Rekrutenmaß gehe, und wenn endlich der hohe Reisende mit dem letzten aufgesparten Zuge zu überraschen gedachte, daß der Orlogskopf zehn Mann, die noch dazu die herrlichsten Aussichten aus dem Schädel haben, recht bequem logiere und sein Keulen-Bloch nur die Hälfte: so wurde meinem Großvater vor Ärger nicht nur grün und gelb vor den Augen, sondern sein Gesicht nahm selber diese Farben an, und alle Hofkavaliere sahen es schon voraus, daß er mehr Bauernkrieg als gewöhnlich (das sicherste Zeichen seines Grimms) sich werde servieren lassen. Das Beste wäre die Baute eines ähnlichen Winterkastens samt Zubehör gewesen, damit wieder der Landgraf von Hessenkassel seinerseits von hohen Reisenden über der Tafel durch Erzählungen hätte geärgert werden können. – – Das wollt' auch mein Großvater längst, konnt' aber nicht, weil der dem Winterkasten zur Unterlage nötige Geldkasten die einzige Stelle im Lande war, die man nicht durch Geld besetzen konnte.

(1796)

KLAGELIED EINES ALTDEVTSCHEN JÜNGLINGS
von Heinrich Heine

Wohl dem, dem noch die Tugend lacht,
Weh dem, der sie verlieret!
Es haben mich armen Jüngling
Die bösen Gesellen verführet.

Sie haben mich um mein Geld gebracht,
Mit Karten und mit Knöcheln;
Es trösteten mich die Mädchen,
Mit ihrem holden Lächeln.

Und als sie mich ganz besoffen gemacht
Und meine Kleider zerrissen,
Da ward ich armer Jüngling
Zur Tür hinausgeschmissen.

Und als ich des Morgens früh erwacht,
Wie wundr' ich mich über die Sache!
Da saß ich armer Jüngling
Zu Kassel auf der Wache. –

(1844)

KÖNIG JÉRÔMES REICHSTAG IN KASSEL

von Hermann Siegfried Rehm

Die alte Residenzstadt Kassel durfte sich an einem Schauspiel erfreuen, wie es ihr seine Landgrafen und Kurfürsten niemals geboten, denn am 2. Juli desselben Jahres erfolgte nach voraufgegangener großer Parade und glänzenden militärischen Aufzügen aller Art die Prachtfeier der Eröffnung des ersten westfälischen Reichstages. Schon in aller Frühe war die Bevölkerung um das alte Landgrafenschloß, das der Hof für einige Tage bezogen hatte, sowie nach dem Au-Tore hin in Bewegung. Mit dem Schlage 6 Uhr nahm der Hauptmann der Garde, General du Coudras, Besitz von dem in der berühmten Au prächtig gelegenen Orangerieschloß. Dieses imposante Gebäude, aus drei Hochbauten und zwei Flügeln bestehend, enthielt zwei große Säle, von denen einer für die heutige Feier prunkvoll ausgeschmückt war. Auf erhöhter Estrade stand inmitten der Ministerbänke der Thronsitz für den König, – für die Königin und deren Gefolge hatte man eine mit Damast überzogene Tribüne errichtet; eine zweite war für das diplomatische Korps und andere Persönlichkeiten von Auszeichnung bestimmt. Vor der Estrade breitete sich ein Parkett aus, das von violett überzogenen, für die Mitglieder des Staatsrats bestimmten Sitzreihen eingefaßt war.

Gegen 11 Uhr fanden sich die Vertreter der Stände in ihrem vorgeschriebenen Kostüm ein. Dies bestand in einem blauen, mit orangegelber Seide gestickten Kleide nebst weißseidener Schärpe, worüber ein blauseidener, weißgefütterter Mantel mit reichen Stickereien hing, während das Barett mit einer schwarzsamtenen, mit Straußfedern verzierten Toque[1] à la Henri IV. versehen war. Die Staatsräte, in ähnlicher lächerlicher Maskerade, nahmen die Bänke vor den Abgeordneten ein. Für die vielen hundert Zuschauer, die zu dieser großen Ausstattungskomödie mit Einlaßkarten beehrt worden, war es unterhaltend genug, die Ständemitglieder nach und nach ankommen zu sehen und zu beobachten, wie sich die einzelnen mit dem ungewohnten Kostüm und ihrer Auszeichnung äußerlich abfanden, und es schien nur natürlich, daß der für sie eigens geschaffene Etikettenpomp ihnen die Veranlassung bot, sich in der neuen Würde selbstgefällig zu bespiegeln. Den Abgeordneten war nämlich das Vorrecht zugestanden, sich vor dem Könige zu setzen und zu bedecken; die Flügeltüren der Schloßsäle öffneten sich sowohl vor dem Präsidenten wie vor den Abgeordneten, und wo sie in ihrer Gala erschienen, auch wenn sie von den Bauernhöfen der Diemel oder Werra gekommen waren, präsentierten die Wachen das Gewehr und verneigten sich ehrerbietig die Lakaien. Mit dem Glockenschlage elf verkündeten einundzwanzig Kanonenschüsse der gespannt harrenden Versammlung die Abfahrt Jérômes aus dem Schlosse. Eine Kavallerieabteilung eröffnete den glänzenden Geleitzug, an dessen Spitze der Gouverneur von Kassel, der junge Brigadegeneral Rewbel, mit seinen Adjutanten ritt. Eine Reihe Staatswagen folgten mit dem Zeremonienmeister und seinem Stabe, mit den paarweise fahrenden Ministern, dem Obermarschall des Palastes, Herrn Meyronet, und einem königlichen Adjutanten als Stellvertreter des Oberstallmeisters.

Der Wagen des Königs mit Prachtgespann war vom Hauptmann der Garden, den Adjutanten und Stallmeistern des Monarchen umritten, und hinter demselben folgte der alte Bongars als Legionschef der Gendarmerie, ebenfalls zu Pferde. Der Wagen mit dem Oberkammerherrn und dem ersten Almosenier nebst mehreren Wagen der Hofbeamten beendeten den Zug. Am Eingang des Orangeriebaues wurde der König vom Präsidenten der Stände, Graf Schulenburg-Wolfsburg, an der Spitze einer Deputation von acht Ständemitgliedern empfangen, und hierauf nahm im Innern das politische Schauspiel seinen Anfang. Die Königin besteigt mit ihren Damen die rechte Tribüne in demselben Augenblick, als die Empfangsdeputation, von den beiden ständischen Hussiers[2] geführt, den Saal betritt. Hinter den Hussiers des Königs folgen die Pagen, die Zeremonienmeister, die königlichen Adjutanten, die Minister, der Obermarschall und der Vizeoberstallmeister. Die einundzwanzig Kanonenschüsse wiederholen sich aus der Ferne, und der König, von den Großbeamten des königlichen Hauses begleitet, erscheint in einem festlichen Gewande von weißer Seide mit einem Mantel von Purpur; der Federhut ist mit Diamanten besetzt, die weißseidenen Schuhe zieren ebensolche Schleifen und rosenrote Absätze.

Bei seinem Eintritt erhebt sich die ganze Versammlung; er schreitet über das Parkett und die Estrade nach seinem Sessel, und nun gruppiert sich in feierlicher Entfaltung das zahlreiche Gefolge um den Thronsitz. Die beiden Hussiers des Königs nehmen an den beiden Ecken der Estrade Aufstellung, die Pagen bilden Spalier für das Gefolge. Das Zeremonienpersonal tritt zu beiden Seiten auf die erste Stufe der Erhöhung, über diese hinweg schreiten die Minister nach ihren Bänken. Der Gardekapitän tritt hinter den Thronsessel, neben ihn rechts und links der Obermarschall und der Oberstallmeister. Der Gouverneur mit den Adjutanten, der Almosenier sowie der Gendarmeriechef verteilen sich hinter den Bänken der Minister. Vor denselben steht der Stuhl für den Oberkammerherrn.

Wie der König sich niedergelassen, setzen sich die Mitglieder der Stände und des Staatsrats und bedecken sich. Dem Throne gegenüber, auf einem erhöhten und von den ständischen Hussiers umstandenen Stuhl, hat der Präsident seinen Platz; die Pagen lassen sich jetzt auf den Stufen der Estrade nieder, jedoch so, daß in der Mitte ein Durchgang bleibt.

Zuerst tritt der Oberkammerherr als Oberzeremonienmeister handelnd auf, der Gemahl der Gräfin Antonie, eine imposante männliche Erscheinung, mehr leicht und fein in seinen Allüren, mit denen er sich gegen den Herrscher bewegt, dessen Befehle er empfängt, als feierlich und umständlich. Nun tritt der Minister Simeon mit bedächtiger Ruhe vor seinen königlichen Herrn und bittet mit lauter Stimme um die Erlaubnis, Sr. Majestät die Abgeordneten des Landes vorstellen zu dürfen. Die vom Gerichtspräsidenten von Strombeck in alphabetischer Ordnung Gerufenen schreiten entblößten Hauptes vor die Stufen der Estrade, wo sie, vom Minister noch ein-

François Josèphe Kinson, Porträt König Jérôme im Wilhelmshöher Park, 1808-1812 (l.), der Tanzsaal im Roten Palais (r.).

mal genannt, den Eid in französischer und deutscher Sprache ablegen. Nach diesem, durch eine hundertmalige Wiederholung stark ermüdenden Vorgang entblößte die Versammlung auf den blauen Bänken ihre Häupter, und der König verlas die Thronrede. Diese, den ersehnten Tag begrüßend und dem Minister des Innern eine Darstellung, die Lage des Reiches betreffend, vorbehaltend, hob sofort zwei Hauptgegenstände eines gemeinsamen Bestrebens hervor. Zuerst die Ausgleichung der so abweichenden Gesetze aus den verschiedenen Bestandteilen des Reiches. Das Fehlerhafte und Verwickelte soll aufhören, hieß es; was in einem Lande gut war, soll allgemein werden und sich aus den französischen Einrichtungen durch dasjenige ergänzen, was ein Teil von Europa aus dem Code Napoleon aufzunehmen sich bestrebt und mit der westfälischen Verfassung am meisten übereinstimmt. Das Zweite betraf eine Verschmelzung der Schulden der einzelnen Provinzen zu einer „Nationalschuld". Die bisher getrennten Landeseinwohner sollten eine von Gemeingeist und Interessengleichheit beseelte Nation bilden, stark durch solche Einheit, durch ihren Kredit und ihre Finanzen, stark auch in den Waffen durch jene Eigenschaften, die den Vorvätern längst zum Ruhm und zur Auszeichnung gereichten. An der Unterstützung dieser Absichten zum Wohl des allen am Herzen liegenden Vaterlandes wolle der König die Ergebenheit der Abgeordneten seines Volkes erkennen. Und so schloß die Rede mit den Worten: „Nous y travaillerons de concert Moi en Roi et père, vous en Sujets fidèles et affectionnés."[3]

Ein hunderstimmiges „Es lebe der König, es lebe die Königin!" erscholl, als Jerôme geendigt, der als Hauptakteur in diesem Prunkstücke allgemein befriedigt hatte. Wieder donnerten einundzwanzig Kanonenschüsse, und, von den drängenden Volksmassen umjubelt, entfernte sich der königliche Zug wieder in der früheren Anordnung. Um 5 Uhr nachmittags fand im Schlosse große Galatafel statt, und die Herren Abgeordneten durften „assister au grandcouvert", wie die Formel auf ihrer Einladungskarte lautete, das heißt, sie durften zusehen, wie die Majestäten speisten. Dem großen Ereignis des Tages entsprechend, vollzog sich auch das Diner mit allem dazu gehörigen höfischen Beiwerk in der denkbar prunkvollsten Weise. Die Tafel, an der die erlauchte Gesellschaft Platz genommen, glänzte von Gold und Silber; das Königspaar aber saß abgesondert unter einem erhöhten Purpurbaldachin auf zwei kostbaren, goldgestickten Sesseln. Der Fürst-Bischof von Corvey, als Großalmosenier mit den Attributen seiner Würde und dem Stern des preußischen Roten Adlerordens auf der Brust, sprach vor und nach Tisch das Gebet aus seinem Buch mit emailleverziertem Einbande. Die Großbeamten des Reiches sowie die übrigen Hofämter bedienten das königliche Paar in den Abstufungen ihrer Würde und ihres Ranges, einer dem anderen reichend, was die Pagen herbeitrugen. Musik rauschte durch die Säle, unaufhörlicher Kanonendonner erschallte, in den sich der Lärm der feiernden Menge mischte.

Abends war Festoper, allgemeine Illumination der Stadt und Beleuchtung des Schlosses. Aus den Gassen und Straßen der glücklichen Residenz hallte das Echo der Freude; das biedere, gedankenlose Volk träumte von den goldenen Segnungen der Zukunft und pries einen Fürsten, der seine hübsche Zivilliste von sechs Millionen in so gnadenvoller Weise seinen königlichen Händen entrinnen ließ.

(um 1918)

1 Toque: Mütze.
2 Hussier: Amtsdiener.
3 Wir werden daran arbeiten, Ich als König und Vater, ihr als treue und ergebene Untertanen.

Die kurze Regentschaft des Napoleon-Bruders Jérôme in Kassel, der damaligen Hauptstadt des Königreichs Westfalen, bot den Literaten des 19. und frühen 20. Jahrhunderts reichhaltigen Stoff. Faszinierend war das prunkvolle, exotisch anmutende Regiment, das Rehm einerseits, getreu dem schnell verfestigten Bild von Jérôme als „König Lustik", seiner Verschwendungssucht wegen kritisiert – „Fest reihte sich an Fest, Orgie an Orgie, alles war Taumel und frivoles unwürdiges Spiel, zu dem die Not des Landes, das stille Leid der deutschen Patrioten einen grellen Gegensatz bildete" –, das er aber auch in diesem Kapitel als Zeit visionärer Politik erscheinen lässt. Jérôme tritt auf wie ein Ope-

rettenfürst, aber der Kerngedanke seiner Thronrede, dass „die bisher getrennten Landeseinwohner" „eine von Gemeingeist und Interessengleichheit beseelte Nation bilden" sollen, mit gemeinsamen Finanzen, Gesetzen und gemeinsamer Armee, geht weit über seine Zeit hinaus. Rehms Roman ist eine Umarbeitung und Kürzung eines dreibändigen Romans von Heinrich Joseph König (1790-1869), der Jerômes Königreich selbst erlebt hatte.

HEIL EUCH DEUTSCHEN, HEIL EUCH ALLEN!
von Friedrich Wilhelm Kahrel

Als Kurfürst Wilhelm I. 1813 nach der Niederlage Napoleons und dem Zusammenbruch des Königreichs Westphalen nach Kassel zurückkehrte, wurde das Rad der Geschichte zurückgedreht. Die Reformen Jérômes wurden rückgängig gemacht, als sichtbares Zeichen des neuen alten Kurses wurde die gepuderte Perücke mit Zopf wieder eingeführt. Um Wilhelm, der angestrebt hatte, zum „König der Chatten" erklärt zu werden, scharten sich alsbald getreue Monarchisten, die auch literarisch ihrer Gesinnung Ausdruck verliehen – meist in derben, chauvinistischen Tönen. Hier ein noch relativ harmloses Beispiel, ein Gedicht auf die freudige Wiederkunft des Kur-Fürsten Wilhelm I.:

Heil Euch Deutschen, Heil Euch allen!
Die Franzosen sind gefallen,
Freu' dich Hessen, freu' dich sehr,
Die Franzosen sind nicht mehr.

Es kehret zu des Hessens Glück,
Der gute Fürst Wilhelm zurück,
Er wird, um Hessen zu erfreu'n,
Sein guter Landesvater seyn.

Auf Hessen! gehet Ihm entgegen,
Und streuet auf Seinen Wegen
Freudig Palmen über Palmen,
Und dankt Gott all' mit Psalmen.

Fürst Wilhelm, einem David gleich,
Mußte entflieh'n aus Seinem Reich,
Er schonte Seiner Bürger Blut,
D'rum war umsonst ihr Heldenmuth. [...]

Wohlan Ihr Hessen seyd nun bieder,
Dann loben Euch auch meine Lieder,
Ihr stammet von den Catten ab,
Behalt' dieß Lob bis an das Grab.

(1813)

JÉRÔMIADE

Manche „Jérômiaden" strotzten vor Franzosenfeindlichkeit und, wo man schon im nationalen Fahrwasser war, auch vor Antisemitismus. Ein Auszug aus der anonym erschienenen Kasseler Jérômiade:

Jérôm', zum König avancirt,
Zog ein in Cassels Thore;
Doch – da im Winter er entrirt –
Mit halb verfrornem Ohre.
Es war da manches deutsche Maul
Bey' m Einzug recht verwegen faul,
Ihm Vivat zuzurufen. [...]

Die Majestät ist nun entflohn;
Gesäubert sind die Gassen.
Leer hinterläßt Jérôm' den Thron,
Doch, leider! auch die Kassen.
Conträr ging's seinem Hoheitssinn,
D'rum sagt' er noch zuletzt: „Ich bin
Französ'scher Prinz viel lieber."

So fahr' denn hin, du schlechter Hecht,
Mit dem, was du gestohlen;
Man wird es einst, und das mit Recht,
Zurück vom Hauptdieb holen.
Du raubtest deutsches Gut und Blut,
D'rum haben wir jetzt stolz den Muth,
Dir Pillen derb zu geben.

Und alle Herrn Franzosen, die
In Cassel hoch stolziret,
Den Deutschen bête – das heißt Vieh –
gar oft getituliret;
Zerstoben sind sie all', wie Spreu,
Und wir, Gott lob! sind wieder frei,
Und feiern ein Te Deum!

(1813)

ABSCHIED AUS CASSEL
von August von Kotzebue

Anonym erschien nicht nur dieses Werk – vielleicht wollte mancher Verfasser seinen Mut gegen die abgezogenen Franzosen vor einer möglichen Rückkehr absichern. So auch der ansonsten nicht zimperliche August von Kotzebue, einer der produktivsten Theaterdichter seiner Zeit, der einen „Abschied aus Cassel" unter dem Pseudonym „Friedrich Germanus" verfasste; darin ein „Chor der Casselschen Bürger", die mit dem Ruf „An den Galgen! an den Galgen!" einsetzen:

Schluss-Chor der Casselaner

Tretet ein, o ihr Befreier!
Fort ist nun das Lumpenpack!
Seyd willkommen! Seyd uns theuer!
Russe, Preusse und Cosack![1]

(vermutlich 1813)

1 *Cosack: Schon zwei Wochen vor der Völkerschlacht bei Leipzig hatten am 1. Oktober 1813 russische Kosaken unter General Alexander Tschernyschow Kassel zeitweilig eingenommen und das Königreich Westphalen für aufgelöst erklärt.*

AUS DER ZOPFZEIT
von Heinrich Heine

Fabel
Zu Kassel waren zwei Ratten,
Die nichts zu essen hatten.
Sie sahen sich lange hungrig an;
Die eine Ratte zu wispern begann:
„Ich weiß einen Topf mit Hirsebrei,
Doch leider steht eine Schildwach dabei;
Sie trägt kurfürstliche Uniform,
Und hat einen Zopf, der ist enorm;
Die Flinte ist geladen mit Schrot,
Und wer sich naht, den schießt sie tot!"
Die andere Ratte knistert
Mit ihren Zähnchen und wispert:
„Des Kurfürsten Durchlaucht sind gescheit
Er liebt die gute alte Zeit,
Die Zeit der alten Katten,
Die lange Zöpfe hatten.
Durch ihre Zöpfe die Katten
Wetteiferten mit den Ratten.
Der Zopf ist aber das Sinnbild nur
Des Schwanzes, den uns verlieh die Natur;
Wir auserwählten Geschöpfe,
Wir haben natürliche Zöpfe.
O Kurfürst, liebst du die Katten,
So liebst du auch die Ratten;
Gewiß für uns dein Herze klopft,
Da wir schon von der Natur bezopft.
O gib, du edler Philozopf,
O gib uns frei den Hirsetopf,
O gib uns frei den Topf mit Brei,
Und löse ab die Schildwach dabei!
Für solche Huld, für solchen Brei,
Wir wollen dir dienen mit Lieb und Treu.
Und stirbst du einst, auf deinem Grab

Wir schneiden uns traurig die Schwänze ab,
Und flechten sie um dein Haupt als Kranz;
Dein Lorbeer sei ein Rattenschwanz!"

(1855)

CASSEL IN BRÜSSEL

von Theodor Fontane

In Brüssel hatte man anfänglich geglaubt, die Reise des gefangenen Kaisers werde über die belgische Hauptstadt gehen. Eine Zeitungsnotiz, die man vielfach nicht verstand, weil man weder Kassel noch Wilhelmshöhe kannte, hatte dazu beigetragen, einen Bruchteil des Publikums in diesem Irrtum zu bestärken. Es führte dies zu einer komischen Verwechslungsszene, über die ein Beteiligter (ein in Brüssel lebender Deutscher) wie folgt berichtete. „Ich befand mich mit dreien meiner Freunde auf der Place de la Monnaie, als die Abendjournale folgende wörtliche Nachricht brachten: ‚Napoleon wird heute in Brüssel eintreffen und auf Ordre des Königs Wilhelm seinen Wohnsitz in der Nähe (dans les environs[1]) von Kassel nehmen.' Die zahlreich versammelten Franzosen der hiesigen Kolonie, welche alltäglich die Place de la Monnaie belagerten, fanden den Sinn der Depesche anfangs unverständlich. Kassel war für sie ein böhmisches Dorf wie Sadowa[2] vor 1866. Endlich, nach lebhafter Debatte wurde das Rätsel gelöst: Napoleon ist in Brüssel eingetroffen und bei Cassel (ein bedeutender hiesiger Bankier) abgestiegen!! Französische Sturmkolonnen wälzten sich hierauf gegen die von dem Herrn Cassel bewohnte stille Festung. ‚L'Empereur est là!'[3], so flog es blitzschnell durch die umliegenden Straßen, und im Nu waren Tausende von Menschen versammelt. Als sich nun gar noch an einem Fenster der ersten Etage des Casselschen Hauses ein erschreckt aussehendes bleiches Männerantlitz zeigte, welches wirklich aus der Ferne eine gewisse Ähnlichkeit mit Napoleon hatte, war es richtig. Niemand zweifelte mehr an der Anwesenheit des modernen Cäsars, der Tumult gewann immer größere Ausdehnung, und machtlos waren die Bemühungen der zur Ruhestiftung herbei-

Louis Katzenstein (geb. 27.8.1822 in Kassel, gest. 18.10.1907 in Kassel), Napoleon III. im Park Wilhelmshöhe, 1871.

geeilten Polizeisergeanten. Endlich versuchte einer meiner Freunde, von uns anderen lebhaft unterstützt, den andringenden Franzosen in möglichst ernsthafter Weise beizubringen, was Kassel ist und wo Kassel liegt! Was nun geschah, können Sie leicht erraten. Wütende Ausrufe: ‚Les prussiens se moquent de nous, à bas les prussiens!'⁴ und im Nu war mein Freund, unser rechter Flügel, angegriffen. Wir anderen bildeten das Zentrum und hatten angesichts der kolossalen Streitkräfte, die der Feind entwickelte, nichts Eiligeres zu tun, als uns mit Hinterlassung eines Hutes zurückzuziehen. So endigte die Schlacht bei Cassel, und leider diesmal mit einer Retraite der Deutschen! Zur Beglaubigung dieser Mitteilung lege ich ein von Herren Cassel u. Co. in mehreren hiesigen Journalen veröffentlichtes Schreiben bei, worin dieselben das Publikum höflichst ersuchen, Cassel in Brüssel nicht mit Kassel in Kurhessen zu verwechseln." Das Schreiben lautet: „M. H.! Seit die Journale angezeigt haben, daß der Exkaiser der Franzosen nach der Umgegend von Kassel gebracht werde, hörte eine bedeutende und beunruhigende Volksmenge nicht auf, vor meiner Türe zu stationieren. Während der ganzen Nacht ist mein Schlaf häufig unterbrochen worden durch furchtbares Geschrei ‚l'Empereur! l'Empereur!', welches Leute mit finsteren Gesichtern ausstoßen. Das ist äußerst unangenehm. Ich würde Ihnen sehr verpflichtet sein, m.H., wenn Sie in Ihrem geschätzten Journal anzeigen wollten, daß ich durchaus nichts gemein habe mit dem Kassel, wovon in der Presse die Rede ist, und daß folglich die neugierigen Störenfriede, welche vor meinem Hause die Zirkulation hemmen, sehr unnützer Weise den Schlaf eines gerechten Mannes stören, der, wie ich zu sagen wage, am Platze von Brüssel vorteilhaft bekannt ist. Genehmigen Sie etc.   G. Cassel u.Co"

(1873-1876)

1 dans les environs: in der Umgebung
2 Schlacht bei Sadowa: Vor allem in Frankreich gebräuchlicher Name der Schlacht bei Königgrätz, 1866 Sieg der Preußen über Österreich.
3 L'Empereur est là!: Der Kaiser ist da!
4 Les prussiens se moquent ...: Die Preußen machen sich über uns lustig, nieder mit den Preußen!

WILHELMSHÖHE

von Theodor Fontane

Die Herkunft des Spruchs „Ab nach Kassel!" ist nicht zweifelsfrei geklärt. Ob er tatsächlich dem entthronten französischen Kaiser Napoleon III. nach dessen Niederlage bei Sedan gegen Bismarcks Truppen zugerufen wurde, als er im Sommer 1870 im Zug zu seinem Verbannungsort Schloss Wihelmshöhe gefahren wurde, oder ob er nicht schon aus der Zeit der unglücklichen hessischen Soldaten unter Landgraf Friedrich II. stammt, der seine Landeskinder nach Amerika verkaufte, wird sich wohl niemals endgültig klären lassen. Theodor Fontane jedenfalls, der dem Wilhelmshöhe-Aufenthalt Napoleons III. in seinem umfangreichen Buch über den deutsch-französischen Krieg ein eigenes Kapitel widmet, berichtet darüber nichts.

Am 3. [September 1870], zu gleicher Stunde fast, wo die ersten entwaffneten Bataillone des Feindes das Tor von Sedan passierten, um das in unserem vorigen Kapitel beschriebene „Lager von Glaizieres" zu beziehen, verließ der Kaiser das an der Südöffnung jener Maasschleife gelegene Schloß Bellevue, um als Gefangener nach Deutschland geführt zu werden. [...]
Die Fahrt des Kaisers ging über Bouillon, Libramont, Verviers, Aachen, Köln bis Kassel und Wilhelmshöh. Dieses Schloß, das einst die Glanztage König Jérômes, seines Oheims, gesehen hatte, war jetzt dem Neffen zum Aufenthalt angewiesen worden, nachdem man das im ersten Moment gewählte „Schloß Brühl" wieder hatte fallen lassen. Die Reise – ehe wir bei den Details derselben verweilen – gliederte sich wie folgt:
3. September nachmittags Abfahrt von Schloß Bellevue; Ankunft in Bouillon 5 Uhr. Nachtquartier.
4. September mittags Abfahrt von Bouillon; Ankunft in Verviers 4¼ Uhr. Nachtquartier.

5. September vormittags (11 Uhr) Abfahrt von Verviers; Ankunft in Kassel 9 Uhr 50 Minuten. [...]
Folgender Brief berichtet über Einzelheiten: [5. September 1870] Abends 9½ Uhr kam der Kaiser auf der Main-Weserbahn mittels Extrazuges von Gießen auf der Station Wilhelmshöhe an, begleitet von den ebenfalls kriegsgefangenen Generalen Felix Douay und Lebrun. Da nach den Weisungen des Königs der Kaiser als regierender Monarch angesehen werden sollte, so hatten sich die obersten Zivil- und Militärbehörden in großer Uniform auf der Station eingefunden, wo zugleich eine Kompanie Infanterie als Ehrenwache und ein von einem Offizier befehligtes Detachement der Ersatzschwadron des zweiten hessischen Husarenregiments Nr. 14 aufgestellt waren, welches letztere den Zutritt des Publikums zur Station wehrte. „Louis Napoleon" – so entnehmen wir einem Bericht der „Hessischen Morgen-Zeitung" (Fußnote: Um diesen Bericht, der eine Kenntnis der Lokalität voraussetzt, zu verstehen, ist es nötig, Station Wilhelmshöhe und Schloß Wilhelmshöhe auseinanderzuhalten. Die Entfernung von jener zu diesem beträgt eine Viertelstunde. Es fand eine Art militärischer Doppel-Empfang statt, erst seitens der auf dem Perron, dann seitens der in Front des Schlosses aufgestellten Kompanie. Beide empfingen den Kaiser mit klingendem Spiel.) – „befand sich mit den Generalen Douay und Lebrun, sowie mit den Chefs seines Kabinetts und Hofstaates in einem belgischen Galawagen. Er war in voller Generalsuniform, aber ohne Degen, die Brust mit Orden und das Haupt mit dem französischen Militärkäppi bedeckt.
Der Kaiser erwies sich von korpulenter Gestalt, mit grauem Haar und langem gekrümmten Schnurrbart, dunkelbrauner Gesichtsfarbe und durchdringendem Blicke. Als er aus dem Wagen stieg und das Perron betrat, ward er durch einen von zwei Pfeifern und einem Trommler ausgeführten Marsch und durch Präsentieren des Gewehrs seitens der Ehrenwache empfangen. [...] Die militärischen Anordnungen zu Wilhelmshöhe waren mehr zum Schutze als zur Bewachung des Kaisers angeordnet, weil man glaubte, es werde daselbst eine große Volksmenge die Ankunft desselben erwarten. Allein das Gegenteil war der Fall. Auf der Station hatte sich eine nicht zu große Zahl und am Schloß etwa 50 Personen versammelt, unter denen der größere Teil Bewohner von Wilhelmshöhe, einige im Gasthofe logierende Fremde und zwei Berliner waren, die aus der Hauptstadt eigens die

Reise hierher gemacht, um den Einzug des Kaisers zu sehen. Das Schloß war außerhalb durch Laternen und im Innern bis in den vierten Stock beinahe vollständig erleuchtet; namentlich glänzten die Gemächer in der Beletage auf der rechten Seite der vorderen Fassade (nach der Stadt zu).
So hatte denn Louis Napoleon als Gefangener dasselbe deutsche Schloß bezogen, in welchem vor länger als einem halben Jahrhundert sein Oheim Jérôme während seiner siebenjährigen Regierung die Sommermonate zuzubringen pflegte." [...]
Der Kaiser war zu guter Stunde auf, hatte um 11 sein Dejeuner, um 5 oder 6 sein Diner. Sein Hofstaat bestand aus den Personen, die wir auf S. 350 f. [bereits; weiter vorne] genannt haben. Auch Prinz Napoleon erbot sich, in einem Schreiben aus Florenz, die Gefangenschaft auf Wilhelmshöhe mit dem „Haupte der Familie" zu teilen. Der Kaiser lehnte dies Anerbieten aber dankend ab.
Das Leben auf Wilhelmshöhe, wie es in einem engsten Zirkel sich bewegte, war auch zugleich ein sehr zurückgezogenes, sich absolut auf Schloß und Park beschränkendes. Der Kaiser ging, ritt, fuhr, – dies erhielt ihn körperlich frisch; an schlechtesten Tagen mußte die Billardtafel aushelfen. Im übrigen las und schrieb er; seine alten literarischen Gewohnheiten traten sofort wieder in den Vordergrund. Man darf füglich sagen, er hatte zu allen Zeiten etwas von einem vornehmen, eigene Wege gehenden, still-ehrgeizigen Publizisten und kehrte, wenn der Wandel des Geschicks es erheischte, jedesmal mit einer gewissen Vorliebe zu seinem „Rübenfeld" zurück. Ein gewisses Müdesein der Macht scheint neben all seinen Machtbestrebungen wie ein Schatten herzugehen. [...]
Besuche trafen nicht eben zahlreich in Schloß Wilhelmshöhe ein; der immerhin erschwerte Verkehr, vielleicht auch der ausgesprochene Wunsch des Kaisers, der sich von der Mehrzahl dieser Besuche wenig versprechen mochte, hielten davon ab. Das einzig große Besuchsereignis war das Eintreffen der Kaiserin Eugenie. Sie blieb nur vierundzwanzig Stunden. Was zu dieser Winterreise von Chislehurst nach Wilhelmshöhe führte, ist noch nicht aufgeklärt.
Unter lästiger Neugier des Publikums hatte der Kaiser wenig zu leiden; er begegnete jener Rücksicht, der nichts so verwerflich erscheint als Zudringlichkeit. Nur ein einziger Ausnahmefall ist festgestellt: ein siebzehnjähriger Heißsporn hatte sich eingefunden, um als zurückgebliebener Oberquartaner, aber fortgeschrittener Patriot

„Deutschland von seiner Geißel zu befreien". Am 19. März, nach einer Gefangenschaft von genau sechs und einem halben Monat, verließ der Kaiser Wilhelmshöhe: bis zuletzt wurden ihm alle einem Souverän zukommenden Ehren erwiesen; zwei Kompanien Dreiundachtziger bildeten bei seiner Abreise Spalier, General Graf Monts begleitete ihn bis zur belgischen Grenze.

(1873-1876)

PORTRÄT KÖNIG WILHELMS III.

von Mark Twain

Mark Twain, der große Humorist und Erfinder von Tom Sawyer und Huckleberry Finn, lieferte eine Zeit lang Beiträge für die amerikanische Illustrierte „The Galaxy". Dort habe er besonders die Porträts bewundert, die ihn zu eigener Malerei angeregt haben. So, schreibt Twain, entstand auch ein besonders erfolgreiches Porträt von „his Majesty William III., King of Prussia". Es sei sein fünfter Versuch in diesem Genre und habe ihm großes Lob eingebracht. Verständlich, wenn man es sieht:

Es folgen zahlreiche Anerkennungsschreiben: von Papst Pius IX. („There is nothing like it in the Vatican" – „Im Vatikan gibt es so etwas nicht"), Bismarck („The smile may be almost called unique." – „Das Lächeln kann beinahe einzigartig genannt werden") und nicht zuletzt dem porträtierten Preußenkönig selbst, der schreibt:

Send me the entire edition – together with the plate and the original portrait – and name your own price. And – would you like to come over and stay awhile with Napoleon at Wilhelmshöhe? It shall not

cost you a cent. [Senden Sie mir die ganze Serie, zusammen mit der Druckform und dem Original – und nennen Sie mir Ihren Preis. Und – wollen Sie nicht mal vorbeikommen und eine Weile mit Napoleon in Wilhelmshöhe bleiben? Es kostet Sie auch keinen Cent.]
WILLIAM III.

(1871)

In Preußen gab es einen König Friedrich Wilhelm III. (1770-1840), aber keinen Wilhelm III. Erst der Sohn Kaiser Wilhelms II., Kronprinz Wilhelm (1882-1951) wäre, wenn nicht durch die Revolution 1918 zum Thronverzicht gezwungen, als König von Preußen und deutscher Kaiser „Wilhelm III." geworden, das war aber zur Entstehungszeit dieser Erzählung noch ferne Zukunft. Der im Text erwähnte Backenbart ist eine für Zeitgenossen leicht verständliche Anspielung auf Wilhelm I., seit 1858 Regent, seit 1861 König von Preußen, seit 1871 deutscher Kaiser.
„Wilhelm III." kann entweder als Irrtum Twains, als bewusste Verfremdung oder aber als subtile Verschmelzung von Wilhelm I. und Napoleon III. gelesen werden – denn Wilhelm wurde ja durch die Gefangennahme Napoleons Kaiser. Ein Zusammenhang mit Wilhelm III. von Oranien, König von England, Schottland und Irland (1689-1702), oder einem der vielen anderen dritten Wilhelme in der europäischen Herrschergeschichte ist unwahrscheinlich.
Die Erzählung erschien im Januar 1871, kurz nach der spektakulären Gefangennahme des französischen Königs Napoleon III., der daraufhin „Ab nach Kassel!", nach Wilhelmshöhe musste, im Monat der Kaiserkrönung Wilhelms I. in Versailles.

FRÜHESTE ERINNERUNGEN

von Malwida von Meysenbug

Es würde schwer sein, inmitten einer größeren Stadt ein besser gelegenes Haus zu finden, als das war, in dem ich geboren wurde und die ersten Tage der Kindheit verlebte. Das Haus lag in der Stadt Cassel und gehörte zu einer Reihe von Häusern, die eine Straße begrenzten, der man mit Recht den Namen Bellevue gegeben hatte, denn an der gegenüberliegenden Seite waren keine Häuser, sondern man genoß der herrlichen Aussicht auf schöne Garten- und Parkanlagen, die terrassenförmig in eine fruchtbare Ebene, durch die einer der größeren Flüsse Deutschlands, die Fulda, hinzieht, hinabsteigen. Ich war die Vorjüngste von zehn Kindern, die alle gesund und geistig begabt waren. Meine Eltern waren noch jung, als ich auf die Welt kam. Sie lebten in jener glücklichen Mitte zwischen dem Überflüssigen und dem Notwendigen, in der sich die meisten Bedingungen für häusliches Glück finden. Ich habe aus den ersten Kindheitstagen wie einen lichten Schein unendlicher Heiterkeit zurückbehalten. Nur drei bestimmtere Erinnerungen lösen sich von diesem hellen Hintergrunde ab.

Die erste dieser Erinnerungen ist das Wohnzimmer meiner Mutter, mit gemalten Tapeten, die Landschaften mit Palmen, hohem Schilfrohr und Gebäuden von fremdartiger Architektur enthielten. Meine kindliche Phantasie hatte Freude an dieser phantastischen Welt. Dazu kam, daß ein Freund des Hauses mir Märchen dabei erzählte; z.b. daß eines dieser wunderbaren Häuschen die Wohnung eines Zauberers sei, der Blumenbach heiße und dem die ganze Natur gehorsam sei. Bei dem Häuschen stand ein großer Storch auf seinen langen, steifen Beinen, den Kopf mit dem langen Schnabel auf die Brust gesenkt. Das sei Blumenbachs Diener, sagte mein Freund; er stehe da immer und warte der Befehle seines Herrn.

Die zweite der Erinnerungen ist die an einen Abend, wo meine Wärterin mir erzählte, daß meine kleine Schwester, die vor nicht langer Zeit geboren war, wieder gestorben sei. Gegen das Verbot meiner Mutter ließ sie mich durch eine Glastür in ein Zimmer sehen, in dem ein schwarzer Kasten stand; in diesem Kasten lag meine kleine Schwester schlafend, weiß wie Schnee und mit Blumen bedeckt.

Die dritte Erinnerung endlich knüpft sich an die Person des alten Fürsten, der das Kurfürstentum Hessen, den kleinen deutschen Staat, der meine Heimat ist, beherrschte. Sein Wagen fuhr jeden Tag an unserem Hause vorüber; zwei Läufer in Livree liefen vor dem Wagen her. Im Wagen saß ein Greis, in einer Uniform mit dem Schnitt aus der Zeit Friedrichs des Großen, und einem dreieckigen Hut auf dem Kopf. Seine weißen Haare waren hinten in einen Zopf geflochten und eine schreckliche Geschwulst bedeckte ihm die eine Backe. Das war die Krankheit, an der er starb. Ich sah sein Begräbnis nicht, aber meine alte Wärterin wiederholte mir unzähligemal die Beschreibung desselben. Man bestattete ihn nicht in der Gruft seiner Ahnen in der großen Kirche. Zufolge seines Wunsches setzte man ihn in der Kapelle eines Lustschlosses (auf der Wilhelmshöhe) bei, das er hatte bauen lassen und das sein Lieblingsaufenthalt gewesen war. Das Leichenbegängnis ging die Nacht vor sich, beim Scheine der Fackeln, nach alter Sitte. Ein Ritter in schwarzer Rüstung, auf einem schwarzen Pferd, mußte dicht hinter dem Trauerwagen herreiten. Dieser Ritter wurde immer aus der hohen Aristokratie gewählt, aber er mußte stets, wie die Sage erzählte, diese Ehre mit dem Leben büßen. Auch in diesem Fall wurde der Volksglaube nicht getäuscht. Der diesmalige Schauspieler in dem nächtlichen Drama, ein junger Edelmann voll Kraft und Gesundheit, wurde drei Wochen nach dem Begräbnis von einem Fieber hinweggerafft. War dieses Fieber einfach die Folge einer Erkältung in der kalten Eisenrüstung während des langen nächtlichen Zuges? Das Volk dachte nicht an eine solche Möglichkeit, und meine kindliche Einbildungskraft stimmte dem Volksglauben bei. Auch ergriff mich jedesmal ein geheimer Schauer, wenn ich mit meinen Eltern das Lustschloß besuchte und in der Rüstkammer auf einem schwarzen hölzernen Pferd die schwarze Rüstung sitzen sah, die der unglückliche Cavalier in jener Nacht getragen hatte.

(1869)

EINE NACHTGESCHICHTE
von Wilhelm Busch

Vor einiger Zeit kehrte spät abends im „Goldenen Löwen" zu Kassel ein elegant, aber nachlässig gekleideter Fremder ein, der augenscheinlich eine längere Fußtour gemacht hatte. Aus seinen schmerzlichen Zügen sprach eine stille Verzweiflung, ein heimlicher Kummer mußte seine Seele belasten. Er aß nur äußerst wenig und ließ sich bald sein Schlafzimmer anweisen.
Es mochte wohl eine Viertelstunde später und nahezu Mitternacht sein, als der Kellner an Nr. 6, dem Zimmer des Fremden, vorüberkam. Ein lautes, herzzerreißendes Ächzen und Stöhnen drang daraus hervor. Dem erschrockenen Kellner erstarrte das Blut in den Adern. Irgend etwas Entsetzliches mußte da vorgehen. Schleunige Hilfe tat not; er stürzte zur Polizei.

Unterdessen hat die Regierungsrätin v. Z., welche in Nr. 7 schläft, dieselbe schreckliche Entdeckung gemacht und bereits das ganze Wirtshaus in Alarm gebracht, bis der Kellner mit der Polizei zurückkommt. Man dringt nun sofort in das Zimmer des Fremden. Aber leider kam die Hilfe zu spät; denn der hatte bereits in Ermanglung eines anderen Instrumentes mit eigener Hand unter Schmerzen und Wehklagen seine – engen Stiefel ausgezogen.

(1859-1864)

NUR NICHT NACH WILHELMSHÖHE!

von Julius Stettenheim

Nach der Gefangenschaft Napoleons III. hatte sich Wilhelmshöhe einen Namen gemacht – als sprichwörtlicher Verbannungs- und Internierungsort. Der Berliner Humorist Julius Stettenheim greift in seinen satirischen Wippchen-Reportagen mehrfach darauf zurück. Herr Wippchen ist Journalist, der aus aller Welt von Kriegen und Konflikten berichtet – doch tatsächlich aus seinem heimischen Bernau bei Berlin nicht hinauskommt. In dieser Reportage, datiert auf den 11. August 1885, schreibt er von der „Küste von Sansibar" über ein in letztem Moment abgewendetes Scharmützel, das mit der Kapitulation der Einheimischen endet – unter einer Bedingung:

[...] Da geschah das Unerwartete. Der Sultan und seine Suite sprangen in ein bereit liegendes Boot, und nach etlichen Minuten bestiegen sie unser Schiff und streckten die Lanzen.
Wir standen einen historischen Moment wie betäubt. Dann eilte der Sultan von Sansibar auf einen kleinen Tisch zu und setzte seinen Namen unter den daliegenden Friedensvertrag. „Nur nicht nach Wilhelmshöhe!" bat er nur noch.
Dies wurde ihm gewährt, während unsere Schiffsmannschaft in ein Hurrah! ausbrach, daß die Wellen erdröhnten.
In der That, eine rasche und befriedigende Lösung! Morgen verlassen wir die Gewässer von Sansibar und jubeln heimwärts.

(1885)

DER GROSSE CHRISTOFFEL
von Wilhelm Raabe

„Station Münden!" rief der Schaffner.
„Da liegt ja wohl der Doktor Eisenbart begraben!" seufzte der Vater Gutmann. „Der liegt gut", fügte er hinzu, und dem war nichts hinzuzufügen. Die Bahn folgte dem Laufe der Fulda, überschritt sie, aber verließ sie, auf kurhessischem Gebiet angelangt, sofort. Die östlichen Höhen des Habichtswaldes erhoben sich, und nun trat das Überraschende ein. Der Vater Gutmann warf einen schläfrigen, verschlafenen Blick aus dem Fenster – erhob sich ebenfalls, legte sich aus dem Fenster, versperrte durch seine breite, wohlgenährte Rückseite der Wagengenossenschaft fast peinvoll lange Licht und Luft, wendete sich – ein vollständig aufgewachter Mensch in den besten Jahren – grinsend – breitglänzend, aller guten Erwartungen gewärtig grinsend – und schlug seinem jetzt selber stupide herstarrenden Kinde fröhlich, kraftvoll auf die Schulter:
„Herrgott, der große Christoffel!" ...
„Ja, der steht noch da, wie er zu deiner Zeit stand, Papa."
Der ermunterte Greis, sich die Stirn reibend, murmelte: „Hm, hm, sollte ich wirklich da was verschlafen haben, weil ich es fünfundzwanzig Jahre lang zu gut hatte? Wilhelm, o meine Jugend! O Sohn, aber er steht ja wahrhaftig noch gerade so dort oben wie vor einem Menschenalter, wenn wir im Vorbeifahren unsere schlechten Witze über ihn machten!"
„Des Epimenides Erwachen."
„Mit deinem Griechisch bleib mir jetzt vom Leibe. Hurra, der große Christoffel, und wieder auf den Rädern! Fassung, Gutmann! Meine Herrschaften, entschuldigen Sie diesen Ausbruch meiner Gefühle; der junge Mensch hier, mein Sohn, ist nicht auf dem Wege nach einer Irrenanstalt mit mir. Sohnemann, halte aber auch du mich nicht für verrückt! Hurra, der große Christoffel! Wie oft bin ich an ihm vorbeigeschnurrt, ohne nach ihm hinzugucken; aber jetzt muß er mir ja wie eine Offenbarung aufgehen! Du lieber Himmel, wie gut hat man's diese lange Zeit zu Hause gehabt; aber wie vieles – wie viel Vergnügliches hat man währenddem verschlafen! Ganz wehmütig wird einem zumute – da ist er wahrhaftig noch! Hurra, der große Christoffel!"

Die Äuglein leuchteten, jegliche Spur von Müdigkeit, Erschlaffung, Verdrossenheit war an dem alten Herrn verflogen, und dazu versetzte er seinem Sprößling einen so vielbedeutenden, so munteren Rippenstoß, daß dem Knaben ganz absonderlich nachdenklich zumute wurde, und er in sich hineinstammelte:
„Alle Wetter, da wacht mir ja der alte Hahn und Reiseonkel in ganz kurioser Art auf und kräht den jungen Tag an! Nun sieh mal!"

Gutmanns Reisen! Der gute Mann hatte es vollständig vergessen, daß er Frankreich genossen, England studiert, New York sich angesehen hatte! Die gute Frau in dem Käseladen am Marktplatz, der Apotheke gegenüber und mit dem konkurrierenden Kommerzienrat dicht vor der Nase, hatte es verstanden, die lieben, langen Jahre bis an die Silberhochzeit heran ihm den deutschen Weltbürgerverstand und Weltbürgerhumor behaglich auf ein großes Privatziel zu konzentrieren. Er hatte es zu einem Vermögen gebracht und hatte seinen Sohn in die Welt gesetzt.

Dieser Sohn aber konnte augenblicklich nur gaffen, ihn angaffen, angaffen, immer wieder angaffen. Das Phänomen war zu überwältigend und durfte nicht nur das eigene Kind in Erstaunen, sondern auch die fremde Fahrtgenossenschaft im Wagen erst in Verwunderung und sodann in heitere Spannung versetzen.

Es war zuletzt eigentlich schade, daß der alte Herr sich doch zu mäßigen verstand. Sich aufrichtend, fest und breit, mit einem sich übers ganze Gesicht immer glänzender ausbreitenden Wohlbehagenslächeln seufzte er nur:

„Wilhelm, ich weiß nicht, wie mir plötzlich ist; aber das weiß ich, daß, seit ich eben den großen Christoffel wiedersehe, die nächsten Tage mal wieder mir gehören werden!"

Er hing sich noch einmal aus dem Fenster, – so lange der farnesische Herkules für jetzt von der Bahn aus zu erblicken war. Als das nicht mehr möglich war, wendete er sich und lächelte und sonderbarerweise lächelte er melancholisch:

„Junge, wenn wir nicht unsern großen Zweck vor Augen behalten müßten, stiege ich in Kassel mit dir aus, um die närrischsten Erinnerungen aufzufrischen. Du glaubst es nicht, wie vergnügt wir unsererzeit dort im König von England, auf dem Felsenkeller, in der Au und vor allem auf der Wilhelmshöhe gewesen sind. Und wenn ich gar an den hochseligen Herrn, den alten Kurfürsten Wilhelm den Braven

Wilhelmshöhe, Gesamtansicht.

denke – Wilhelm, ich sage dir, wie er auf seiner Löwenburg incognito meine Meinung über sich und sein Raubschloß sich mitteilen ließ und den Oberrock aufknöpfte und wütend seinen Stern zeigte und mich allerhöchstselbst am Kragen nahm und über die Zugbrücke hinausgeleitete –"
„Diese Geschichte hast du der Mama und mir wohl schon einige Male erzählt."
„So?" fragte der gerührte Greis, beugte sich zu dem Sohne und flüsterte ihm ins Ohr: „Hab' ich deiner guten Mutter und dir, Dummkopf, alles erzählt, was der junge Mensch in Kassel erleben kann?"
„Mir bis jetzt jedenfalls noch nicht."
„Na, das wäre auch noch schöner gewesen!"
„Bitte, Papa, nun doch aber einiges Nähere."
„Frage ich dich nach allen deinen dummen Streichen, selbst wenn sie mich mein eigenes Geld kosten?"
Der Sohn konnte dem Vater nur stumm die Hand drücken. Hätte sich ihm dazu auch eine Träne ins Auge geschlichen, so wäre das nicht nur recht gewesen, sondern er würde dadurch recht billig von seinen moralischen Verpflichtungen gegen solchen guten Vater abgekommen sein.
Der farnesische Herkules auf dem Karlsberge blieb glücklicherweise nicht immer in Sicht. Sie fuhren in den Bahnhof Kassel ein und, ebenfalls glücklicherweise, bald weiter.

(1892)

KINDHEIT IN KASSEL

von Philipp Scheidemann

Meine Wiege stand in einem schiefen Hause der engen und buckeligen Michelsgasse im alten Kassel. Wie vom Alter gebeugt neigte das vierstöckige Monumentalgebäude aus Fachwerk sich vornüber. Das Nachbarhaus machte es genau so, deshalb konnte man den Eindruck gewinnen, daß die beiden komischen Alten, wie in der guten alten Zeit, sich voreinander verneigen, und dann zum Menuett antreten wollten. Wenn ich am 26. Juli 1865, als ich das „Licht der Welt" erblickte, der ganzen Umgebung wegen, mich sofort totgelacht hätte, so wäre das vielleicht das Gescheiteste gewesen. Mancher spätere Verdruß wäre mir erspart geblieben. Aber ich hatte wohl Verständnis für die Komik meiner Umwelt, strampelte lausbübisch mit den Beinen und schrie, die Fäuste geballt, aus Leibeskräften, meiner Umgebung leider unverständlich, tagelang unermüdlich: die Michelsgasse hurra!

Das Jahr 1865/66 ist das solideste Jahr meines Lebens gewesen und geblieben, ich habe damals ausschließlich von Milch gelebt. Das wurde aber, trotz aller Liebe zu meiner Mama, schließlich langweilig und hörte mit dem 66er Feldzug der Preußen gegen Kurhessen, den ich als Einjähriger miterlebt habe, endgültig auf. Dann habe ich mich gar nicht mehr für Milch interessiert.

Nachdem ich später erfahren hatte, daß die Preußen meinen angestammten Landesvater, den – ach! – so lieben und vielen unvergeßlichen dickköpfigen letzten Kurfürsten von Hessen verjagt und mein ganzes Vaterland annektiert hatten, da kam ein heiliger Zorn über mich. Ich habe damals beschlossen, alle Erlebnisse mir genau zu merken, um zu geeigneter Zeit den Preußen gehörig den Marsch blasen zu können.

Doch Scherz beiseite: ich kann mich tatsächlich bei der Schilderung von Vorgängen aus frühester Kindheit auf ein ausgezeichnetes Gedächtnis berufen. Kindliche Erlebnisse, die in die Zeit des Deutsch-Französischen Krieges fallen, leben heute noch so klar in meiner Erinnerung, als handle es sich um Vorgänge von gestern. Als ich 1905 im Alter von 40 Jahren nach nahezu zwanzigjähriger Abwesenheit in meine Heimat zurückkehrte, um die Redaktion des Kas-

seler Volksblattes zu übernehmen, begann ich sofort Erinnerungen aus meiner Kindheit zu schreiben und zwar in so waschecht Kasseler Mundart, als hätte ich nicht zwanzig [Jahre] lang der Heimat den Rücken kehren müssen. Von diesen mundartlichen Skizzen sind viele in kleinen Schriften gesammelt und zu Tausenden verkauft worden. Mit ihnen, die ich wirklich aus dem Ärmel geschüttelt hatte, und die lediglich die üblichen Sonntagsplaudereien ersetzen sollten, befaßte sich bald, wie ich zu meinem Schrecken vernahm, der Verein für hessische Geschichte und Landeskunde sehr ernsthaft, vornehmlich deshalb, weil offenbar zum ersten Male der Versuch gemacht worden war, die Kasseler Mundart einheitlich zu schreiben. Dabei war mir der erlernte Beruf sehr zustatten gekommen. Ich schrieb nach phonetischen Grundsätzen, nämlich genau so, wie der echte Kasselaner wirklich sprach. [...]
Weil die Krankheit meines Vaters hoffnungslos geworden war, mußte ich die Schule verlassen. Im letzten Schuljahr hatte ich Sommer und Winter – brrh! – frühmorgens zwischen sechs und sieben Uhr Frühstücksbrot ausgetragen, um etwas mit zu verdienen. Die wenigen Groschen, die ich für diese Arbeit bekam, machten mir um so größere Freude, je mehr ich hatte frieren müssen, wenn ich auf den dunklen Treppen herumkletterte. Wenn ich jetzt daran zurückdenke, sehe ich meine damalige Tätigkeit als eine Art primitive Sportbetätigung an, die mir gewiß nichts geschadet hat. Im Alter von noch nicht vierzehn Jahren kam ich in die Buchdruckerei Gebr. Gotthelft als Setzerlehrling. Die Arbeitszeit, damals nicht einmal für jugendliche Arbeiter geregelt, betrug täglich mindestens zwölf bis dreizehn Stunden. Sonnabends, namentlich in den Wintermonaten, bis zu 15 und mehr Stunden. Ich erinnere mich, daß wir vor Weihnachten von früh 6 Uhr bis nach Mitternacht haben arbeiten müssen. Diese Arbeit bestand zu erheblichen Teilen aus Handleistungen, die mit der Schriftsetzerei absolut nichts zu tun hatten, so vor allem im Falzen von Zeitungen und Einlegen von Beilagen. Falzapparate und Rotationsmaschinen kannte man in jener Zeit in Kassel nur aus märchenhaft klingenden Berichten. Als Entlohnung gab es im ersten Lehrjahre wöchentlich zwei Mark, dann von Jahr zu Jahr fünfzig Pfennige Zulage pro Woche, so daß im vierten Lehrjahre wöchentlich 3,50 Mark bezahlt wurden. Für die zahllosen Überstunden im Laufe eines Jahres gab es eine „Weihnachtsgratifikation" im Betrage von fünf Mark. Ich mache diese Angaben nicht, um die Firma, bei

der ich in die schwarze Kunst eingeführt wurde, herabzusetzen. Die Verhältnisse waren damals in nahezu allen Betrieben gleich trostlos. Ich erwähne diese Zustände, um besonders die jüngeren Leser daran zu erinnern, was in jahrzehntelangen zähen Kämpfen von den gewerkschaftlichen und sozialdemokratischen Arbeiterorganisationen schwer genug errungen werden mußte.

Wie die letzten Schuljahre, so waren meine vier Lehrjahre im wahren Sinne des Wortes schlimmste Hungerjahre. Frieren mußte ich besonders im Winter 1879/80. Wenn ich morgens vor 6 Uhr das Haus verließ, um an die Arbeit zu gehen, waren mir schon die Hände steif und die Nase zugefroren, bevor ich auf der Straße stand. Die furchtbare Kälte jenes Winters war für mich besonders schlimm, weil ich weder einen Mantel noch Handschuhe mein Eigen nannte. Solange mein Vater zu Bett liegen mußte, meine Mutter also ans Haus gefesselt war, so daß sie nichts verdienen konnte, habe ich oft genug bei Freunden meiner Eltern einige Groschen für Brot borgen, oft genug auch im Leihhause Haushaltungsgegenstände und Kleidungsstücke meiner Mutter aus besseren Zeiten versetzen müssen. Einige Stücke waren es besonders, die ich immer wieder verpfänden, oder, wenn der Verfalltag nahte, durch Versetzen eines neuen Stückes einlösen musste: ein schwarzseidenes Kleid und ein großer türkischer Schal meiner Mutter, sowie eine Taschenuhr meines Vaters. Am peinlichsten war mir, daß ich auch hin und wieder, während mein Vater schon lange hoffnungslos darniederlag, zur Schule entweder väterliches oder mütterliches Schuhwerk anziehen musste, wenn mein einziges Paar Stiefel in Reparatur war. Trotz dieser Elendsjahre war meine Kindheit, im ganzen gesehen, doch eine glückliche, denn ich hatte eine Mutter, wie ich sie allen Kindern wünsche, wie sie aber wahrscheinlich nicht allzu viele Kinder haben können. Sie war in allen weiblichen Handarbeiten eine wahre Künstlerin und wurde deshalb viel bewundert; sie hatte auch literarische und künstlerische Interessen; sie las gute Bücher und besuchte ab und zu, bevor das graue Elend bei uns eingezogen war, auch das Theater. Davon war später natürlich keine Rede mehr. Ich erinnere mich sehr wohl, daß sie mich als Schuljungen in die herrliche Bildergalerie meiner Vaterstadt führte und dort vor den Bildern Rembrandts mir allerlei aus dem Leben des Holländers erzählte. Später bin ich auf die Vermutung gekommen, daß meine Mutter mich schon so frühzeitig für bestimmte Dinge zu interessieren suchte, um anderen Einflüssen zu begegnen. Mein Vater hatte eine parteipolitische Einstellung bestimmt nicht. Einer seiner besten Freunde, ein Berufskollege namens Eduard Auell, war Sozialdemokrat und Verehrer Wilhelm Pfannkuchs. Er war ledig. Auell war meinen Eltern in den Stunden bitterster Not immer ein treuer Helfer. Ich erinnere mich an Zeiten, in denen er uns jeden Abend besuchte. Die Unterhaltung drehte sich fast stets um die schlechten Verhältnisse, um die große Not der kleinen Geschäftsleute und zum Schluß immer um die Sozialdemokratie. Ich hörte diesen Gesprächen mit der größten Aufmerksamkeit zu, wenngleich das meiste mir unverständlich blieb. Meine Mutter, das weiß ich noch genau, widersprach sehr oft, wenn Auell das Ende allen Elends von der Sozialdemokratie erwartete. Zu besonders lebhaftem Meinungsaustausch kam es in den Zeiten der Attentate Hödels und Nobilings auf den alten Kaiser Wilhelm I. Eine sozialdemokratische Presse gab es damals in Kassel nicht, Meine Eltern lasen das Tageblatt, standen also auch unter den Eindrücken der Berichte dieser Zeitung. Daß damals der Christlichsoziale Hödel und der Nationalliberale Dr. Nobiling der Sozialdemokratie zu Unrecht an die Rockschöße gehängt wurden, könnte heute jeder politische ABC-Schütze wissen. Aber damals? Jedenfalls hatte Auell in jenen Tagen einen schwierigen Stand bei meiner Mutter.

Dann aber wurde mit der zunehmenden allgemeinen Not und der dauernden Krankheit meines Vaters das Hungerleiden in unserem Hause immer schlimmer. Und wenn schließlich kein Stück Brot im Hause war und meine Mutter mich um fünfzig Pfennige für ein Brot zu Auell schickte, dann pflegte mein Vater hinzuzufügen: der Sozialdemokrat hilft.

Nach dem Tode meines Vaters schaffte die unermüdliche Mutter von früh bis in die sinkende Nacht. Neben der Besorgung des Haushalts und ihrer beiden Kinder schneiderte sie für fremde Leute. Sie war in ihrem Bekanntenkreise wegen ihrer Klugheit und Geschicklichkeit ganz allgemein sehr beliebt. Ich habe sie nur selten über ihr Geschick klagen hören, sah aber oft genug, daß sie geweint hatte. Selbst meine schlimmsten Streiche verzieh sie schließlich, nachdem sie mir ins Gewissen geredet hatte. Sie mußte mir, wie ich zugestehen will, oft ins Gewissen reden.

(1928)

AN PHILIPP SCHEIDEMANN

von Theobald Tiger (d.i. Kurt Tucholsky)

In der „Weltbühne" erschien am 15. Juni 1922 ein Gedicht von „Theobald Tiger" (eines der Pseudonyme Kurt Tucholskys) über Philipp Scheidemann, zu der Zeit Oberbürgermeister von Kassel. Anlass war ein Mordanschlag auf den SPD-Politiker. Im Bergpark Wilhelmshöhe hatten die Attentäter (darunter vermutlich einer der späteren Mörder Walter Rathenaus) hinter einem Baum Scheidemann aufgelauert und ihm Blausäure ins Gesicht gespritzt. Scheidemann überlebte mit Glück.

Wir haben dich hier öfters angepfiffen
von wegen deiner leicht verdorrten Hand.[1]
Doch nun ein feiger Lump dich angegriffen,
hat sich das Blättchen jäh für dich gewandt.
Wenn einer Gift spritzt aus dem Schießklistier:
dann, Philipp, stehn wir alle hinter dir!

Was wollte denn der nationale Affe?
Versailles rächen? Bist du General?
Für ihn war das Klistier die einzige Waffe
aus seinem reichen Geistes-Arsenal.
Denn was ein richtiger, tapfrer, teutscher Mann,
der fängt ein jedes Ding von hinten an.

Und hat wer irgend etwas zu riskieren?
Vom Sipo[2] bis herab zum Staatsanwalt
wird solchen Mörder keiner arretieren –
sie hören nichts, wenn es in Griesbach[3] knallt ...
Durch die Provinzen hallt ein einziger Schrei:
„Wie schade, schade – diesmal gings vorbei!"

Von Liebknecht bis zu dir heut.
So verworfen
wie solche Mörder ist nur noch ein Stand.
Nimm an, es schießt mal wer auf Ludendorffen:
Was, meinst du wohl, blüht dem in unserm Land –?
„Die Republik fängt an, mir lächerlich zu werden!"
Erhol dich, Philipp! Leb noch lang auf Erden!

(1922)

1 „wegen deiner leicht verdorrten Hand": Scheidemann, der die Republik ausgerufen hatte, war bereits 1919 aus Protest gegen den Versailler Vertrag mit den Worten „Welche Hand müsste nicht verdorren, die sich und uns in solche Fesseln legte?" zurückgetreten.
2 Sipo: Sicherheitspolizist.
3 Griesbach: Der Reichsfinanzminister und vormalige Vizekanzler Matthias Erzberger war 1921 bei Bad Griesbach im Schwarzwald von Angehörigen der rechten „Organisation Consul" ermordet worden.

Das zerstörte Kassel im Winter 1943.

CASALLA IM TRAUERKLEID
Gedicht zum 22.10.1943 (Anonymus)

Frau Casalla trägt schmerzvoll ihr Trauerkleid.
In ihren Mauern birgt sie unsagbares Leid.

Was Menschengeist einst ersonnen,
was fleißiger Händewerk vollbracht,
vor tausend Jahren schon begonnen,
vernichtet war's in einer Nacht.

Am Himmel hellroter Feuerschein,
unzählige Brandbomben schlugen ein,
ein Zittern der Erde, ein Wanken, ein Schwanken,
Sprengbomben, dass die Häuser zusammensanken.

Tausende gerieten in bittere Not,
Tausende fanden den Flammentod.
Tausende für die es keine Rettung gab.
Fanden unter Trümmern ein ewiges Grab,

Feuerstürme brausten über die Straßen her,
das Herz der Stadt gleicht einem Flammenmeer.

Schmerz wurde tausendfach geborgen,
drei kleine Kinder haben die Mutter verloren.
Sie fassten sich bei der Hand.
Und suchten nach ihr in Qualm und Brand.
Die Not des Ältesten war riesengroß,
doch ließ er im Tod selbst die Kleinen nicht los,
noch gefasst, die blonden Löckchen verbrannt,
die Füßchen verkohlt,
so hat man sie später herausgeholt.

Nach Stunden ist erst die Vernichtung vollbracht,
öde Fensterhöhlen zeugen vom Schrecken der Nacht.
Dann, beim ersten Morgengrauen,
sind überall rauchende Trümmer zu schauen.

Die Sonne beginnt ihren Tageslauf,
in ewiger Schönheit steigt sie herauf,
doch weinend verhüllt sie ihr Angesicht,
sie sucht eine Stadt und findet sie nicht.
Nur Trümmer hört sie zum Himmel schreien.
Krieg kann nur Wahnsinn der Menschheit sein.

(undatiert)

NÄCHTE WAREN DAS ...!
von Helmut Qualtinger

Sie: Ich hab' so viel von Ihnen gehört ...
Gastgeber: Damals waren wir noch in der Altstadt von Kassel.
Nächte waren das, Nächte!
Sie: In Kassel gibt's keine Altstadt.

(1982)

Impressionen aus der untergegangenen Kasseler Altstadt.

VERGESSEN
von Rolf Hochhuth

Auf das Land, wo ich geboren,
reimt sich jetzt das Wort: vergessen.
Strecke Fulda – Göttingen,
Grenzgebiet seitab, Nordhessen.

In Hochhuths Komödie „Die Hebamme" findet sich auch folgende Meldung aus dem Torontoer Courier vom 29. Februar 1968 (auflagenstärkste deutschsprachige Zeitung Kanadas):

„Die hungrigen Kinder von Kassel.
Unbeschreibliche Not, Verwahrlosung und Kinderelend finden sich in diesem Barackenlager des Wirtschaftswunderlandes Deutschland. Zirka 90 Familien leben zusammengepfercht in Zweizimmer-Baracken mit 10 bis 13 Kindern. Die Bundesrepublik gab im Jahr 1967 zwei Milliarden Mark Entwicklungshilfe für fremde Länder aus und vergißt dabei, sich um das Entwicklungsland Deutschland ... zu kümmern. [...]

Der Wochenmarkt auf dem Königsplatz, 1948.

In Toronto hat sich ... eine Gruppe gebildet, deren Ziel es ist, Geld- und Sachspenden in Canada zu sammeln und diese an die bedürftigen Familien in Kassel zu senden."

(1971)

BUDENHAUPTSTADT KASSEL
von Peter O. Chotjewitz

Peter O. Chotjewitz besuchte in Kassel das Abendgymnasium für Berufstätige seit April 1951, an der Weserspitze, „in der ehemaligen Hermann-Göring-Schule". Unschwer ist Kassel hinter der Stadt „K." in seinem Roman „Der dreißigjährige Friede. Biographischer Bericht" von 1977 zu erkennen.

Jürgen Schütrumpf wird am 17. November 1949 in N., einem Vorort von K., geboren. Als die Eltern sich kennenlernen, 1947 im Frühjahr, ist Adolf Schütrumpf gerade aus Kriegsgefangenschaft entlassen und bereitet sich in Abendkursen auf die Meisterprüfung vor. Sein Geld verdient er mit Schwarzarbeit in seinem erlernten Beruf als Klempner und Installateur. Er nimmt Silber, Schmuck, Teppiche und andere Wertsachen in Zahlung und setzt sie auf dem Schwarzmarkt in Nahrungsmittel aus westdeutscher Produktion und Besatzungsbeständen um. Er ist damals viel auf dem Altmarkt von K., dem Budenzentrum der Schmuggler und Schieber.

K. ist eine Ruinenstadt. Der Stadtkern ist nahezu zerstört, ebenso die Industrieanlagen und die öffentlichen Gebäude; die Stadtrandgebiete und Vororte sind weniger und unterschiedlich betroffen. Die Brücken über den Fluß sind ebenfalls zerstört. Den Verkehr besorgt eine Fähre, die unterhalb vom Altmarkt anlegt. Das Geschäftsleben der Innenstadt spielt sich in Buden und Baracken ab. Als 1949 die Bundeshauptstadt gewählt werden soll, witzeln die Bürger von K.: Unser Ort soll Budenhauptstadt werden.

(1977)

MITTELFELD

von Peer Schröder

produziert weiter Waffen
diesmal wird es
Kassel ganz abschaffen

(1985)

Mittelfeld: Standort der ehemaligen Henschel-Werke in Kassel.

KLEINE FLUCHTEN – AUSBRUCHSVERSUCHE

KLEINE FLUCHTEN
von Ina Seidel

„Der Professor zu Hause? Ist nicht zu Hause? Ist verreist? Schon wieder verreist? Ist in Göttingen? Potztausend – in Göttingen! So, so – in Göttingen!"
Diese Feststellungen, keineswegs in Wirklichkeit ausgesprochen und belauscht, sondern lediglich hervorgebracht von der etwas überreizten Gehirntätigkeit Georges, der, soeben der Postkutsche entstiegen, über das holprige Pflaster des Göttinger Marktplatzes eilte und in eine der winkligen Straßen einbog, die zur Bibliothek führten, bewirkten, daß er sich in bescheidener Weise erheitert fühlte. Wer mochte jetzt in Kassel dem wackeren Mühlhausen, seinem Bedienten, solche Fragen vorlegen und sich in Betrachtung versunken wieder von seiner Türe entfernen? Vielleicht Runde, der Jurist? Die Herren von der Anatomie, Stein und Bollinger? Nun, die würden versuchen, Sömmering auszufragen. „So, so – in Göttingen! Schon wieder Göttingen ..." Ja doch, da war man wieder einmal in Göttingen, hatte hinter sich den kleinen gestohlenen Reiserausch einer Nachtfahrt und jetzt das Gefühl, weit weg von Kassel in einer erstaunlich anderen Luft zu sein ... Zudem hatte man die Nacht sehr seltsam verbracht, hatte einen Reisegefährten gehabt, dessen Bekanntschaft eine Akquisition von unschätzbarem Wert ergab, einen jungen Mann, den George zunächst für einen Herrn von Adel gehalten und der sich alsdann freilich unter dem Namen Meyer vorgestellt hatte. Jedoch, was für ein artiger, interessanter Herr Meyer! George blickte sich einmal vorsichtig um, auch Herrn Meyers Reiseziel war Göttingen gewesen.
Indes, Herr Meyer war verschwunden. Ja, also da war man wieder einmal in Göttingen, und George fragte sich, ob diese kleinen Reisen, mit denen er alle paar Wochen einmal aus Kassel ausbrach, etwas wie Fluchtcharakter trügen? Atmete es sich nicht freier, sobald der Burgfriede jener Stadt hinter einem lag, klärte sich einem nicht der Kopf, vergaß man nicht dies und jenes, Zustände, Gedankengänge, die aus der Ferne auf einmal unwesentlich, ja lächerlich scheinen wollten, so bedrohlich sie einen bis gestern umdrängt hatten? Oh, es gab Gründe genug, nach Göttingen zu fahren, übergenug! Hatte

Kassel eine wissenschaftliche Bibliothek von einigem Belang aufzuweisen? Reichten seine Sammlungen, seine Institute auch nur entfernt an die der Universität heran? Hatte Kassel Männer wie einen Heyne, einen Lichtenberg? Oh, also Gründe genug, und kein Vorwand nötig, um diese häufigen Fahrten zu entschuldigen! Wenn nur nicht in einem selber tief innerlich das lächelnde Bewußtsein gelebt hätte, daß alle diese triftigen Gründe eben eigentlich doch nur Vorwände waren! Denn letzten Endes gab es allein zwei Erklärungen für die magnetische Kraft von Göttingen, und die eine davon war, daß diese Stadt außerhalb jedes magischen Zirkels zu liegen schien, daß die Luft hier dem unerbittlichen Gedanken, der demütigen Arbeit, der exakten Forschung dienlicher war. Daß – George verhehlte es sich keineswegs – die Männer, die er hier verehrte, gewissen geheimnisvollen Bemühungen, denen man in Kassel mit leidenschaftlich verbohrtem Ernst oblag, gleichmütig gegenüberstanden, ohne Zustimmung, aber auch ohne Spott, ja, wie einer ganz und gar belanglosen Angelegenheit.

(1922)

ZU FUSS ZURÜCK
von August Schmidt

Anspruchsvoller Reisender! solltest du einmal das Gelüste in dir verspüren nach Frankfurt zu gehen, so bekümmere dich ja zuvor genau, schlage Kalender nach, befrage dich bei christlichen und jüdischen Kaufleuten, ob zu der Zeit nicht etwa Messe abgehalten wird; ist aber dieß der Fall, dann kehre um, und wärst du auch schon in Friedberg oder Gießen, springe aus dem Wagen, laufe zu Fuß zurück nach dem stillen Cassel, lasse dich dort von den Pickelflöten des Zapfenstreiches hinauspfeifen aus deinen poetischen Träumen, oder von den böhmischen Bergmusikanten (welche, unter uns gesagt, vollblütige Hessen sind) anblasen, daß dir die Ohren gellen, immer noch räthlicher als nach Frankfurt zu gehen.

(1846)

KEIN ROM

von Joseph Eduard Wessely

Die große Fontaine soll den höchsten Wasserstrahl in Europa haben – wenn sie nämlich Wasser hat. Diese muß erst gesammelt werden und wenn die Wasserkunstwerke (zweimal in der Woche) losgelassen werden, so verlieren sie bald den Wasserathem; in diesem stillen, trockenen Zustande kann man natürlich die Höhe des imaginären Wasserstrahles durchaus nicht messen – er ist unermeßlich hoch. O ihr Riesen-Fontainen auf dem Petersplatz in Rom![1] Ihr werdet doch auch aus weiter Ferne künstlich mit Wasser gespeist – und doch ist euch noch nicht der Athem ausgegangen und Sonne und Mond spiegeln sich wechselweise immerwährend in eurem Staubregen. Nun freilich! – Cassel ist ja kein Rom.

(1866)

1 *Riesen-Fontainen auf dem Petersplatz in Rom: dort gibt es zwar durchaus Brunnen, italienisch fontane, aber keine Riesenfontänen.*

FANTASIEN AUF DER REISE

von Johann Ludwig Ewald

Es ist sonderbar, daß Kassels Wiedersehen nicht von dem auf mich wirkt, was andere Städte und Örter wirken, in denen ich einen Theil meiner Jugend durchlebt habe. Alles in mir bleibt so ruhig und kalt, als ob ich mich einer ganz fremden Stadt näherte; und das Interesse einer fremden Stadt, den Reiz der Neuheit hat sie doch natürlich nicht für mich. Auch mag sie mir, oder ich ihr, fremd geworden seyn. Außerdem, genoß meine Phantasie, mein Auge, mein Ohr, mein jugendlicher Durst nach Amüsements; aber mein Herz genoß nichts. Und ich denke, nur der Genuß des Herzens hinterläßt Eindrücke im Herzen, die durch Annäherung an den Ort des Genusses wieder aufgefrischt werden. Wir kamen hier an, als man schon am Tische saß; und wurden in einen Gartensaal geführt, wo wir unter lärmender

Musik eine noch lärmendere Gesellschaft fanden. Wie mich doch immer so eine eigene Art von Schüchternheit befällt, wenn ich in eine große Gesellschaft fremder Menschen eintreten soll! Wie sie mir alle so weit über mir scheinen! Wie klein ich, in meinen Augen, zwischen ihnen bin! Vielleicht noch eine Folge meiner ersten Erziehung auf dem Lande, wo ich so wenige Menschen sah, so zurückstehen mußte, wenn fremde Menschen kamen. Hätt' ich nicht den brennenden Durst, interessante Menschen kennen zu lernen, und diesen unaustilgbaren Wahn, daß alle fremde Menschen auch interessant seyn müßten; ich würde sicher jede Gelegenheit meiden, wo ich fremden Menschen nahe kommen könnte. Auch jetzt war ich ganz betreten, als ich mich unter die zahlreiche, so laute Tischgesellschaft mischen sollte. Signor Fernando schien eine ähnliche Empfindung zu haben, so viele Menschen er auch gesehen hat. Von dem Wahne, daß die Herren, die das große Wort führten, vorzügliche Menschen wären, mußt' ich indeß, ohnerachtet meiner Schüchternheit, sehr bald zurückkommen; weil sie, – ein halb Dutzend Offiziere – das elendeste, alltäglichste, zum Theil widersinnigste, bis zum Lächerlichen kenntnißloseste Zeug kannegießerten, das vielleicht je in einer Bier- oder Branteweinschenke radotirt worden ist; und weil sie sich mit solcher Anstrengung durch die lärmende Musik durchschrieen, als ob das Wol des ganzen Hessenlandes darauf beruht hätte, daß man sie hören und genau verstehen möge. Anfangs hatt' ich die ganze Tischgesellschaft im Verdachte, daß sie in einem gleichen Grade von politischer und geselliger Aufklärung lebte: allein ich fand bald in ein Paar Niederländern, Männer von Kenntnissen und Einsicht, die sie auch – obgleich sehr bescheiden – mittheilten, so bald die Eß- und Trinkbegierde jener politischen Sprecher ihnen einen Zwischenraum ließ, in dem sie sich verständlich machen konnten. Ich merkt' also bald, daß es hier am Tische, wie in so manchem schlecht regierten Staate, zuging, wo die mittelmäßigen Köpfe regieren, reden, schreien und schreiben, und die guten Köpfe schweigen, oder sich nur dem mittheilen, der in ihrem nächsten Kreise lebt.

Signor Fernando litt sichtbar durch das abscheuliche Getöse eines Hackbretts, das sich bei der Tafelmusik befand, wie es sich bei seinem feinen musikalischen Ohre denken läßt. Er machte mancherlei Bewegungen mit den Händen und Füßen, mit Mund und Augen, um den Schmerz zu ertragen; so, daß mir Hogarts Italienischer Virtuoso einfiel, der die abscheuliche Musik auf einer Londonerstraße hören, oder vielmehr, diese Operation, die an seinen Gehörwerkzeugen vorgenommen wurde, aushalten mußte. Besonders aß er so schrecklich geschwind, und trank so oft und in so kleinen Zügen, als ob er dadurch dem unbarmherzigen Hackbrettschläger die Finger lähmen könnte. Wir eilten, um von da hinweg zu kommen, wo einer unserer Sinne auf eine leidliche Art befriedigt, ein Anderer aber, nebst dem denkenden Theile unserer Selbst, auf eine so krasse Art mißhandelt ward; nachdem wir für die Mißhandlung sowol, als für die Befriedigung, gehörig hatten bezahlen müssen. Eine beunruhigende Nachricht, daß die Franken bei Wetzlar vordrängen, und uns also leicht der Weg versperrt werden könne, gab man uns jedoch unentgeltlich mit auf den Weg.

(1797)

Der reformierte Theologe und Pädagoge Ewald war zeitweilig in Kassel als Lehrer tätig. Sein Reisebericht mündet in einer Vision des globalen Friedens und der Freiheit.

AB NACH ÄGYPTEN!
von Honoré de Balzac

Herr du Châtelet war als Sixtus Châtelet schlechthin auf die Welt gekommen, hatte aber nach 1806 den guten Gedanken gehabt, sich adeln zu lassen. Er war einer jener angenehmen jungen Leute, die unter Napoleon allen Aushebungen entgingen, indem sie sich so nah wie möglich an der kaiserlichen Sonne hielten. Er hatte seine Laufbahn mit der Stellung eines Sekretärs im Dienst einer der kaiserlichen Prinzessinnen begonnen. Herr du Châtelet besaß alle für seine Lage erforderlichen Unfähigkeiten. Wohlgewachsen, hübsch, guter Tänzer, bemerkenswerter Billardspieler, hervorragend in jeder Leibesübung, mittelmäßiger Salonschauspieler, Sänger von Romanzen, Liebhaber von witzigen Antworten, unbedenklich, geschmeidig, neidisch, wußte er alles und verstand nichts. [...] Trotz seines ordentlichen und außerordentlichen Dienstes bei der kaiserlichen Hoheit mußte er sich damit abfinden, daß der Einfluß seiner Beschützerin ihm nicht eine Stelle im Staatsrat verschaffen konnte; er wäre kein schlechterer Maître des Requêtes als andere gewesen, aber die Prinzessin fand, er sei bei ihr besser als anderswo aufgehoben. Dafür wurde er zum Baron ernannt, ging nach Kassel in außerordentlicher Sendung und nahm sich dort in der Tat außerordentlich aus. Mit anderen Worten, Napoleon benutzte ihn während einer Krise als diplomatischen Kurier. Als das Kaiserreich zusammenfiel, sollte der Baron du Châtelet gerade in Westfalen am Hofe Jérômes Minister werden. Als ihm das, was er eine Familiengesandtschaft nannte, mißlang, fiel er in Verzweiflung; er machte mit dem General Armand de Montriveau eine Reise nach Ägypten.

(1837-1842)

AN KASSEL
von Theodor Schmitt

III.

Du Parkstadt unterm Herkules
mein Lebenlang dich nicht vergeß!

Vom Habichtswald zum Fuldafluß
durch viele Straßen streben muß.

War oft in dir, seit Kindheit an,
weshalb ich dich so lieb gewann.

Will stets ein groß Erlebnis sein,
kehr ich mal wieder bei dir ein!

Du Großstadt, unverbraucht und jung,
so Gegenwart, Erinnerung.

Ich lausche deiner Melodie:
in meinem Wesen finde sie.

Du hälst die Deinen weitum fest,
mit Schwerkraftsmacht an dich gepreßt.

Und großgeartet, wie du bist,
dein Weg hin durch die Zeiten ist.

(um 1960)

GRÜSS' MIR DIE HEIMAT MIT DEM HERKULES!
von René Olfen

Die Kassel-Hymne schlechthin schrieb Heinrich Schmidt aus Marburg, der sich als Künstler klangvoll René Olfen nannte. In den 1920er Jahren stand er mit Ufa-Stars wie Adele Sandrock und Lya Mara vor der Kamera. Das Lied über die Heimat mit dem Herkules nahm er 1932 in Berlin auf, auch eine textlich leicht veränderte Aufnahme mit dem seinerzeit sehr populären Sänger Paul Dorn gibt es. Ob René Olfen jemals in Albanien war oder das Land nur des Reimes wegen brauchte, weiß man nicht; dass er viel gereist war, ist dagegen sicher. „All' was ich fand im stolzen Hessenland, gab`s nirgends mehr zu sehen! Drum hing den Wanderstab ich an die Wand um nimmer fortzugehen! Was mich zumeist gefangen hält, das ist die alte Stätte – Die stumme Königin der Welt: die Stadt am Fuldabette", so ein (nicht vertonter) Vers des Kassel-Gedichts. Olfen lebte bis zu seinem Tode 1990 verarmt in einer Gartenlaube und zehrte vom Ruhm vergangener Tage.

Auf weiten Fahrten über Land und Meer hielt Rast ich in Albanien.
Ein Fremder sprach mich an: „Wo bist du her?" Ich sagte: „Von Germanien".
Da kam in seinen müden Blick ein Leuchten voller Sehnen,
und bittend hielt er mich zurück, mit Worten unter Tränen:

„Mein deutscher Kamerad im Reisedress,
grüß mir die Heimat mit dem Herkules.
Grüß mir das Denkmal auf dem Friedrichsplatz,
das grüne Fuldatal, die graue Katz.
Grüß mir die Karlsau' und die schöne Wilhelmshöhe,
wer weiß ob jemals ich mein Kassel wiedersehe."

Wir tauschten beide noch so manches Wort von heimatlichen Gauen
Dann brach ich auf – ich musste plötzlich fort – mich zogs nach deutschen Auen.
Und als ich an der Fulda stand, gedachte ich der Tränen
des Alten dort im fernen Land, der Worte voller Sehnen:

„Mein deutscher Kamerad im Reisedress,
grüß mir die Heimat mit dem Herkules.
Grüß mir das Denkmal auf dem Friedrichsplatz,
das grüne Fuldatal, die graue Katz.
Grüß mir die Karlsau' und die schöne Wilhelmshöhe,
wer weiß ob jemals ich mein Kassel wiedersehe."

(um 1930)

WILLENSKLUMPEN UND ZIELKERN

von Hans Jürgen von der Wense

Wir fuhren aber nach kassel zur dritten documenta. Das wiedersehn mit meiner alten heimatstadt (ich halte noch immer die Kasseler zeitung) war bestürzend, ich war drauf und dran, alles hier zu lassen und nach Kassel zu ziehn, nach Mulang, das chinesendorf bei Wilhelmshöhe, wo meine mutter sommerüber in einem winzigen barockhäuschen wohnte, sonst (du weißt) im palais des prinzen auf der Bellevue. Aber wie etwas finden und wie mags teuer sein – immerhin zog sich in mir die absicht zu einem gerinnsel und willensklumpen und zielkern zusammen, nach Colsmans[1] tod oder komme ich je in andere umstände, wieder nach Kassel zu ziehn, also dahin wo ich herkam. Die völlig neu und grandios aufgebaute stadt riss mich hin und ich fing, in allen nerven zerrüttet, auf der straße an fassungslos zu weinen.

(3. Juni 1964)

1 Colsman: „Ich lebe ... von einer Rente die mir der 86jährige Dr. Colsman, hier monatlich auszahlt, damals 150, jetzt 180 Mark, wenig genug bei steigenden Kosten; lebe aber", schreibt der stets mittellose Wense über seinen Mäzen, Erbe einer Tuchfabrik bei Köln.

MEIN SCHREIBTISCH
von Christine Brückner

Die Frage „Warum denn ausgerechnet Kassel?" soll hier nicht erörtert werden, nur soviel: Das Angebot an Natur ist groß, das Angebot an Kultur ausreichend, wichtiger als beides sind die Freunde, die uns hier halten.
Laut Grundbuchamt gehören uns 237 Quadratmeter Nordhessen; die bebaute Fläche schätze ich – die überdachte Südterrasse zugerechnet – auf 85 Quadratmeter. Das scheint mir für zwei freiberufliche Schriftsteller nicht zuviel zu sein. Das Haus wird nie anders als ‚das Häuschen' genannt, es ist innen etwas größer als es von außen den Anschein hat; links und rechts hängen, etwas versetzt, die gleichen Häuser daran. Das Viertel nennt sich ‚Gartenstadt Auefeld' – die Omnibusse der Stadtrundfahrt fahren regelmäßig vorbei, was einem Lob für die Architektur gleichkommt. Keine Garage, kein Auto: wir sind Fußgänger. Doppelfenster zur Straße hin; seither hören wir morgens weder die Vögel singen noch die Glocken läuten, womit wir nicht gerechnet hatten.
Die Arbeitszimmer gehen zum Garten; auch vom Garten kann man nur in der zärtlichen Verkleinerungsform reden: ein Gärtchen, ein grünes Zimmer, von Büschen und Bäumen umgeben, nicht eingezäunt. Wenn ich den Blick vom Schreibtisch hebe, sehe ich blühende Rosen, eine veilchenfarbene Klematis, einen üppig wuchernden Lorbeerstrauch, am Pomeranzenbaum reifen die Früchte zu hessischer Süße. Lavendel sorgt für provenzalische Düfte, zwei Schwarzwaldtannen nähren die Heimatgefühle meines Mannes, der Goldregenbaum wächst in den Himmel. Vor fünf Minuten hat ein Gimpelpärchen in der Vogeltränke ausgiebig gebadet.
Das Gärtchen wird oft gelobt und selten gejätet. Den Nachbarskindern, die auf dem Fußweg hinterm Garten manchmal spielen, wird es nach zehn Minuten langweilig, mit ihnen haben wir mehr Geduld als mit den Nachbarshunden. Ich vermute, daß man Rücksicht auf die beiden Schriftsteller nimmt: Gelegentlich hören wir, daß Kinder mit einem ‚Pssst' zur Ruhe ermahnt werden.
Mit dem Arbeitszimmer meines Mannes verbindet mich eine doppelte Bücherwand, von ‚trennen' kann man nicht reden. Kühner

Blick vom Bahnhof auf die Kasseler Innenstadt, Anfang der sechziger Jahre.

behauptet, das Klappern meiner Schreibmaschine störe ihn nicht, aber wenn ich vormittags lange Zeit Briefe schreibe, ruft er: „Fang endlich an zu arbeiten!" Zurufe gehen hin und her, sachliche, die grammatikalische Fragen betreffen, unsachliche, das wohltuend heitere Zusammenleben betreffend. Die Schreibmaschine wird ‚Elektra' genannt, weil sie elektrisch läuft; wir hadern miteinander, weil sie ungeduldig surrt, wenn mir nichts einfällt, und sich nicht rührt, wenn ich schreiben will und vergessen habe, sie wieder einzuschalten.

Der Schreibtisch, Typ WKS, stammt aus dem Jahr 1953, Afrikanisch-Nußbaum-furniert, Kaufpreis DM 100,–. An ihm wurde bereits der erste Roman geschrieben. Man sieht ihm die vielfache Benutzung an, Gläser und Kaffeetassen haben Ringe hinterlassen. Unter der verstellbaren Schreibplatte stehen griffbereit die nötigsten Nachschlagewerke, vom Sprachbrockhaus bis zum ‚Auszug aus der Geschichte', dem ‚Ploetz'. An allen vier Wänden Bücher, wohlgeordnet; ich bin eine gelernte Bibliothekarin. Die Bücher der lebenden Schriftsteller habe ich, soweit es sich um Schöne Literatur handelt, von den toten getrennt. Wer gestorben ist, darf am Ende des Jahres in die Nekropole der Klassiker umziehen, einige kommen

jedoch ins Souterrain, wo es einen weiteren Arbeitsplatz, ohne Telefon, gibt. Zwischen den Buchregalen hängen die Bilder der malenden Freunde, aber auch eine Ikone: ‚Der heilige Nikolaus erscheint Schiffern in Seenot', eine Reproduktion, ein Tröstebild. Nebenan hängt eine Ikone, die Kühner als einzige Kriegsbeute aus einem abgebrannten russischen Dorf mitgebracht hat. Ein paar Familienbilder, darunter der Urgroßvater, Hofprediger und Heimatdichter im Thüringischen; neuerdings hängt dort auch eine Graphik von Horst Janssen: Theodor Fontane, dessen ‚Enkelin' ich sein soll, wie einige Rezensenten meiner ‚Poenichen'-Romane behauptet haben. Von der Decke schwebt ein handspannengroßer bemalter Zaubervogel herab. Ein kleines schwarzes Sofa, ‚Meditiersofa' genannt, auf dem ich liege und lese; Sessel für die Besucher, denn dieses Zimmer ist auch das Wohnzimmer, das Fernsehzimmer, das Gästezimmer ... Wenn es uns in Kassel zu hessisch-harmlos wird, gehen wir auf Reisen, mieten ein Haus, meist steht es auf einer Insel, die dann später zum Schauplatz eines Buches wird: Ägina, Patmos, Elba, Ischia, Hvar, Juist ...
In der Fremde vergeht mir das Lesen und Schreiben; ich kämpfe gegen das Fremdsein an, während Kühner sich nicht irritieren läßt. Mehr als flüchtige Einfälle bringe ich nicht zu Papier. Schreiben, wirklich schreiben, kann ich nur hier an diesem Schreibtisch: WKS, Afrikanisch Nußbaum, Baujahr 1953.

(1979)

MIT BENN IM BERGPARK, MIT RILKE BEI REMBRANDT. KUNST, KULTUR UND GESELLSCHAFT

MAN SIEHET HIER, WIE WEIT DIE KUNST DER MENSCHEN GEHT

von Georg H. Hollenberg

Den Karlsberg, welcher sich hinter diesem Garten [Weissenstein] erhebt, haben Sie ohne Zweifel gesehen, weil wenige Göttingen verlaßen, ohne erst die 5 Meilen nach Cassel daran gewagt zu haben. Und gewiß, wenn hier weiter nichts als dieser Karlsberg zu sehen wäre, so verlohnte es sich schon der Mühe, einen noch weitern Weg darum zu machen. Man siehet hier, wie weit das Unternehmen und die Kunst der Menschen geht. Aber Berge auf Berge zu häufen; Sachen zu machen, die man in der Nähe sehr groß, und in einiger Entfernung sehr klein findet: den Schweiß eines ganzen Landes dazu anwenden, daß einer oder ein paar Menschen sich auf eine kurze Zeit über unnütze Dinge freuen, die blos das Auge belustigen; und zu allen diesen Dingen noch ein Ziel ausstecken, daß die Nachkommen auch nicht erreichen können: Was soll die Nachwelt dazu sagen? – Die Kunst hat sich an diesem Werke bloß geübt, ohne im geringsten weiter gekommen zu seyn. Dafür lobe ich mir den Muth, Rom nach Sachsen zu schleppen, um dadurch römische Künste, auf deutschen Boden zu ziehen. Ich versichere Sie, Freund! Ich möchte lieber an Frankens Stelle das Waisenhaus zu Halle gestiftet haben, als der Urheber dieses Wunders der Welt zu seyn. [...] Bey dem allen habe ich die Fontainen, Kaskaden und Grotten auf dem Karlsberge sehr bewundert.

(1782)

In der Kunsthandlung
von **E. Hühn** in Cassel
erschien soeben eine Photographie:
**Napoleon in seinem Arbeits-
zimmer auf Wilhelmshöhe.**
Größe I. 1 Thlr. 10 Sgr. — II. 20 Sgr.
— III. 15 Sgr. — IV. 7½ Sgr.

AUSLÄNDISCHE THIERE

von Georg H. Hollenberg

Die Anzahl der ausländischen Thiere ist hier sehr sehenswürdig. Der Kasuar, der Pelikan, einige Adler, Papageien, nebst vielen andern Vögeln, setzen einen in die angenehmste Verwunderung. Unter den vierfüßigen Thieren sind der Elephant, das Kameel, der Dromedar, einige Hirsche, Büffelochsen u.d.gl. sehr merkwürdig. Der Elephant hat uns vorzüglich lange beschäftigt. Er wurde in unserer Gegenwart gefuttert [sic] und getränkt, wobey er die seltsamsten Kabriolen machte. Er schien dabey vorzüglich auf Herrn Prof. Forster sein Augenmerk zu haben, (warum, das kann ich nicht sagen; vermuthlich aber weil er ihm zu nahe gekommen war) und schleuderte demselben einen Schnit Brod ins Gesicht, wahrscheinlich nicht, in tesseram amicitiae. Das war gegen einen Mann, der es in seiner Gewalt hat, dem Elephanten einen bösen Namen zu machen, viel gewagt, und nach Freund Asmus Erklärung ein wahres Zeichen des Genies.

(1782)

MORITZHEIM AM WEISSEN STEIN

von Landgraf Moritz von Hessen

Mag für sich die Stadt nun sorgen,
Hier mein Gut schenkt mich mir wieder
Und verlangt an jedem Morgen
Edle Lust und frohe Lieder.
Und nun sorge, trauter Garten,
Daß der Tisch, an dem ich zeche,
Ohne auf den Lohn zu warten,
Von der Lust der Speisen breche.

(um 1620)

Landgraf Moritz von Hessen (1572-1632), dem der stolze Beiname „Der Gelehrte" nicht nur aufgrund seiner umfassenden humanistischen Bildung, sondern auch aufgrund seiner tatkräftigen Förderung von Wissenschaft und Kunst zuerkannt wurde, regierte das Land Hessen-Kassel von 1592 bis zu seiner erzwungenen Abdankung 1627, die dem Umstand geschuldet war, dass er wirtschaftlich und militärisch weit weniger Erfolg hatte denn als Gelehrter. Er hinterließ dem Land Schulden, aber auch das erste feststehende Theater des europäischen Kontinents, das Ottoneum, heute Naturkundemuseum, förderte den Komponisten Heinrich Schütz, war Mitglied der Fruchtbringenden Gesellschaft, die die deutsche Sprache und Literatur pflegte, und gründete eine Hochschule, das Collegium Adelphicum Mauritianum. 1606 ließ er das säkularisierte Kloster Weißenstein zu einem Jagdschloss umbauen und legte so den Grundstein zur heutigen Wilhelmshöhe. Was er von dem Bau erhoffte, klingt in diesem Gedicht durch, das eher vom Wunsch nach Weltabgewandtheit und sinnenfrohem Genießen als von Kunst und Wissenschaft zeugt. Der Name Moritzheim geriet seit dem Bau des Schlosses Wilhelmshöhe in Vergessenheit, nur neben dem Schlosshotel findet sich noch ein letzter Baurest des Moritzschen Baues: das Türmchen auf dem Marstall.

BRIEF AN JOHANN KARL PHILIPP SPENER

von Georg Forster

Kassel, 19.7.1781

Es ist kein Ort auf der runden Erde, der soviel Armuth und splendida miseria in sich fasst als Cassel. Alles bis zu Obristen und Oberappellationsgerichts Räthen stirbt hier bettelarm, hinterlässt Schulden, und Wittwen und Kinder im äussersten Elend; Ausser der sogenannten preussischen Clique im Ministerio, und den Herren Adjudanten, imgleichen ein paar nothdürftigen dienstbaren Geistern jener Clique, und den Hofagenten Feydel – der ein Jude ist – hat hier kein Mensch Geld, sondern alles leidet Noth, im wörtlichen Verstande. Ich für mein Theil, schränke mich mit jedem Tage mehr ein. Wie gesagt, ich besuche keinen Menschen mehr, damit ich nicht besucht werde; ich folge hierinn dem Beyspiel aller übrigen Einwohner, die blos im engen Kreise ihrer Familie leben müssen. – Und hoffe demnächste einmal auf meine Erlösung.

(1781)

DER SAUFENDE ELEPHANT
von Leopold Friedrich Günter von Goeckingk

In Kassel war ein Elephant,
Der an Gehalt im Jahr',
Gerade gleich mit mir sich stand,
Und den ein jeder witzig fand,
Weil er ein Säufer war.

(1781)

Siehe Carl Julius Weber, Taschenspieler-Künste, S. 187.

DER HAHN UND DER ADLER
EINE FABEL OHNE MORAL
von Christian Friedrich Daniel Schubart

Ein Fürst war einem Hahnen hold –
„Warum nicht gar! Was? einem Hahnen?"
Ja, ja, er liebt ihn mehr, als seine Unterthanen.
Sein Kamm war Purpur, seine Federn Gold.
Dumm war er zwar; jedoch sein Kikriki
Galt an dem Hofe für Genie.
Kein Höfling durfte sich erdreisten,
Dem Hahnen was zu thun. Ihn speisten
Prinzessinnen mit eigner Hand,
Und schmückten seinen Hals mit einem goldnen Band.
Der Hofmann ehrte ihn, der oft vor Neid erstickte,
Wenn sich die Dame niederbückte
Und dann der Hahn den Marmorarm bepickte.

An einem Morgen flog der Hahn
Hinab zum Garten, schlug die Flügel
Und krähete von einem Rasenhügel
Den goldnen Morgen an.

Ein Adler flog vorbei. Der stolze Haushahn schrie
In seiner schmetternden Trompetenmelodie:
Wohin, Herr Bruder! schon so früh?
Quälst du dich noch mit Sonnenflug?
Zu deinem Glück ist's schon genug
An einem Hahnenflügelschlage.
Komm und genieße goldne Tage!
Die Könige bewundern dich,
Dich speisen Fürstinnen mit hoher Hand, wie mich,
Was willst du dich mit Donnerkeilen plagen?
Kann Zeus sie denn nicht selber tragen?

Schweig, sprach mit einem ernsten Blicke
Der Sonnenflieger zu dem Hahn,
Ich fliege zu der Wolkenbahn;
Du aber bleibst im Staub zurücke.
Ein Schwätzer, leer, wie du, ist's werth,
Daß ihn der goldne Höfling ehrt.
Ihr Beifall und ein Band ziemt deinem Hahnenwitze;
Ich aber fliege zu dem Sitze
Des Donnerers, und trage Blitze,
Und der Olympos sieht mich lächelnd an;
Selbst Vater Zeus der donnern kann,
Giebt mir zum Lohne väterliche Blicke
Dann eil' ich stolz zum Felsennest zurücke,
Und Teuts erhabner Bardenchor
Singt aus dem Eichenhain zu meinem Fels empor.
Vor trunkner Wollust schlummr' ich hin,
Und fühl's, daß ich ein Adler bin.

Die Muse der Geschichte spricht:
In Cassel gilt die ganze Fabel nicht.

(1774)

MITTELDING
von Adolph Freiherr von Knigge

Kassel schien ein Mittelding zwischen Paris und Berlin werden zu sollen.

(1792)

KNIGGES DENKWÜRDIGE VERLOBUNG ZU KASSEL
von Reinhold Th. Grabe

Hier, entdeckte Knigge, fände sein Witz vielleicht bessere Opfer und dankbareres Publikum: das Fräulein Henriette von Baumbach beispielsweise, eine unschöne, etwas törichte Hofdame, die man hier nur um der Verdienste ihres Vaters willen litt. Sie hatte die Angewohnheit, während der Tafel einen ihrer Schuhe auszuziehen, und alle gingen schweigend über diese Unart hinweg. Eines Tages aber, als die Durchlauchten die Tafel aufhoben und die Gäste sich erheben mußten, suchte das Fräulein von Baumbach vergeblich nach dem abgestellten Schuh. Sie wurde abwechselnd rot und weiß vor Verlegenheit. Kein Suchen half: der Schuh war weg. Sie mußte zum stillen Ergötzen aller auf einem Strumpf und einem Schuh durch den großen Saal ins anstoßende Zimmer hinken, in dem der Kaffee serviert wurde. Dort erst erschien auf Knigges Wink ein Page, um der unglücklichen Dame vor aller Augen den fehlenden Schuh demütig auf einem silbernen Tablett zu servieren. [...]
Eines Abends, als Knigge wieder im schönsten Zuge war, fragte die Landgräfin im Tone liebenswürdigster Hilfsbereitschaft: Herr von Knigge ziehe ihre gute Baumbach so auffallend allen anderen Damen vor, daß sie wohl annehmen dürfe, ihn trieben nur ernste und redliche Absichten.
Knigge wußte keinen besseren Rat, als sich schweigend, wie zur Bestätigung seiner Redlichkeit, mehrmals zu verneigen. Die Gräfin Czablinsky lachte kurz auf, während Henriette von Baumbach

beschämt ihr Gesicht in die Hände legte. Knigge schwieg immer noch und empfand zu spät das Schweigen ringsum als offenen Hohn – eine wirksame, nicht eben schmeichelhafte Komödienszene, dachte er und sah die Augen der Prinzesssin merkwürdig groß auf sich gerichtet [...]
Endlich wandte die Landgräfin sich den andern zu. Sie freue sich, ein unerwartet glückliches Brautpaar vorstellen zu dürfen! Sie nahm die Hände der beiden und erklärte, ehe noch einer der Betroffenen einen Laut von sich geben konnte: Freiherr von Knigge und Fräulein Henriette von Baumbach-Nentershausen hätten sich soeben verlobt. Und um die Komödie vollständig zu machen, schloß die Prinzessin die überraschte Braut überschwenglich als erste in die Arme ... Knigge mußte wohl oder übel gute Miene aufsetzen, wollte er sich nicht an allen Höfen zwischen Paris und Berlin unmöglich machen. Er bat seines toten Vaters verhaßte Gläubiger in Hannover um eine Aufbesserung seiner Bezüge und heiratete acht Tage später ein ungeliebtes Wesen, das ihm fortan zu nichts sonst nütze schien, als seinem lebhaften Temperament mit immer gleichbleibender Kälte zu begegnen.
Das beschämende Spiel ward nur zu rasch durchschaut, obwohl die Prinzessin Knigge zu verstehen gab, wie schmählich er sie hintergangen habe und welcher Art die Gefühle einer liebenden Frau seien, die sich von einer spröden Häßlichkeit geschlagen geben müsse. Knigge sah zum erstenmal in seinem Leben alle Träume zerstört. Die Behauptung der Gräfin Czablinsky, man wisse wohl, warum der Junker so auffällig rasch geheiratet habe, die Einsicht, in seinem Ehrgeiz empfindlich verletzt, in seiner kaum gefestigten Stellung verhängnisvoll geschwächt zu sein, legten ihm am Ende den Entschluß nahe, sich irgendwohin zu wenden, nur nicht in Kassel zu bleiben. Und alle Pläne, die flüchtig gefaßten und reiflich erwogenen, gehorchten dem einzigen Wunsche, noch einmal beginnen, diese Frau ebenso rasch wieder verlieren und alles viel besser gestalten zu dürfen. Er bewarb sich heimlich nach Berlin. Aber dort stellte man umgehend Rückfragen bei der Kasseler Hofkanzlei an, und Herr von Bischofshausen sorgte dafür, daß dieses jüngste Ärgernis recht bald dem Landgrafen hinterbracht wurde. Knigge wurde kaltgestellt. Kein Witz, keine Berufung auf unabweisbare Verdienste nützte. Er begegnete bedauerndem Achselzucken bei den einen, offenem Hohn bei den andern: gegebenenfalls siegte in Kassel über

den preußischen Amtston die französische Etikette. Und ehe Knigge einen schützenden Hafen wußte, verlangten die Gläubiger seine Anwesenheit in Hannover. Halb freiwillig, fast schon gebeten, nahm Knigge den Abschied. Er wurde nur zu rasch gewährt. Heimatlos, wie er gewesen, arm, wie er gekommen, und reicher – nur ein wenig reicher – an Erfahrungen, verließ Knigge an der Seite einer ungeliebten Frau die Haupt- und Residenzstadt Kassel. Und es begann kein bedeutendes Leben, das alle Irrungen und Erkenntnisse jenes abergläubischen und aufgeklärten Jahrhunderts in sich klärte; kein großes Werk, das nur der Unbeständige und Unvermögende sich jederzeit in anderer Gestalt zu denken vermag; sondern ein unruhvolles Wandern und Streiten; die unstete Sehnsucht, Menschen kennenzulernen und – um den Preis bitterer Enttäuschungen – Menschenkenntnis zu erwerben.

(1936)

EIN GÖTTINGER STUDENT: LUST-REISE NACH KASSEL

von Johann Just Oldekop

Unter Göttinger Studenten waren „Lustreisen" nach Kassel immer besonders beliebt. Die dortige höfische Pracht war ein willkommener Kontrast zur akademischen Strenge. Beeindruckt zeigt sich auch dieser Göttinger Student, der eben zur Zeit der Französischen Revolution in Kassel ganz unrevolutionäre absolutistische Hofsitten beobachtete: Der Landgraf und seine Familie tafeln öffentlich und lassen sich dabei vom Volke auf die Teller schauen.

Um 12 Uhr erreichten wir dann das so erwünschte Cassel. Wir wurden im Thore scharf examinirt, fanden aber nicht für gut, unsern rechten Namen zu melden, sondern gaben uns des compendii halber für 2 Parthien Gebrüder aus. Wir stigen im Gasthofe Stralsund ab. Der H. Wirth führte uns in das einzige noch unbesetzte Zimmer, das aber schlechterdings nicht für 5 Personen eingerichtet war. Fischer und wir beyde nahmen gliche davon possess, und die beyden andern Herren verfügten sich im Hoff von England, wo sie besser unterzukommen glaubten. Nicht lange hernach ging es zu Tische. Wir fanden eine Gesellschaft von etwa 50 Personen, die laute Burschen

Brunnen auf dem Brink.

waren. Das Essen war ganz vortrefflich. [...] Gleich nach Tische schickte sich ein jeder an, um den eigentlichen Zweck der Reise zu erreichen, nemlich den berühmten – Weißenstein zu sehn. In einer unabsehlichen Reihe zogen Reuter, Wagen und Kariolen zum Thore hinaus; der ganze Weg war mit Fußgängern bedeckt. Der Wetteifer der Fuhrleute machte, daß wir in weniger als einer Stunde am Fuße des Weißensteiner Berges anlangten. Kaum war man vor dem Wirthshause abgestiegen, als alles dem Pavillon zustürzte, in dem Se. Durchlaucht der Landgraf mit seiner Familie offene Tafel hielt. Die Tischgesellschaft bestand aus etwa 20 Personen; außer ihm, seiner sehr ansehnlichen Gemahlinn und 2 jungen Prinzessinnen waren die merkwürdigsten darunter: die Comtesse Schlottheim (Maitresse des regierenden He.) nebst ihrer Mutter und einer jüngeren blendend schönen Schwester; der Commendant von Cassel, der Oberhofmarschall und einige sehr geschminkte Hofdamen. Der LandGr hat etwas sehr militärisches, fast mögte ich sagen, brutales im Gesicht. Übrigens schien in dieser Gesellschaft Steifheit und Ennui ihren Sitz aufgeschlagen zu haben. Es herrschte während des Essens eine

Todtenstille; und selbst die goldbeblechten Pagen hinter den Stühlen bewegten sich ganz drahtpuppenmäßig. Die Tafel war äußerst brillant; in der Mitte stand eine vortreffliche durchaus vergoldete Plate menage und an jeder Seite des Tisches eine kleinere. Es ward von Silber gespeist. Man aß eben von einer sehr durftenden Pastete, davon nur ganz kleine Bissen vorgelegt wurden, die kaum gekostet u. dann weggegeben wurden. Nach einiger Zeit ward der ganze Tisch abgeräumt, und nun wurden silberne auf Füßen stehende Platten aufgesetzt, die ganz aneinander paßten, u. mit vortrefflichen kleinen Figuren u. Blumen Guirlanden verziert waren. Auf diese ward das Dessert geordnet, das aus Aufsätzen mit farbigen Gelées u. aus großen Prunkschalen mit Confitüren und Früchten bestand. Jetzt schien sich die Gesellschaft ein wenig zu ermuntern, u. der LandGr scherzte einigemal, wie es schien, recht artig mit der jüngsten neben ihm sitzenden Princessin. Gleich nach aufgehobener Tafel fingen auf ein gegebenes Signal alle Wasserkünste u. Cascaden an zu rauschen. [...] Das schon von außen vielversprechende Weißensteiner Schloß an zu sehn, war uns nicht erlaubt, weil sich der LandGr. eben darauf befand. [...] Wir wendeten die wenigen uns noch übrigen Stunden hauptsächlich dazu an, um die Stadt kennen zu lernen, die uns dann, die Altstadt mit ihren garstigen Straßen abgerechnet, überaus wohl gefiel.

(1793)

WIRTSHÄUSER
Der Göttinger Student

Cassel
Wirtshäuser trifft man in allen kleineren Städten wenigstens eben so schön, wie dort; gegen unsere Göttinger halten sie bey weitem nicht Stich!

(1813)

RAUSCH UND SCHWINDEL

von Moritz Wilhelm Drobisch

Göttingen und Kassel, welche Kontraste! Dort Stille, Ärmlichkeit, Geschmacklosigkeit, hier Leben, Überfluß (scheinbar wenigstens), Eleganz und Glanz. Aber ich sehe auch deutlich ein, wie wenig eine Stadt wie Kassel eine wahre Universitätsstadt sein konnte. Solche Herrlichkeit muß den jungen Leuten den Kopf verdrehen, komme doch ich alter prosaischer Mensch nicht ohne einen Rausch, einen Schwindelanfall davon.

(veröffentlicht 1902)

WIE KÖNNTE EIN UNGAR DAS DURCHHALTEN?

von Sàmuel Fogarasi

Kassel ... ist eine sehr hübsche kleine Stadt, man könnte sie fast Klein-Wien nennen, denn nahezu alles, was dort im Großen zu sehen ist, gibt es hier im Kleinen. [...]
Des öfteren waren wir zum Zeitvertreib in Kassel, denn da in Göttingen, um Kosten zu sparen, außer einem Konzert keine anderen allgemeinen Vergnügungen zugelassen werden, pflegen die Studenten in Kassel Bälle und Komödien zu besuchen. [...]
Der Sohn des damals herrschenden Landgrafen, Wilhelm IX., nahm 1796 die Tochter des damaligen preußischen Königs Wilhelm zur Frau, und als sie gebracht wurde, lud man die Göttinger Universität auf den Hochzeitsball ein, denn der Landgraf profitiert sehr von den reichen Göttinger Studenten, besonders den Engländern, von denen viele nur deshalb aus ihrer Heimat fortreisen, um mehr ausgeben zu können, weil sie bei ihrem Reichtum zu Hause nicht genug ausgeben können. So fuhren aus diesem Anlaß Scharen von Studenten und auch andere Gäste nach Kassel, so daß in der Stadt kaum mehr Platz war, und alle wollten auf den Ball gehen und sich Kleidung für die Maskerade besorgen, weil ohne Verkleidung niemand eingelas-

sen wurde. [...] Als Tanzsaal diente das Komödienhaus (Opernhaus), ein großes und langes Gebäude; der Fußboden ist etwas geneigt und poliert, so daß man leicht ausrutschen kann. Aus diesem Grunde reibt man die Sohlen der Pantoffeln mehrmals mit Kreide ein, denn zu solchen Veranstaltungen kommen gewöhnlich nicht nur die Frauen, sondern auch die Männer alle in Pantoffeln. Der preußische König hatte mit seiner Tochter zwei Gardisten hergeschickt, prächtige junge Männer, einer der beiden rutschte, während er mit der Herzogin, d.h. der Braut tanzte, aus, und beide fielen hin. Der Gardist sprang auf, die Anwesenden griffen nach der Herzogin und halfen ihr auf, der Gardist aber verschwand, und man sah ihn nicht mehr tanzen. [...]
Für Geld konnte man Kaffee, Kräutertee und andere köstliche Getränke bekommen. Doch Speisen gab es überhaupt nicht. Wie könnte ein Ungar das durchhalten, die ganze Nacht auf einem Ball zu verbringen, aber sich nicht ungeschicklich zu benehmen, nicht zu zechen, nicht Pfeife zu rauchen, sondern bloß zu tanzen, Karten zu spielen oder nur zuzuschauen.

(1796)

ALS HOFCAPELLMEISTER IN CASSEL
von Louis Spohr

Eines Morgens zu Anfang December trat [...] Carl Maria von Weber zum Besuche bei mir ein und erzählte, er habe soeben einen Ruf nach Cassel als Kapellmeister an das dort neu errichtete Hoftheater erhalten, sei aber gesonnen, ihn abzulehnen, da er mit seiner jetzigen Stellung vollkommen zufrieden sei. Im Falle, daß ich mich aber um diese Stelle zu bewerben gedächte, wolle er in seiner Rückantwort auf mich aufmerksam machen und erwähnen, daß ich mich jetzt in Dresden aufhalte. Da ich unlängst von einem durch Gandersheim reisenden Mitgliede der Casseler Kapelle viel von der Pracht des dortigen Hoftheaters und der Kunstliebe des so eben zur Regierung gelangten Kurfürsten Wilhelm II. hatte erzählen hören, so durfte ich

nicht zweifeln, dort einen bedeuten und angenehmen Wirkungskreis zu finden. Ich nahm daher das Anerbieten Weber's dankbar an und erhielt in Folge davon auch schon vor Ablauf einer Woche von Herrn Feige, Generaldirektor des Casseler Hoftheaters, ein Schreiben, in welchem mir im Auftrage des Kurfürsten die Stelle als Hofkapellmeister angetragen und ich aufgefordert wurde, meine Bedingungen für die Annahme derselben mit umgehender Post einzusenden. Nachdem ich mich mit Weber und meiner Frau beraten hatte, forderte ich 1) Anstellung durch Rescript auf Lebenszeit mit 2000 Thaler Gehalt; 2) einen alljährlichen Urlaub von 6-8 Wochen; und 3) die Zusicherung, daß mir die artistische Leitung der Oper ausschließlich übertragen werde. Sämmtliche Bedingungen wurden genehmigt, als Gegenbedingung aber verlangt, daß ich spätestens mit dem neuen Jahre meine Stelle antreten solle. [...]
Kaum in Cassel angelangt (Neujahr 1822), wurde ich zum Kurfürsten berufen, der mich höchst wohlwollend empfing und mir viel Schmeichelhaftes sagte. Unter anderem sprach er die Hoffnung aus, seine Oper durch meine Mitwirkung zu einer der ausgezeichnetsten Deutschlands gebracht zu sehen und forderte mich auf, deshalb geeignete Vorschläge zu machen, wie dieses Ziel zu erreichen sei. [...] Mein Amtsantritt wurde vom Theaterpersonal durch eine solenne Festivität gefeiert, bei der die beiden Chefs der Theaterverwaltung, der Intendant, Polizeidirektor von Manger und der Generaldirektor Feige präsidirten. Ich wurde angesungen, angeredet und betoastet und gefiel mir ganz gut in einem Zirkel, wo man mir von allen Seiten mit so viel Freundlichkeit, ja selbst Herzlichkeit entgegenkam. Da der Kurfürst, der in den ersten Jahren seiner Regierung sehr freigiebig war, den Herrn von Manger und Feige besondere Repräsentationskosten zur Bewirtung der einheimischen und durchreisenden Künstler aufgeworfen hatte, so gab dies Veranlassung zu glänzenden und interessanten Gesellschaften in beiden Häusern. Diese Zusammenkünfte wurden durch Geist und Witz belebt, und es herrschte da eine zwar ungebundene, aber anständige Fröhlichkeit. Ich besuchte sie daher anfangs gern; gegen die Zeit jedoch, wo ich meine Familie erwartete, zog ich mich mehr zurück, theils weil ich mir sagen mußte, daß meiner Frau diese Zirkel doch nicht ganz zusagen würden, theils weil ich durch häufigen geselligen Verkehr mit dem Sängerpersonal an meiner amtlichen Autorität einzubüßen fürchtete. [...]

Aus den Zimmern unserer Wohnung in der Bellevue hatten wir eine sehr schöne Aussicht über die Aue hinüber in das durch die Leipziger Straße belebte Thal, und die Schönheit der Gegend veranlaßte uns zu häufigen Spaziergängen in die reizende Umgebung von Cassel. Auf diesen Gängen zogen uns hauptsächlich die vielen Gartenwohnungen an, die sich vor dem Wilhelmshöher, wie vor dem Cölnischen Thore befinden, und da es anfing, uns hier sehr zu gefallen, so stieg auch bald der Wunsch in uns auf, eine solche Gartenwohnung, wie wir sie in Gotha bereits in Miethe besessen hatten, nun als Eigenthum zu erwerben. Wenn daher auf den Spaziergängen eine solche unser besonderes Wohlgefallen erregte, so fragte ich wohl an, ob sie dem Besitzer nicht feil sei, wurde aber öfters abgewiesen, bis mir endlich ein kleines Landhaus vor dem Cölnischen Thore, dicht bei der Stadt und nicht fern vom Theater in einer sehr ruhigen, allenthalben von Gärten umringten Gegend zum Kauf angetragen wurde. [...]

Im Juni 1830 kam Paganini nach Cassel und gab zwei Concerte im Theater, die ich mit höchstem Interesse anhörte. [...] Wenige Wochen nachher brach in Frankreich die Juli-Revolution aus, und als eine allgemeine Erregung auch auf Deutschland übergegangen war, äußerten sich auch hier in Cassel Zeichen von Unzufriedenheit mit den öffentlichen Zuständen.

(1822)

HÖLLENQUAL IM KASSELER THEATER

von August Schmidt

Die Preise der Plätze sind in Cassel fürwahr wohlfeil; eine Fremdenloge ersten Ranges 1 Thlr. 10 Sgr.; das nenne ich billig. In unserem Hof-Operntheater kostet ein Sperrsitz im Parterre in der italienischen Saison beinahe eben so viel, und wer diese Sperrsitze kennen gelernt, der wird sie so bald nicht aus dem Gedächtnisse bringen.

Endlich schlug die ersehnte Stunde, und ich verfügte mich ins Theater. Dort eingetreten empfing mich ein ohrenzerreißender Lärm, der mich beinahe wieder hinausgejagt hätte. Häßliches Gewirre des

Zusammenstimmens der Instrumente! – Das war ein Klimpern, ein Schnurren und Pfeifen, ein Kratzen und Brummen, ein Quicken und Summen, daß einem Menschen, der zwei gesunde Ohren am Kopfe hat, dieser so wirre wird, daß er Höllenqual zu erdulden meint. Der Kapellmeister erscheint – und noch endet dieses Chaos nicht. Ein Violinspieler quält sich ohne Unterlaß das Flageolett [a] auf der E-Seite rein herauszubringen, und versucht es im Scalenlauf, in Terzsprüngen; dazwischen hämmert die Pauke ihre eintönige Quarte, die Bratsche kann die reine Quinte nicht bekommen, der Spieler steigt vergebens die Stufenleiter der Scala in Doppeltönen hinauf und herunter, der Hornist bläst sein Instrument ein, und die Oboe girt dazwischen, das Publikum conversirt laut, um sich in dem Tongewirre des Orchesters verständlich zu machen, – es ist geradezu um aus der Haut zu fahren! – Nun wird das Zeichen zum Anfang gegeben, und ein tiefer, schwerer Seufzer entwindet sich aus der gequälten Brust. Ich habe nicht sehr viele Theater gefunden, wo die Musiker die Achtung vor dem Publikum und endlich vor sich selbst haben, um diesen schon an und für sich höchst unangenehmen Akt des Zusammenstimmens etwas erträglicher zu machen; allein so arg habe ich es noch nie gefunden als im Theater in Cassel. Spohr soll ein strenger Director seines Orchesters sein, sollte ihm selbst dieser Übelstand noch nicht aufgefallen, sollte er, wenn dieß wirklich der Fall, noch von Niemanden (!) darauf aufmerksam gemacht worden sein? – Diese Sache ist wohl zu unbedeutend für den Geist eines Mannes wie Spohr.

(1846)

SPOHR SPRICHT NICHT VIEL
von August Schmidt

In Cassel angekommen, wollte ich nur Spohr und den Musik-Director Baldewein besuchen und dann sogleich meinen Stab weiter setzen; allein die Metropole an der Fulda mit ihren großen Plätzen und geraden, langweiligen Straßen, mit ihren obligaten Wachparaden

Letzte Vorstellung im alten Hoftheater 1909. Auf dem Programm Louis Spohrs Oper „Jessonda".

und ihrer unobligaten Theaterbeleuchtung, Cassel, mit seiner reizenden Wilhelmshöhe, hielt mich länger in seinen Mauern zurück, als ich Anfangs gedacht und gewollt hatte. [...]
Spohr wohnt beim kölnischen Thor auf dem Weg nach dem Todtenhofe. So düster die Bezeichnung seiner Wohnung klingt, so freundlich ist sie selbst. Nachdem ich das eiserne Gitter lange vergebens zu öffnen versucht hatte, sprang es auf einmal wie durch einen Zauber von selbst auf und ich trat in ein sehr niedliches Gärtchen, mit höchst geschmackvollen Blumenrabatten, zierlichen Bosquetten, dichtverwachsenen Lauben. Alles in höchster Ordnung und Zierlichkeit, die nicht nur von dem guten Geschmack des Besitzers, sondern auch von seiner Wohlhabenheit Zeugniß geben. Beim Hause angelangt fragte ich nach dem Herrn Hofkapellmeister, und man wies mich in ein Zimmer zu ebener Erde. Schon bei meinem Eintritte in die blank gescheuerte, doch höchst einfach möblirte Stube sah ich eine große stämmige Figur an einem Tische schreiben, es war Spohr; an der Vorderseite des Zimmers mit der Aussicht in den Garten, saß eine Dame auf dem Canapé mit weiblicher Hausarbeit beschäftigt, wie ich spä-

ter erfuhr war es seine Gattin, die sich in neuester Zeit in der musikalischen Welt als Libretto-Dichterin bekannt gemacht hat. Ich stellte mich dem berühmten Meister vor. Sein Gesicht war ernst, kalt, seine Worte dem gemäß. Er erinnerte sich meiner als des Herausgebers des „Orpheus", dessen Mitarbeiter er gewesen, bedauerte, daß dieses interessante Werk nach dem dritten Jahrgange nicht fortgesetzt worden, sagte mir einige anerkennende Worte über dasselbe, und dieses Alles mit demselben Ernste, mit derselben Kälte in Wort und Miene. Mich überraschte dieß jedoch keineswegs. Ich habe mir Spohr so gedacht, wie ich ihn gefunden. Sein erstes Begegnen mag wohl für jenen, der mit ihm spricht, ohne früher von seiner Benehmungsart in Kenntniß gesetzt zu sein, eben nicht sehr einnehmend sein, dessen ungeachtet ist sein Ernst nicht zurückstoßend, seine Kälte nicht affectirt, beiden aber liegt nicht Stolz noch Anmaßung zu Grunde. Spohr spricht nicht viel, jedoch was er spricht ist das Ergebniß eines gereiften Verstandes, und, ist im Verfolge die Conversation lebhafter geworden, so tritt bald das empfängliche Gemüth des Künstlers in den Vordergrund. Sein Ausdruck wird wärmer, und selbst die marmorgleichen Züge beleben sich, sein großes Auge blickt nicht mehr so starr, und seine Conversation wird höchst anziehend. Es ist diese gradative Umwandlung für Jeden interessant, der ihr beiwohnt, für den Verehrer seines erhabenen Geistes, für das empfängliche Künstlergemüth aber hat ein solcher Moment einen großen Reiz. [...]

Als ich zuletzt seine neuesten Triumphe in England erwähnte, erzählte er mir mehreres aus seinen Künstlererlebnissen auf der britischen Halbinsel [!]. Die Verehrung, die man dort dem deutschen Genius zollte, that ihm wohl, dieß bezeugten seine Worte, doch war in den Erguß seiner Gefühle kein Tropfen bitteren Wermuths gemischt, in mir aber stieg es wie ein leiser Vorwurf auf, daß England dem Künstler jetzt schon den Lorbeerkranz auf's Haupt setzt, den seine Landsleute vielleicht erst auf sein Grabmal hängen werden [...] ich verließ den berühmten Tondichter in dem Gefühle warmer Begeisterung.

(1846)

ICH BENEIDE SIE UM SPOHR UND DIE WILHELMSHÖHE!

von August Schmidt

Zum Schlusse noch cin paar Worte über das wundervolle Schloß des Churprinzen: Wilhelmshöhe. Es ist hier nicht der Ort, eine detaillirte Beschreibung dieses reizenden Aufenthaltes zu liefern, auch bin ich nicht der Mann, der dieß thun könnte und wollte, aber unerwähnt kann ich nicht lassen, daß ich da einen Anblick genoß, der mich tief ergriffen, daß ich geschwelgt in den reizenden Partien dieses prachtvollen Gartens, daß ich bezaubert war von den Bildern, welche jetzt vor mein Auge traten. Wer kann sich wohl rühmen, anderwo eine Cascade gesehen zu haben, wo sich die Wasserströme über 902 Stufen herabwälzen, und eine Fontaine, welche den Wasserstrahl zu einer Höhe von 200 Fuß hinaufschleudert? – Ich hatte gerade den glücklichen Moment erhascht, in welchem der Churprinz die Wassermaschinen in volle Thätigkeit setzen, und das Publikum an diesem großartigen Schauspiele theilnehmen ließ; er selbst wohnte diesem mit seiner Familie im Wagen bei. Der Augenblick, in welchem zu oberst der großen Cascade die erste Welle erscheint, sich auf die zweite Stufe stürzt und immer tiefer, immer schneller fällt, wie die Wellen sich am Schlusse drängen, das Brausen der fallenden Wasser, der schöne grüne Wald, es war ein Anblick, der jeden ergreifen muß. Ich beneide die Casseler nicht um ihre Soldateska und ihre Wachtparaden, auch selbst nicht um ihr Theater und ihre Singvereine, aber ich beneide sie um Spohr und die Wilhelmshöhe! –

(1846)

Der Wiener Musiker und Schriftsteller August Schmidt, Herausgeber der einflussreichen „Allgemeinen Wiener Musik-Zeitung", unternahm 1846 eine musikalische Wanderung durch Norddeutschland und bereiste dabei auch die Stadt des verehrten Louis Spohr.

TASCHENSPIELER-KÜNSTE

von Carl Julius Weber

Den schönen Elephanten[1], der einst in der Menagerie lebte, kann man jetzt doppelt sehen, ausgebalgt und als Gerippe; Schlözer berechnete, daß das Gehalt[2] dieses Elephanten höher kam, als das eines Hessischen Hofrathes, und das macht nichts – die armen Japonesen mußten gar einen Elephanten, ein Geschenk des Sinesischen[3] Kaisers, von Nangasaki[4] nach Jedo[5] (170 Meilen) – tragen in der Frohnde, als ob der Elephant der Sohn des Himmels und Dairi[6] gewesen wäre! Zum Beschlusse der bunten Museums-Sammlungen läßt der Führer den Vorhang – nicht fallen – sondern auffliegen, und wir stehen überrascht vor der ganzen erlauchten Versammlung der Fürsten und Fürstinnen Hessens. Im Halbkreise sitzen sie da in ihren Kleidern von Philipp dem Großmüthigen an in schwarzer spanischer Tracht bis zum letztverstorbenen in Uniform – diese Ueberraschung ist bedeutender als der schöne Blumenstrauß, der schon vor mancher näher tretenden Schönen plötzlich verschwunden ist, weil er – nur der Reflex eines Gemäldes war mittelst des Hohlspiegels der bey vielen Taschenspieler-Künsten gleich dem Doppelboden der goldene Boden des Handwerks ist! [...]

(1826)

1 Den schönen Elephanten: der berühmte Goethe-Elefant, der aus Indien stammte und 1780 in der Aue zu Tode gestürzt war. Der Anatom Samuel Thomas von Soemmering präparierte das Skelett; Goethe ließ sich den Schädel 1784 schicken („Zu meiner grosen Freude ist der Elephanten Schädel von Cassel hier angekommen und was ich suche ist über meine Erwartung daran sichtbar. Ich halte ihn im innersten Zimmergen versteckt damit man mich nicht für toll halte. Meine Hauswirthinn glaubt es sey Porzellan in der ungeheuren Kiste." Goethe, Brief an Charlotte von Stein 7. Juni 1784) und fand an ihm den Zwischenkieferknochen, den er zuvor schon am Menschen entdeckt hatte.
2 Gehalt: vgl. Leopold Friedrich Günter von Goeckingks Gedicht über den Kasseler Elefanten auf Seite 172.
3 Sinesisch: Chinesisch
4 Nangasaki: Nagasaki
5 Jedo: Edo, früherer Name von Tokio
6 Dairi: innerer Palast des Kaisers von Japan

GOETHE UND GÖTZ IN KASSEL

von Christian Truchseß Freiherr von Wetzhausen

Ich lebte damals in Kassel und war ein ganzer Kerl, ein Vierziger, und so viel meine Bettenburg teutscher und stämmiger ist, als unsere jetzigen papiernen Häuser, um so viel mochte ich im Äußeren meinen Ahnen ähnlicher sein, als es die Söhne unserer Zeit gewöhnlich ihren Voreltern sind. Kurz, meine Freunde, mit denen ich an demselben Gasttische zu speisen pflegte, meinten, ich sähe aus wie Götz und gewöhnten sich bald, mich kurzweg so zu nennen. Es schmeichelte mir doch ein wenig, wenn ich schon weiß, daß ich kein Götz bin. Eines Tages nun kam Goethe nach Kassel und aß an derselben Tafel zu Mittag, ohne von irgendeinem der Gäste gekannt zu sein. Da ruft sein Nachbar zu mir herüber: Götz! wann sitzest du auf, um nach der Burg zu reiten? – Heißt der Herr Götz? fragte Goethe. – Nein, antwortete mein Freund, er heißt nicht so, aber er sieht so aus, darum nennen wir ihn so. – Wieso? – Kennen Sie denn nicht Goethes Götz von Berlichingen? – Meinen Sie den, rief Goethe, da haben Sie recht, so sah er wirklich aus. – Sind Sie der Graf Saint-Germain, fragte mein Freund lachend, daß Sie ihn persönlich gekannt haben? – Wie sollt' ich ihn nicht gekannt haben, sagte Goethe, hab' ich ihn doch gemacht! Mein Freund prallte ein wenig zurück, denn er hätte sich's eher einfallen lassen, daß es bei dem fremden Herrn rapple, als daß es Goethe selbst sei. Als es aber endlich an den Tag kam, da führte er ihn jubelnd zu mir und sagte: Ihr beide müßt euch lieben.

(1779)

In den ‚Tag- und Jahresheften' schreibt Goethe selbst über eine Begegnung mit Truchseß im Jahre 1801: Wir besahen unter Anleitung des wackern Nahl, dessen Gegenwart uns an den frühern römischen Aufenthalt gedenken ließ, Wilhelmshöhe an dem Tage, wo die Springwasser das mannichfaltige Park- und Garten-Local verherrlichten. Wir beachteten sorgfältig die köstlichen Gemählde der Bildergalerie und des Schlosses, durchwandelten das Museum und besuchten das Theater. Erfreulich war uns das Begegnen eines alten theilnehmenden Freundes, Major von Truchseß, der in frühern Jahren durch redliche Tüchtigkeit sich in die Reihe der Götze von Berlichingen zu stellen verdient hatte.

Truchseß, in Kassel verheiratet, galt als ein „Götz" seiner Zeit. „Durch Freskogemälde in den Räumen seiner Burg erweckte er die Erinnerungen an die ritterlichen Gestalten der vergangenen Zeiten, wie eines Hutten, Sikkingen, Götz von Berlichingen u.a.m., und andererseits gab er seiner Sympathie für seine dichterischen Zeitgenossen durch die Schöpfung von Lessing-Goethe-Schiller-Wielandzimmern belebenden Ausdruck. Indem er so die Anmuth des Lebens und den Cultus der Vergangenheit miteinander zu verbinden wußte, ließ er doch zugleich die Noth der Bedürftigen und Armen, die unter seiner Herrschaft standen, nicht außer Augen und sorgte für sie wie ein Vater, weniger durch vergängliches Almosen als durch Consolidirung ihrer wirthschaftlichen Existenz: so gewann er sich in dieser Weise eine Anhänglichkeit, die weit über das Grab hinaus reichte", heißt es in der Allgemeinen Deutschen Biographie.

WILHELMSHÖHE
von Ludwig Börne

Kassel, Mittwoch, d. 7. Mai 1828
[...] Das Wetter ist abscheulich. Schade. Die hiesige Gegend ist romantisch. Ich will noch Nachmittag zu Spohr und einige andere Visiten machen, daß mir die Zeit nicht lang werde.

Kassel, Donnerstag, d. 8. Mai 1828
[...] Bis Pfingsten hier bleiben geht nicht, Kassel ist trotz seiner schönen Gegend langweilig, und das Wetter ist so schlecht und wird wahrscheinlich schlecht bleiben. [...]
Das schlechte Wetter bringt mich zur Verzweiflung. Da sitze ich wie ein Narr auf meinem Zimmer und frage mich: was hast du Esel in Kassel zu tun?
[...] Ich möchte so gern Wilhelmshöhe sehen. Spohr sagte mir, er habe ganz Europa durchreist, aber so etwas Ähnliches gäbe es in der Welt nicht mehr. Der Regen verhindert mich hinauszufahren. [...]
Übrigens mag Kassel ein elender Ort sein, trotz seiner himmlischen Gegend. Es riecht so bockbeutelig, Frankfurt ist ein Genie dagegen.

Kassel, Dienstag, d. 13. Mai 1828
[...] Ich amüsiere mich ziemlich hier, aber satirisch. Wunderlicher Ort! Sonntag sah ich bei schönem Wetter Wilhelmshöhe. Schön, aber menschen- und erinnerungsleer. Jahrhunderte begegnet man in Versailles, hier kaum den heutigen Tag.

Wilhelmshöhe, Kaskaden und Herkules.

Kassel, Donnerstag, d. 15. Mai 1828
[...] Ich habe mich hier ziemlich amüsiert. Die Gegend ist himmlisch schön. Ich werde heute noch ein Mal nach Wilhelmshöhe. Heute am Himmelfahrtstag ist alle Welt dort. Vorigen Sonntag vor 11 Uhr stak ich in der Keule des Herkules auf Wilhelmshöhe und hielt dort in Gedanken eine schöne Rede an die unter mir liegende Welt. Adieu.

(1828)

PAGANINI IN KASSEL

von Ludwig Emil Grimm

Einen großen Genuß habe ich vergessen zu sagen, den ich anfangs Juli (1830) hatte: es war Paganini, der hier auf seiner Wundervioline spielte. Die merkwürdigste, geisterhafteste Erscheinung, blaß von Angesicht, schwarze, herunterhängende, lange Haare, vorgebückten Kopf, schwarze, tiefliegende, blitzende Augen, der ganze Mensch so mager, daß ihn der Wind wegwehen konnte, so erscheint er mit seinem kleinen hölzernen Instrument, in dem eine Welt voll himmlischer Musik verschlossen liegt, bis er den Bogen ergreift! Jetzt wird nach und nach alles lebendig, unglaubliche Töne hört man, bald braust und stürmt alles, man glaubt, die Hölle tue ihren Schlund auf. Dann legt sich der Sturm, die silbernen Wolken ziehen am Himmel, und die Sonne geht golden am Horizont auf, Melodien, als wenn die Engel anfingen zu singen – ich kann so etwas nicht beschreiben! Dieser Geist hat einen großen Eindruck auf mich gemacht, ich hab sein Spiel nie vergessen. Spohr mag regelrechter spielen und mehr wissen, die Franzosen wohl noch mehr Fertigkeit haben – aber es ergreift keiner so die Seele!

(um 1835)

So Ludwig Emil Grimm über Nicolo Paganini, der sich Mitte Mai bis Anfang Juni 1830 in Kassel aufhielt und Konzerte gab. „Der Zudrang war so groß, daß das Orchester zu Sitzplätzen für die Zuhörer umgewandelt wurde, denn jeder wollte den gespenstigen Geigenkünstler, über den die tollsten Märchen im Umlauf waren, sehen und sein Spiel auf der G-Saite auf sich wirken lassen", berichtete ein Zeitgenosse, und Wilhelm Grimm schrieb über Paganini: „Der Mensch mit seinen langen, zottigen, um das blasse Gesicht wild hängenden Haaren, mit seinem ängstlichen und unheimlichen, geistreichen, anziehenden und abstoßenden Ausdruck sieht aus wie ein Hexenmeister und ist es auch mit seinem tollen und doch wieder unbeschreiblich rührenden und ergreifenden Spiel".

KASSELER KARPFEN
von Heinrich Heine

Ich bin der höflichste Mensch von der Welt. Ich tue mir was darauf zugute, niemals grob gewesen zu sein auf dieser Erde, wo es so viele unerträgliche Schlingel gibt, die sich zu einem hinsetzen und ihre Leiden erzählen oder gar ihre Verse deklamieren; mit wahrhaft christlicher Geduld habe ich immer solche Misere ruhig angehört, ohne nur durch eine Miene zu verraten, wie sehr sich meine Seele ennuyierte. Gleich einem büßenden Brahminen, der seinen Leib dem Ungeziefer preisgibt, damit auch diese Gottesgeschöpfe sich sättigen, habe ich dem fatalsten Menschengeschmeiß oft tagelang standgehalten und ruhig zugehört, und meine inneren Seufzer vernahm nur ER, der die Tugend belohnt.

Aber auch die Lebensklugheit gebietet uns, höflich zu sein und nicht verdrießlich zu schweigen oder gar Verdrießliches zu erwidern, wenn irgendein schwammiger Kommerzienrat oder dürrer Käsekrämer sich zu uns setzt und ein allgemein europäisches Gespräch anfängt mit den Worten: „Es ist heute eine schöne Witterung." Man kann nicht wissen, wie man mit einem solchen Philister wieder zusammentrifft, und er kann es uns dann bitter eintränken, daß wir nicht höflich geantwortet: „Die Witterung ist sehr schön." Es kann sich sogar fügen, lieber Leser, daß du zu Kassel an der Table d'hôte neben besagtem Philister zu sitzen kömmst, und zwar an seine linke Seite, und er ist just der Mann, der die Schüssel mit braunen Karpfen vor sich stehen hat und lustig austeilt; – hat er nun eine alte Pike auf dich, dann reicht er die Teller immer rechts herum, so daß auch nicht das kleinste Schwanzstückchen für dich übrigbleibt. Denn ach! Du bist just der dreizehnte bei Tisch, welches immer bedenklich ist, wenn man links neben dem Trancheur sitzt und die Teller rechts herumgereicht werden. Und keine Karpfen bekommen ist ein großes Übel, nächst dem Verlust der Nationalkokarde vielleicht das größte. Der Philister, der dir dieses Übel bereitet, verhöhnt dich noch obendrein und offeriert dir die Lorbeeren, die in der braunen Sauce liegengeblieben; – ach! was helfen einem alle Lorbeeren, wenn keine Karpfen dabei sind! – und der Philister blinzelt dann mit den Äuglein und kichert und lispelt: „Es ist heute eine schöne Witterung."

Ach, liebe Seele, es kann sich sogar fügen, daß du auf irgendeinem Kirchhofe neben diesem selben Philister zu liegen kömmst, und hörst du dann am Jüngsten Tage die Posaune erschallen und sagst zu deinem Nachbar: „Guter Freund, reichen Sie mir gefälligst die Hand, damit ich aufstehen kann, das linke Bein ist mir eingeschlafen von dem verdammt langen Liegen!", dann bemerkst du plötzlich das wohlbekannte Philisterlächeln und hörst die höhnische Stimme: „Es ist heute eine schöne Witterung."

(1830)

RASCHELCHEN.
JÜDISCHES LEBEN IM KASSEL DER FRANZOSENZEIT

von Salomon Mosenthal

In den westphälischen Zeiten, als König Jérôme in Wilhelmshöhe, das man Napoleonshöhe nennen mußte, residirte, herrschten auch in unserer Stadt alle Moden der Kaiserzeit. Franzosen errichteten glänzende Kaufläden, französische Schneider schnitten die Zwickelkleider und „kurzen Taillen" zu und französische Haarkräusler lösten die deutschen Zöpfe und drehten Löckchen und schlangen Haarschleifen à l'impératrice. Zu dieser Zeit war nun eine jüdische Friseurin in die Gemeinde gekommen, die sich Rachel nannte; natürlich sprach sie ihren Namen französisch aus, und man hängte ihm, da das Persönchen klein, zierlich und beweglich war, das heimische Diminutiv an, wodurch der Name Raschelchen entstand. Im schlechtesten Französisch mit jüdischem Tonfall erzählte sie Jedem: „Je suis de Metz!" Ihr père sei Kantor an der großen Synagoge, ihr mari, Monsieur Piccard, sei bei der großen Armee, sie sei nur zum Vergnügen gereist und frisire pour passer le temps; sie sei une femme respectable und très religieuse! Doch trug sie nicht nach Art jüdischer Frauen die Haare versteckt, sondern à la Titus zu kleinen schwarzen Löckchen aufgebauscht, und zwei bewegliche schwarze Augen funkelten aus dem kleinen braunen Gesicht. Sie lief zu allen Damen, auch bei den Behörden und der Generalität hatte sie geschäftig zu thun und „mon mari" war ihr drittes Wort. Man kümmerte sich aber nicht viel um den „mari" und fragte nicht lang nach ihren Antecedenzien, denn sie bewährte sich bald so trefflich in ihrer Kunst, daß alle Frauen und Mädchen auf den Bällen in der „Ressource" nur von Raschelchen's Hand frisirt erscheinen wollten. Auch fand selbst die spitzigste Zunge ihr außer den häufigen Besuchen des Militärgouvernements nichts vorzuwerfen. Als die „französischen Zeiten" zu Ende gingen, kehrte sie, wie sie sagte, nach Hause zurück, ihren Vater zu besuchen; von ihrem „mari" sprach sie nicht mehr. Nach wenigen Monaten aber kam sie wieder. Ihren Vater hatte sie verloren, ihren Mann nicht wiedergefunden, aus dem beweglichen Mädchen war ein stilles Weibchen geworden. Ein vierjähriges Töchterchen, namens Reine, war alles, was sie aus der Heimat mitbrachte. Die Zeiten hatten sich geändert, man trug schlichte Kleider und schlichte Zöpfe à la Kurprinzeß; statt der Bälle und Maskeraden waren Arbeitskränzchen und fromme Erbauungsstunden Mode geworden. Die Aufnahme fremder Juden in die Stadtgemeinde war sehr erschwert durch die Polizei, ja gänzlich verboten, wenn sie nicht reichliche Existenzmittel nachweisen konnten. Raschelchen hatte einen schweren Stand, aber ihr zur Seite stand eine siegreiche Fürbitterin: die kleine blonde Reine, das schönste Kind auf Erden! Der hebräische Name Malke, Regina, französisch Reine, wurde sofort in *Reinchen* übersetzt und paßte vortrefflich auf das rosige, durchsichtige Kind, das so rein und zierlich wie ein Porzellanprinzeßchen aussah und alle Welt anlächelnd an der Hand der ärmlichen Mutter hing.

(erschienen 1878)

Salomon Mosenthal, 1821 in Kassel geboren, wurde vor allem als Bühnendichter und Librettist berühmt. Er schrieb die Texte zu Otto Nicolais komischer Oper „Die lustigen Weiber von Windsor" und zu Karl Goldmarks „Die Königin von Saba". Populär wurde auch sein Drama „Deborah", das von der unglücklichen Liebe einer jungen Jüdin zu einem Christen handelt. Um das Leben der Juden in Deutschland geht es auch in seinen erst postum veröffentlichten „Bilder aus dem jüdischen Familienleben", die zum Teil in Kassel spielen.

BRIEF AUS KASSEL AN FRIEDRICH LÖHR

von Gustav Mahler

Mein lieber Fritz!
Gestern bin ich hier angekommen und habe nun bereits die erste Probe hinter mir. Kaum, daß ich das Pflaster Kassels berührt, hat mich der alte schreckliche Bann ergriffen, und ich weiß nicht, wie ich das Gleichgewicht in mir wieder herstellen soll. Ich bin ihr[1] wie[der] entgegengetreten, sie ist so rätselhaft wie immer! Ich kann nun sagen: Gott helfe mir! Du wirst schon letztere Zeit unseres Zusammenseins bemerkt haben, daß sich manchmal etwas Finsteres auf mich gelegt hat – es war immer die Angst vor dem Unausbleiblichen. Heute Nachmittag gehe ich zu ihr, „mache ihr meine Visite", darnach [wird] meine Lage sofort bestimmte Gestalt gewinnen.

(Ende August 1884)

1 ihr: Johanna Richter, gefeierte Sängerin am Kasseler Theater; Mahler hatte sie während seines kurzen Engagements in Laibach (Ljubljana) kennengelernt und sich in die attraktive gleichaltrige Sopranistin, die in Kassel u.a. die „Königin der Nacht" sang, verliebt. Er schrieb und widmete ihr Gedichte, u.a. aus „Lieder eines fahrenden Gesellen", seiner bedeutendsten Komposition aus der Kasseler Zeit. Weihnachten 1884 wird die Beziehung zu Johanna Richter beendet.

BRIEF AN CLARA RILKE-WESTHOFF
von Rainer Maria Rilke

Kassel hielte mich schon heute nicht mehr. Die Rembrandts freilich sind sehr wert, einmal hier zu sein, aber sobald die Gemaeldegalerie schliesst, ist alles fortgenommen.

(25. Juli 1905)

Rilke hielt sich nur kurz in Kassel auf. Sein Interesse galt nur dieser einen Sehenswürdigkeit.

KASSEL
von Ludwig Thoma

Alter Haß ist neu entbronnen,
So wie einst vor Königgrätz.
Nord und Süd haut sich mit Wonnen
Und mit Zornmut auf die têtes.

In dem weiten Saal zu Kassel
War das Schlacht- und Ehrenfeld;
Fürchterlich war das Gequassel,
Jeder zeigte sich als Held.

Mit des Maules Mitrailleuse
Und dem schnellen Schnauzgewehr
Fiel der Norden voll Getöse
Gählings über Bayern her.

Statt Granaten, statt der Bomben
Hagelte das Wortgeschoß,
Und so heftig, daß die Plomben
Wurden in den Zähnen los.

Die bewährte Preußenplautze
Hat die Bayern rungeniert,
Weil bekanntlich diese Schnauze
Dreimal schneller repetiert.

(um 1910)

EIN BILD

von Klabund

In einer Galerie ein Mädchenbild – war es in Kassel,
In München, in Berlin? – ich weiß nur, daß es mir gehört.
Ihr ganzer Leib ein Auge: eine Assel,
Die feuchte Grüfte raschelnd stört.

Doch sah man näher hin, so milderten die falben,
Verhetzten Blicke sich, die dem Beschauer fluchen,
Und sind wie junge, frühgefangne Schwalben,
Die flügelschlagend ihren Süden suchen.

(1913)

DER LIEBE GOTT IN KASSEL
von Ignaz Wrobel (d.i. Kurt Tucholsky)

Eines Morgens, um neun Uhr, erschien im Hause des Schriftstellers Ernst Glaeser[1], in Groß-Gerau bei Darmstadt, ein Stadtpolizist und begehrt mit rauher Stimme, jenen zu sprechen. Das fiel auf, der alte Herr Glaeser ist Amtsrichter in Groß-Gerau. Der Polizist führte den jungen Mann durch die Straßen ins Rathaus, wo der Delinquent verhört wurde. Er hatte Gott gelästert, das wurde zwischen den Bauern, die um Lieferung ihrer Bullen ins Rathaus gekommen waren, festgestellt. Man kann sich die Wirkung des Transports eines Amtsrichtersohns in einer kleinen Stadt vorstellen. Die Folge dieses polizeilichen Fehlgriffs war: Ausweisung des Sohnes aus dem Elternhaus, der Junge stand auf der Straße. Und da steht er heute noch und wartet auf das Hauptverfahren, das ihm die Anklage der Oberstaatsanwaltschaft in Kassel einbringen wird. Denn dies war vorangegangen: Ernst Glaeser hat ein Stück geschrieben: ‚Seele über Bord' (das kürzlich in Berlin aufgeführt worden ist). In der dritten Szene dieses Stücks nähert sich in einer katholischen Kirche ein Detektiv einem Mädchen in der Verkleidung eines Priesters und will sie vergewaltigen. Er wird daran durch den Liebhaber des Mädchens gehindert – und in dieser Szene wird Christus von dem rasenden Verführer angeschrieen.
Das Mädchen wendet sich an den Erlöser still um Hilfe – der Detektiv verkleinert ihr diese Aussichten ... Das Drama geht nachher ganz andre religiöse Wege; an keiner Stelle ist auch nur im geringsten angedeutet, welcher Meinung denn nun der Verfasser sei. ‚Seele über Bord' ist im Kleinen Theater zu Kassel mit Erfolg gegeben worden. Die Presse war gut, kein Kritiker nahm Anstoß.
Erst später brachte die ‚Kasseler Post' ein ‚Eingesandt', worin sich ein Leser über das Stück beschwerte. Bei der ersten Wiederholung stürmte ein Trupp nationaler Herren unter Führung eines Rechtsanwalts Freisler[2] das Theater, störte die Vorstellung und mißhandelte einen Zuschauer, der für den Dichter Partei nahm. Das Stück wurde polizeilich verboten; irgendein Verbändchen zur Bekämpfung von Schmutz und Schund hatte darum gebeten. Der Unterzeichner des Antrags war ein Oberregierungsrat.

Die Anklage enthält aus dem Zusammenhang gerissene Sätze des Dramas und stellt als Gotteslästerung fest:
„Der Angeschuldigte spricht hier von dem Erlöser mit der feuchten Wimper, der Mädchen erwecke, Menschen zurückwarf ins Hinterbliebene, aber doch einen Gott braucht, um zu sterben von der Nacktheit, die sich peinigt am Holz, von dem himmlischen Bräutigam, auf Erden ein Knabe, vor Gott eine Laus ..." – „Der schöne Feigling" heißt es einmal.
„Der kesse Verräter."
„Diese Äußerungen", setzt der Staatsanwalt hinzu, der immerhin einmal sein Assessorexamen gemacht hat, „müssen als Kundgebungen der Geringschätzung und als Frivolitäten aufgefaßt werden, die im höchsten Grade geeignet sind, das religiöse Gefühl des Menschen, einerlei welcher Konfession er angehört, zu verletzen." Also etwa das des Mohammedaners. Aber selbst die Angehörigen jener Korporationen, die den Rechtsschutz des kindlichen § 166 genießen, können sich ja wohl nicht alle verletzt fühlen ... Wenn aber ein Jurist schreibt: „Der Angeschuldigte hat zweifellos das Bewußtsein gehabt, daß seine Darstellung und seine Ausdrücke als beschimpfend und Ärgernis erregend aufgefaßt werden könnten" – dann ist doch zu sagen, daß dieses Assessorexamen etwas dünn ausgesehen haben muß. „Meine Herren", pflegte der selige Liszt in seinen Seminarübungen zu sagen, „schreiben Sie nie: zweifellos. Zweifellos sagt der Jurist immer dann, wenn er nicht mehr weiter weiß." Dieser da hat wahrlich nicht mehr weiter gewußt. Er wird auf verständnisvolle Richter stoßen.
Die werden, was das ‚Ärgernis' angeht, leichtes Spiel haben. Der laute Rechtsanwalt Freisler, eben jener Theaterkämpfer, ein Apotheker und ein Versicherungsinspektor werden ein schönes Zeugnis von ihrem Konfirmationsunterricht ablegen, und so weit wäre alles in Ordnung.
Nicht in Ordnung ist aber, daß mit leichtsinniger und unsorgfältiger juristischer Arbeit einem Angeschuldigten ein dolus unterschoben wird, der nicht nur nicht zu beweisen, sondern dessen Annahme töricht ist. Wenn ein Anfänger durch Gotteslästerung Sensation machen will, wenn er beschimpfen will und weiß, daß diese Beschimpfungen Ärgernis geben, dann fängt er das anders an. So sieht dann ein solches Stück nicht aus. Der Staatsanwalt schützt Gott, weiß aber nicht, wo er wohnt. Ich will ihm ein bißchen helfen.

Es geht nicht an, daß eine Justiz, die den schmutzigsten Fememördern das Bewußtsein der Rechtswidrigkeit abspricht, eine Justiz, die eben bei einem gräßlichen Mißhandlungsprozeß der Reichswehr entschieden hat: „Das Gericht ist der Meinung, daß die Beteiligten auf Grund erhaltener Befehle an die Ausübung einer disziplinellen Handlung hätten glauben können", damit also zugebend, daß man in dieser Reichswehr offenbar mit Brutalitäten ‚erzieht' – es geht nicht an, daß eine solche Justiz einen völkischen Stadtskandal zu einer Lästerung aufbauscht, die nicht vorhanden ist.

Haben diese Größen da Ärgernis genommen? Ein drittes Semester weiß, daß das selbstverständlich nicht genügt, sondern daß auch der objektive Tatbestand gegeben sein muß. Nur der ist hier zu prüfen. Wie wird er geprüft werden –?

Gotteslästerungsprozesse in der deutschen Rechtsprechung haben nicht nur einen lächerlichen, sondern auch einen böse politischen Aspekt. Der Eindruck ist jedesmal derselbe: in diesen Prozessen soll der ‚umstürzlerische, zersetzende Geist dieser Zeit' getroffen werden, womit, von dem Blickpunkt der Urteilenden aus, zunächst jeder Geist und dann eine politische Richtung gemeint ist, die ihrer Kaste unangenehm ist.

„Wir werden denen das mal zeigen: hier in Kassel gibts das nicht!"

Es ist aber doch zu fragen: Wie lange noch will sich die ‚Republikanerschaft' dieses Landes das mitansehen? Leben wir unter der Herrschaft von religiösen Medizinmännern? Geht uns dieser lächerliche Lokalspektakel etwas an? Kann man überhaupt Gott lästern, wenn man nicht an ihn glaubt? (Nur Katholiken können eine schwarze Messe zelebrieren.) Selbst der dogmatisch Gläubige kann nur an rohen Religionsstörungen Anstoß nehmen, die – und nur darauf kommt es an – abzielen, ihn zu verletzen, ein Tun, das nur unter ganz bestimmten Voraussetzungen entschuldbar wäre (etwa in der Defensive). Unter gar keinen Umständen aber hat irgendeine Religionsgemeinschaft das Recht, die Einbeziehung ihrer Einrichtungen in Dichtwerke zu verbieten – umso weniger, als sie sich selbst bei jeder Gelegenheit dem öffentlichen Leben aufdrängt.

Hier ist aber nicht einmal antikirchliche Kritik. Hier ist grelle Farbenbuntheit, ein gewisses Abenteurertum, Jugendromantik, wirres Rufen: wer sich hier verletzt fühlt, birgt nationale Hemmungen in seinem Busen, verklemmtes, nicht abreagiertes Zeug. Mit dem Strafrecht darf das nichts zu tun haben.

Es ist nicht einmal sicher, ob die Denunzianten von der Geistlichkeit vorgeschickt worden sind. Ich möchte das verneinen. Es sind immer dieselben Typen, die ‚Anstoß nehmen' und die Schundgesetze vorbereiten: jene Burschen mit der stillen Wut im Leibe, mit den verkapselten Wünschen, die die Gattin nicht gewährt, mit der maßlosen Gereiztheit auf das Neue, auf die Jugend, auf frischen Wind. In Geistesäußerungen Pornographie wittern? Eine Art Selbstbefriedigung. Pornographie hassen? Man haßt nur, was man selber ist. Man haßt nur, was man liebt.

Das Schöffengericht in Kassel steht vor der Aufgabe, unbefangen zu prüfen, ob die tatsächlichen Voraussetzungen für eine strafbare Handlung gegeben waren. Dazu gehört nicht nur, daß Menschen Ärgernis genommen haben, sondern daß das Ärgernis auch gegeben worden und mit Vorsatz gegeben worden ist. Es gibt Staatsanwälte, die nichts von Juristerei verstehen – aber es gibt keinen Literaten, der in diesem Stück Ernst Glaesers etwas andres sehen kann als den brausenden Versuch eines tastenden jungen Menschen. Das Verfahren da unten ist ein Kettenglied mehr in der geistigen Versklavung eines Landes.

(1926)

1 Ernst Glaeser: Schriftsteller (1902-1963), machte in den 20er Jahren mit den Bühnenstücken „Überwindung der Madonna" und „Seele über Bord" auf sich aufmerksam und wurde 1928 mit dem Roman „Jahrgang 1902" berühmt. „Seele über Bord" wurde 1926 am Kasseler „Kleinen Theater" (in der Nähe der heutigen Komödie gelegen, im Krieg zerstört) aufgeführt. Glaeser bereiste mit F.C. Weiskopf die Sowjetunion, emigrierte 1933, kehrte jedoch 1939 nach Deutschland zurück und wurde Redakteur mehrerer NS-Zeitungen. Nach dem Krieg galt sein publizistisches und öffentliches Wirken der Erklärung seines unverständlichen Zickzackkurses, u.a. in Kassel hielt er öffentliche Vorträge zur Orientierung der Jugend und veröffentlichte hier im Harriet Schleber Verlag zahlreiche seiner Werke.
2 Freisler: Roland Freisler (1893-1945), Rechtsanwalt und Stadtverordneter in Kassel, seit 1925 NSDAP-Mitglied, ab 1942 als Vorsitzender des Volksgerichtshofs berüchtigter Terror-Richter. Die Erstürmung des Kleinen Theaters in Kassel 1926 war sein erster öffentlicher Auftritt, der zukünftiges Unheil erahnen ließ.

KASSEL
(DIE KARPFEN IN DER WILHELMSTRASSE 15)
von Joachim Ringelnatz

Man hat sie in den Laden
In ein intimes Bassin gesetzt.
Dort dürfen sie baden.
Äußerlich etwas ausgefranst, abgewetzt –
Scheinen sie inwendig
Doch recht lebendig.
Sie murmeln Formeln wie die Zauberer,
Als würde dadurch ihr Wasser sauberer.
Sie kauen Mayonnaise stumm im Rüssel
Und träumen sich gegen den Strich rasiert,
Sodann geläutert, getötet, erwärmt und garniert
Auf eine silberne Schüssel.
Sie enden in Kommerzienräten,
Senden die witzigste von ihren Gräten
In eine falsche Kehle.
Und ich denke mir ihre Seele
Wie eine Kellerassel,
Die Kniebeuge übt. —
Ja und sonst hat mich in Kassel
Nichts weiter erregt oder betrübt.

(1927)

TRIST UND ZIEMLICH HÄSSLICH
von Ernst Krenek

Im übrigen war der Ort zu einer tristen und ziemlich häßlichen preußischen Stadt mittlerer Größe geworden, schrecklich provinziell, mit derben Sitten und wenig Sinn für einen eleganten Lebensstil.

(veröffentlicht 1998)

Nur kurz, von 1925 bis 1927, war der Komponist Ernst Krenek (1900-1991) in Kassel tätig, doch entstand hier sein erster großer Erfolg, die Jazzoper „Johnny spielt auf".
„Der Komponist Krenek (der Hessen sehr liebt, denn in Kassel wohnte er auf der Schönen Aussicht und machte von hier seinen Ruhm mit den ersten 3 Opern, darunter die schöne Orpheus u. Euridike) ist wenig verändert: noch schlichter, ernster, schwerer, durchaus saturnisch, ganz unzugänglich und doch so wie ein Kind, etwas Unnahbares ist immer um ihn, aber fast innig rührend – er ist, das weiß ich, der letzte in der Reihe der großen Meister, nach Mahlers siebenter und neunter Sinfonie gibt es nur noch ihn", beschreibt ihn Hans Jürgen von der Wense.

KASSEL ODER DESSAU

von Ödön von Horváth

Zauberkönig: Also darf ich bekannt machen: Das ist mein Neffe Erich, der Sohn meines Schwippschwagers aus zweiter Ehe. Erich ist ein Student. Aus Dessau.
Erich: Aus Kassel, Onkel.
Zauberkönig: Kassel oder Dessau – das verwechsel ich immer. (Er zieht sich zurück.)

(1931)

ANKUNFT IN KASSEL

von Samuel Beckett

Er half ihr ins reizend graublaufleckig gepolsterte Wageninnere und gab dem Chauffeur mit fester Stimme das Fahrtziel an; dieser hatte sich soeben noch eine Zigarette anzuzünden gedacht und war jetzt natürlich in keiner Weise dazu aufgelegt, den Motor anzulassen und loszufahren, reagierte jedoch rasch auf den vielversprechenden Akzent des grünen Touristen, dessen schweren Vulkanfiberkoffer er energisch links neben sich hereinholte; und indem er die noch intakte Ova zwischen wulstige Ohrmuschel und hypertrophierten Schläfenknochen steckte, erfreute er im Wortwechsel zweifellos seine

nächststehenden Kollegen mit einem ohne Zweifel deftigen hessischen Sinnspruch und setzte wütend seinen Motor in Gang, wobei er mit irgendwie hoffnungslosem Interesse das zurückgeworfene Verhalten seiner Fahrgäste in Kauf nahm.
Hinab dann die kopfsteingepflasterte Gasse trauriger Weihnachtsbäume, die zwischen Trambahn und Trottoir vielfach in grätiger Stauung zitterten, flog der mächtige Wagen zum Kirchturm hin, der in makellos majestätischer Ausrichtung die jetzt schemenhafte Größe des Herkules ausstach und die dürftigen Kaskaden, die lustlos und selbstvergessen herabfielen, das bißchen, was da war, und weil es wohl oder übel mußte, runter in die verstopfte Rinne der schneeverkleideten Hohenzollerngrotte zum Schloß.
„Wo hast den den Hut aufgegabelt?" Noch so ein gräulich-grüner Helm.
„Magst du ihn?"
„Ganz nett, magst du ihn?"
„Ach ich weiß nicht, und du?"
Rotzhochziehender Heiterkeitsausbruch zu Ehren der witzigen Intimität. „Er passt zum Ring."
Er drehte die Hand um und schaute sich die Warzen an. Zwei schrumpfende Warzen im Schatten des Venusbergs. Warzen im Tal von dessen Schatten.
„Deine Warzen sind besser geworden."
Er klatschte ostentativ seinen Mund darauf. Sie quetschte die Giudecca[1] ihrer Innenhand gegen das Verteilungszentrum, und nagelte seine Kiefer mit Daumen und Zeigefinger. Das war herrlich.

(1932)

Für Samuel Beckett war Kassel zeitweilig eine zweite Heimat. 1928 besuchte er hier zum ersten Mal die Sinclairs, aus Irland ins „pleasant land of Hesse" emigrierte irische Juden, die in der Landgrafenstraße (jetzt Bodelschwinghstraße) lebten, und verliebte sich in die Tochter Peggy, deren sprühendes Temperament auf den depressiven Jungdichter, der sich gelegentlich tagelang in seinem Zimmer verkroch, wohl wie ein Aufputschmittel gewirkt hat. Peggys Sprache, ein stark vom Deutschen beeinflusstes Englisch (man kauft „the platform ticket that yet ten Pfenige cost had"), und Becketts eigene Versuche, Deutsch zu lernen, prägen seinen ersten Roman „Dream of Fair to Middling Women" (erst 1992, 60 Jahre nach der Entstehung, gedruckt): „Hast du eine Aaaaaahnung!" – „Schwein!" – „Gedankenflucht" – „Bachkrankheit" – „Improvisationslehrer" – „Apfelmus" „was it not a fact that man trägt wieder Herzlein?" Ein Lehrer heißt „Arschlochweh", ein „Jungfräulein" kommt vor, Hölderlin wird zitiert: „alles hineingeht Schlangen gleich. Schlangen gleich!". „Der Men[s]ch ist ein Gewohnheitstier!". Eine Hure (whore) wird zur „whorchen"; Komposita wie „Mariatotenkind", „Folterzimmer", „Winkelmusik" oder „Spreegeist" mag Beckett in Kassel oder auf einer seiner späteren Deutschlandreisen aufgeschnappt haben. Hier ein Auszug aus der deutschen Übersetzung.

1 Guidecca: zu Venedig gehörende Inselgruppe.

IM BERGPARK MIT GOTTFRIED BENN
von Astrid Claes

Ich stieg aus dem Taxi und lief schräg über die Straße ins Haus. Ich ging mit schnellen, aber etwas unsicheren Schritten. Ein großer Dichter hatte mich eingeladen. Gottfried Benn. Er stand am Fenster und beobachtete meine Ankunft. Sie ist kleiner, als ich glaubte, dachte er. Er rückte seinen Sessel neben das Telefon, da er meinen Anruf erwartete. Das stand auf einer Karte, die ich neben seinem Rosenstrauß in meinem Zimmer fand: „Guten Tag, bitte rufen Sie mich an, wenn Sie mich sehn wollen, mein Zimmer ist 229."
Am 29. Juni 1954. Zwei Wochen vorher hatte er mich angerufen und hierhin eingeladen, als er von meiner Reise nach Jena erfuhr. Abends schrieb er: „Liebes Fräulein Claes, es war nett, Sie am Telefon zu sprechen. Also bitte: Dienstag 29.VI. Kassel, Parkhotel, Friedrichstr. 25. Wer zuerst kommt, wartet auf den andern. Ich kenne das Hotel nicht, aber ein Reisebüro hat es mir empfohlen. Ich habe Ihnen ein Zimmer im ersten Stock schon bestellt, Sie sind mein Gast ... Reizend, daß sich diese Kombination mit meiner Lesung am Vortag in Bad Wildungen ergibt ... Tausend Grüße, bitte springen Sie nun nicht wieder ab, wir werden uns Kassel ansehn ... Ihr GB. Und auch pflichtgemäß werde ich am 28. an Sie denken – was treiben Sie da bloss? Vortrag? ..." Er wußte nichts von mir.
Er nahm den Hörer ab und meldete sich. „Kommen Sie doch bitte herüber", sagte ich.
Auf dem kleinen Flur zwischen Zimmer und Bad ging ich ihm entgegen. „Hallo, Herr Doktor", rief ich leichthin. Meine Hände hielt ich auf dem Rücken.
Er setzte sich in einen der beiden Sessel. Die Art meiner Begrüßung hatte ihn ein wenig verwirrt. „Wie war die Reise?" fragte er höflich und musterte, während ich mich bedankte, meine Gestalt. Ich trug einen leichten lila Pullover mit hohem Rollkragen, dazu einen schwarzen, raffiniert schlicht geschnittenen Rock. Meine Arme waren unbedeckt und schmal. Meine Beine dagegen schienen ihm „die Beine einer Tänzerin". Mein langes Haar fiel neben der freien Stirn schwer auf die schmächtigen Schultern.

Ich sah ihn an, ich hatte mir nie vorgestellt, wie er aussah als Mensch, als Mann. Nie in diesen zwei Jahren, in denen ich meine Doktorarbeit, die erste Dissertation über seinen lyrischen Sprachstil, schrieb. Ich hatte an den Dichter gedacht auf 200 Seiten, ich schickte sie dem Dichter Ende 1953, als sie fertig war, ich promoviert hatte. Ein wenig auch dem Arzt, dessen Lyrik Morgue, dessen Krebsbaracke im ersten Teil der Arbeit mein Thema war.

Nun sah ich ihn: fein gekleidet, Krawatte und Anzug graublau. Klein, beleibt und bleich, mit großer Nase, fest gepreßtem Mund, kahlem Kopf: für eine junge Frau von 26 Jahren mit 68 alt. „Er hatte eine Glatze, und ich brauche Haare; er war ein Casanova, und ich wollte lebenslang", antwortete ich Jahre später Ilse Benn, die mir – mit „Liebe Liebe Liebe" – zu meiner Hochzeit Anfang 1957 gratulierte, auf ihre Frage, warum ich als einzige Verehrerin ihn auf Distanz hielt. „Ich habe den Dichter geliebt, nicht den Mann."

Er machte den Vorschlag, zum Schloß hinaufzufahren, wo ich jetzt – nach sechsundvierzig Jahren – wieder bin. Schloß Wilhelmshöhe, in den ländlichen Zeiten der Stadt von 1786 bis 1829 entstanden und nach der Zerstörung im Zweiten Weltkrieg wieder aufgebaut. In schlichtem Empire mit hellgelbem Mauerwerk, mit flachem Schieferdach, klar gegliederten Fensterreihen und zwei Eichenportalen in kannelierten Umrahmungen. Ich bin wiedergekommen. Ich stehe vor dem Gartenflügel mit meinem Hund Noah, wie ich mit Benn damals stand. Jetzt wie damals umsäumen ihn die alten Ulmen und Linden, die noch immer ihre breiten Astfächer nah über spiegelndes Weiherwasser ziehn. Immer noch ist die Stille hier tief wie im Kern großer Wälder. Die Seerosenblätter liegen wieder auf dem Wasser wie auf einer großen, aus Onyx geschnittenen Tafel. Zwei Schwäne lassen sich schläfrig und vornehm von der leichten Strömung auf ein kleines rauschendes Wehr zutreiben – die gleichen wie damals? Wie damals bewegt der Wind den Baum, der den Weg zu einem verfallenen Pavillon beschirmt; dessen auffliegenden Blättern Noah nachjagt. Aus den tiefer gelegenen Gartenteilen drängen die strengen Gerüche von Wasser, faulendem Laub und feuchten Mauern herauf, in die sich der Duft nie gepflückter Rosen mischt: Erinnerungen – in den hohen Hecken hängen sie wie nie verwehte Seiten eines unvergeßlichen Briefs.

Er stand dicht neben mir und sah mich an. Meine – wie er mir später schrieb – „hoch in die Stirn ausschwingenden Augenbrauen", meinen, wie er es nannte, „schwärmerischen, ein wenig verweinten Blick".

„Möchten Sie zuerst ins Schloß oder durch den Bergpark gehen?" fragte er. „Das Schloß beherbergt die Staatlichen Kunstsammlungen mit der Gemäldegalerie Alter Meister und dem berühmten Kupferstichkabinett. Zuerst das?"

„In den Bergpark", sagte ich. Es ist Europas größter, wie ich heute weiß, mit 240 Hektar im 18. Jahrhundert angelegt. Eine der eindrucksvollsten Schöpfungen europäischer Gartenkultur: „Über achthundert verschiedene Baumarten gibt es hier."

„Sie lieben Bäume?" fragte er lächelnd. Weil er meine Platanenbriefe kannte. Und weil der sehnsüchtige Ausdruck meiner Augen ihn „an die schöne Türkin des Parmingiano" erinnerte, deren Bild zwischen den beiden Kerzen seines Schreibtischs hing. Ich nickte und lächelte zurück. Sein Beginn mit dem Thema Bäume glich einer chiffrierten Anfrage und meine Antwort einem blitzhaften Enthüllen aller Karten: Bäume, die gemeinsame Liebe. Eine der tiefsten Freuden, die der menschliche Dialog kennt: Es ist die Freude der Einsamen, zu zweit zu sein.

Kavalier King Charles Noah will zum Herkules hinauf, dem 1701 bis 1717 erbauten Oktogon mit der steinernen Pyramide, auf der die neun Meter hohe Herkules-Statue aus Kupfer thront. Hier speit der nach der Sage von Herkules besiegte Riese Enkelados im Riesenkopfbecken Wasser, das über die Kaskaden abwärts ins Neptunbecken fließt. Die Statuen am Kopfteich dröhnen durch den Euftdruck, den das Wasser bewirkt. [...]

Damals liefen die Kaskaden, die Wasserspiele nicht. Wir stiegen still zur Pyramide, dem eigenartigen Denkmal, hinauf und blickten rundum und hinunter über kleine Tempel, über den Habichtswald. Über die grünen Flecken der Baumgruppen, über die rauchgrau aufsteigenden Pappeln und die große Sumpfzypresse, die einsam am Schloßteich ragt.

„Warum sind Sie einsam?" fragte Benn unvermittelt und legte die Hand im grauen Lederhandschuh leicht auf meinen Arm. „Gedichte, wie Sie sie mir schickten – ganz unübertrefflich, wie ich Ihnen schrieb –, entstehen anders nicht."

„Und Sie?" fragte ich, sah ihn aber nicht an. „Zwei Jahre habe ich Ihre Lyrik studiert, am Schreibtisch, auf allen Parkbänken gelesen: Einsamer nie war mein Lieblingsgedicht; aber auch Astern hat die-

ses *Wer allein ist* in sich. *Da keine sich dem tiefen Ich gesellt*, heißt es in Abschied von den *Wirklichkeiten der schnell gegebenen Welt* in Ihrer Beschreibung dichterischen Lebens. *Umarmte er zwei Droschkengäule*, haben Sie in Turin über die Einsamkeit Nietzsches gesagt."
„Das ist mein Hintergrund, ich bin Arzt", sagte er. „Ein harter Beruf, wenn so wenig noch erforscht ist, wenn man nicht heilen kann, oft. Sie kennen meine frühen Gedichte, den Schrei meines Isoliertseins dort. Aber Sie, nur mit der Literatur lebend, mit der Dichtung anderer wissenschaftlich und der eigenen Dichtung schöpferisch lebend Tag und Nacht! Und dann jung: Ich bin bald siebzig, aber einsam mit sechsundzwanzig?"
„Kann das nicht anders sein?" fragte ich. „Sie sagen, solche Verse schreibt man nur, wenn man einsam *ist*: Vielleicht sind sie es, die einsam *machen*. Vielleicht ist es die Kunst, die sich ihren Boden bereitet: Wer allein ist, ist auch im Geheimnis, immer steht er in der Bilder Flut... [...]
„Urromantische Vorstellung vom verzehrenden Charakter der Kunst?" Er sah mich prüfend an. „Zu romantisch für Sie", entschied er. „Warum wollen Sie diesen Eindruck erwecken, märchenhaft, unwissend zu sein? So ist das nicht, der Boden, den Sie meinen, ist da. Immer ist er zuerst da. Und die Kunst blüht nur auf dem, was sie vorfindet." Er faßte meine Hand und wollte hinunter, zurück. [...]
Wir gingen zum Schloßcafé. Große Fenster nach Süden, der Blick glitt in den Park am Schloß hinaus. Wie jetzt: In Wiesen voller Vögel, die nicht davonfliegen; in Wiesen voller Schmetterlinge, kaum zu unterscheiden von den Blumen, voll Licht. Die Einsamkeit gleicht einem Traum aus lauter Licht. Ich gebe Noah Wasser und bitte um Tee. Ich bat um Tee, und er goß ihn für mich in die Tasse. Ich sah ihn dankbar an, dankte noch einmal im Brief. „Daß Sie mein Teeeingießen in K. so in der Erinnerung behielten, überrascht mich wirklich", schrieb er sofort zurück. „Wenn ich nur einen Menschen wüßte", schrieb ich in einem Gedicht: Ich hatte ihn für Sekunden gefunden. [...]
Abends saßen wir im Ratskeller, und ich wollte nichts essen. „Also ich verordne Ihnen hiermit", riet mir dazu der Arzt, „viel Butter, Sahne, helles Fleisch, ein Malzbier, besser ein Salvator. So, nun können Sie ruhig wieder sagen, ich sei überaus banal, – wir leben und erhalten uns von Banalitäten – und je mehr Genie um so mehr." [...]

(um 1954)

DOCUMENTADOCUMENTA
von Arnold Bode

Kassel 1955 Stadt 80 % zerstört
doch
Gartenschau,
man sät,
pflanzt, ordnet!
man plant
auch Kunst
„Nachholbedarf in Kunst":
Kunst der 20er Jahre
in der „Finsternis" verboten, viel vernichtet.
Die Jugend hat sie nie gesehen.
Wir denken zurück,
dieses Zurückdenken
wollen wir zeigen,
Freunde kommen,
guter Wille ist da,
und Hoffnung.
Wir planen und schaffen
1955 die erste documenta
im Museum Fridericianum,
noch Ruine,
wird ausgebaut und verwandelt,
an keinen Erfolg gedacht,
Erfolg kam!
keine Kommissare der Länder,
keine Grenzen ...
– grenzenlos.
Europa spricht:
„Kunst ohne Grenzen"
Weltkunst als Ziel!
Nach vier Jahren:
1959 hoffnungsvoller!
Neue Freunde kommen,
das Team wächst,
es gelingt die Zweite,

man spricht von Kassel
Stadt der documenta
Erfolg
Kritik
Kritik
Erfolg
1964
die Nächste kommt
ein Jahr verspätet
Schwierigkeiten macht die Bürokratie,
Schwierigkeiten wie immer.
Bund der Steuerzahler protestiert:
„keine Kunst soo –
keine abstrakte Kunst,
doch Kunst wie gewohnt."
Es gibt wiederum
den Freundeskreis
die Überzeugten überzeugen
die noch Zögernden,
die sich überzeugen lassen wollen,
so wird die dritte documenta
wiederum Erfolg
Kritik,
gute Kritik,
böse Kritik,
Arbeit,
viel Arbeit,
Freude für uns!
Freude für viele
(200 000 Besucher)
Kenntnis,
Erkenntnis,
Begreifen,
Wachsein.
Die Jugend Europas kommt,
diskutiert – schon damals –
„das große immerwährende
Gespräch
über Kunst und Gesellschaft"

1968
es kommt die Vierte
auf uns zu
vorgedacht,
vorgeplant
keine Institution
(zwischen den documentalosen
Jahren ist nichts da
als die Hoffnung
auf die Nächste)
Alles beginnt aufs neue
wie immer
wie jedesmal
so 1955
so 1959
so 1964
diesmal
ein erweiterter Arbeitskreis:
die Gründer.
die Immerdabeigewesenen
Neue Freunde kommen:
der vierte documenta-Rat
Ältere und Jüngere
das neue Team
rauft sich zusammen!

(1968)

DIE DOCUMENTA – DU MUSST ES SEHEN!

von Hans Jürgen von der Wense

Nie warst du mir so nah wie gestern! Ein gewaltiges, übergewaltiges Erlebnis!!! Die phänomenale Ausstellung Documenta in Kassel, mit einer Riesenschau der gesamten Kunst seit 1910 aus allen Ländern, die Bilder aus Amerika, England, Paris hergeholt, unerhört kühn

Stimmungsvolle Kulisse: Die Orangerie-Ruine als Teil der documenta II, 1959.

gehängt in den Trümmerwänden der Bibliothek auf 20 m hohen safranroten, ultrablauen, schiefergrauen Stoffen. Vieles traurig, aber aber aber große Meister – Kandinsky!!!!! Picasso von der höchsten malerischen Qualität. Carrá, Chiriquo, der geniale Fritz Winter!! die scheußlichen neuen Kokoschkas, aber der Futurist Boccioni mit dem Begräbnis des Anarchisten einfach überwältigend!!!!!! Es sind 589 Bilder!! Ich war erst 4, dann noch 2 Stunden dort, dazwischen die lächerliche Blumenschau, aber toll das in Sturmeile aufgemauerte übermoderne Kassel, Hochhäuser auf der Sch.Auss.[1], Glaspaläste 30 Stock hoch, ganz herrlich!!!!! – Kandinski! Kandinski! Komm sofort!! Du musst es sehen. Bis 15.IX. ... Liebe!

(27. Juli 1955)

Die erste documenta fand vom 15. Juli bis 18. September 1955 statt. Auch über spätere documenta-Ausstellungen schrieb der in Göttingen lebende Schriftsteller und Wanderer Wense begeistert.
1 Sch.Auss.: Schöne Aussicht.

DOCUMENTA-RIPPCHEN
von Eckhard Henscheid

[...] zu schweigen von den widerlichst verschimmelnden Kasseler Documenta-Rippchen abersuspekter Speiübelkeit!

(1980)

DU KANNST MITTEN IM VERKEHRSTRUBEL BRIEFE SCHREIBEN
von Hans Jürgen von der Wense

Ich schlug vor: nach Kassel, zur dritten Documenta. Wir fuhren montags, und ganz gegen jede erwartung wurde dieser tag zu einem bestürzenden und nie zu vergessenden Großerlebnis. Erstens: die stadt ist innen fertig erbaut und hat wieder wie einst ihre große art, ihren souveränen und genialischen stil. Die Königsstraße hübsch bunt geplastert, bänke und tische aufgestellt, du kannst mitten im verkehrstrubel briefe schreiben. Vom theater führt eine neue riesenbreite gebrochene treppe zur Aue hinab, bestellt mit archaischen figuren und plastiken, feierlich vor dem breiten gemälde der rhythmisch geschwungenen landschaft. Die Aue wieder ein wahrer lustgarten, eine weide der augen.

(5. Juni 1964)

DIE BEFRIEDUNG
von Andreas Okopenko

I.
Anders quasselt der Mann und anders die Frau auf der Quassel,
anders rasselt die Frau und anders der Mann auf der Rassel.
Dieser Unterschied (ich fand ihn bei Mensch wie bei Assel)
reizt mich, Erich Fried, zu einem langen Gesang.

II.
Was ist mit der Rassel? Was rasselt sie nicht mehr im Winde?
Lind ist der Wind bei Kassel, die Rassel hängt in der Linde.
Das Land hängt im Frühling von Kassel,
der Frühlingswind springt wie ein Rössel,
in seinem Park sitzt Ressel auf einem rotierenden Sessel.

(Der linde Wind von Kassel läßt den Sessel rotieren.)
(Zu Lande und zu Wasser sieht man Ressel spazieren,
mit einem Rössel spazieren,
ohne Rüssel spazieren.
Am Tag geht er rasselnd in Kassel mit seinem Schlüssel spazieren.)

III.
Dieses Idyll aus Kassel mit einem rasselnden Schlüssel
eß ich, wenn ich will, aus einer bebilderten Schüssel.

Ich esse.
Wer ißt?
Ich esse ich esse ich esse.
In Kassel existiert eine rotierende Esse.
In Kassel ist eine Esse.
In Kassel ißt eine Esse.
Sie ißt den Koks und die Kohle lieber als Brunnenkresse.

Ich esse Kohle.
Wer ißt?
Ich, die Esse, esse.

Wie lange Frist?
Ich weiß nicht, wie lang sie frißt.
So lange sie ist, frißt sie.
Die ganze Frist, solange sie ißt, frißt sie.

Du ißt Kohle.
Du Esse ißt.
Warum nur Kohle?
Warum nicht Erdbeerbowle?
Wenn ich das wüßt. [...]

VIII.
Was ist mit der Quassel? Wasser ist in der Quassel,
in der Harmonika Honig und im Essen die Assel.
Die Assel aß.
Was aß die Assel?
Sie aß das Rössel, den Rüssel und die Fußballmannschaft
von Kassel.
Die Fußballmannschaft raucht Kren aus kernigen
Schiedsrichterpfeifen
Die Fußballmannschaft hat keine Form, man muß sie erst schleifen.
Rasselnd raucht sie die Schiedsrichterpfeife wie eine Esse
Während die Form geschliffen wird auf der Lieddichter-Messe.

Was mißt der Dichter?
Er dichtet ein Lied.
Was leidet der Dichter?
Er mißt den Mist.

Den der Zuhörer ißt.
Denn Leid und Lied werden Lüge.
Das ist genug.
Das tut Genüge.
Aber es ist nicht von Fried.

(1964)

IN EINEM KINO

von Theodor Schmitt

So sitzt man denn in der Kaskade,
um einen netten Film zu sehn,
selbst wenn nun jener wenig böte,
wird doch beindruckt wieder gehn.

Es tanzen nämlich dort die Wasser
zum Klang erbaulicher Musik,
sie drehen sich, sie hüpfen, springen,
das wechselt jeden Augenblick.

Bald ist's ein farbenfroher Reigen,
bald die Gestaltung flott, fast keck,
die Töne sinnvoll zu begleiten,
wie es der Pantomime Zweck.

Was noch getragen und verhalten
wird wieder rauschend, wirbelbunt...
Es machen viele Zauberstrahlen
dir völlig Unverhofftes kund.

Nur Kassel konnte dies entwickeln,
wohl der Erfinder einzig hier,
die Stadt der Wasserkunst als Pate,
erleben diese Schöpfung wir.

(um 1960)

Die neu aufgebaute Kasseler Innenstadt, links das 1959 fertiggestellte Staatstheater und ein Teil des Innenringes, der die City umschließt.

„Unter den Bemühungen um die beschlossene durchgreifende Neuplanung steht die Sorge um die Verbesserung der Verkehrsverhältnisse obenan", notiert Wolfgang Bangert 1955. „Die Zerstörung hat hier die Chance der Neuregelung geboten. Die Stadtplanung hat von ihr in weitem Ausmaß Gebrauch gemacht."
„Man kann die Stimmung, die in Kassel in bezug auf die verkehrsfreie Innerstadt herrscht, kaum besser charakterisieren, als das ein wohlgenährter Bürger tat, den wir interviewten", so Hanns U. Christen 1961. „*Sehen Sie, sagte er, wir moderne Menschen brauchen das Auto, weil es uns heute dazu dient, die weiten Räume zu überwinden, die heute für eine Stadt erforderlich sind. Man wohnt ja nicht mehr eng beieinander wie im Mittelalter. Wir müssen daher das Auto überall berücksichtigen. Wir wollen uns aber unsere Stadt vom Auto nicht ruinieren lassen! ... Eine Stadt ist für den Menschen da, nicht für das Fahrzeug. Wenigstens meine ich das, und drum gefällt mir Kassel heute so viel besser als irgendeine andere Stadt!*"

KITSCHIG, ABER EINDRUCKSVOLL!
von Walter Kempowski

In Kassel gab es ein Kino mit einer Wasserspielorgel. Zu einem Wiener Walzer tanzten da unten vor der Bühne die Fontänen, drehten sich sogar und wurden bunt angestrahlt! Ein bißchen kitschig, aber eindrucksvoll!
Dieser Kinobesuch – „Ritt in die Hölle" – zog sich dann noch sehr in die Länge, weil Sepp mit seiner Nachbarin ins Schmusen kam ...

(1984)

DAS KINO MIT DEN WASSERSPIELEN

von Cristina Nord

Mein erstes Kino hieß Kaskade, lag am Königsplatz in Kassel und hatte eine besondere Attraktion: Bevor der Hauptfilm begann, gab es Wasserspiele. Wasserspiele haben in Kassel Tradition, da sie ein Wahrzeichen des Bergparks Wilhelmshöhe sind. Diese Parkanlage, ihrerseits ein Wahrzeichen der Stadt, erstreckt sich vom Schloss Wilhelmshöhe in steter Steigung hinauf zum Oktogon des Herkules. Sie beherbergt ein Ensemble aus Teichen, Aquädukten und Kaskaden. Zu festgesetzter Stunde jagt das Wasser durch Rinnen und über Stufen, bis es in einen großen See vor dem Schloss mündet, um dann in einer mächtigen Fontäne aufzusteigen.

Das Kino Kaskade bot eine zwar reduzierte, dennoch beeindruckende Variante dieses Spektakels, sodass die Disneyklassiker, „Das Dschungelbuch", „Aristocats", „Bambi" und „Robin Hood", die ich dort in sonntäglichen Matineen sah, durch das Auf und Ab der Fontänen eingeleitet wurden. Die leuchteten in den tollsten Farben, in Gelb, in Grün, in Lila, Rot und Blau, begleitet von den erstaunten Rufen des Publikums. Und wer weiß, vielleicht war das Wasser, das vor der Leinwand emporstieg und in sich zusammensank, ein Vorbote der Tränen, die man während des Hauptfilms vergoss ...

(2005)

Das Kaskade-Kino am Königsplatz, 1952 gebaut, hatte als besondere und namensgebende Attraktion bunt beleuchtete und von Musik begleitete Wasserspiele vor jeder Vorstellung. Seit 2000 ist es geschlossen.

RUNTER UND RAUF.
EIN SPAZIERGANG DURCH ORTE UND ZEITEN

GROSSE VÖGEL IM AUFWIND

von Jamal Tuschik

Ist der Kamm erreicht, der von Norden in den Kessel führt, hat man für einen Moment die Empfindung, auf eine große Stadt zuzufahren. Ich beschleunige angesichts der Lichtspuren, unter denen Straßen liegen. Das Panorama verflacht, die Tachonadel zittert. Wenn noch vor der Talsohle die A7 sich von drei auf zwei Fahrbahnen verjüngt, ist von Kassel nicht mehr viel zu sehen. Ein BMW zieht links an mir vorüber, als das schon kriminell ist, und weil vor ihm ein Fahrer sich an die ausgeschilderte Geschwindigkeitsbegrenzung hält, muß er scharf bremsen. Ich hänge an seiner Stoßstange, er drückt den Vordermann auf die rechte Spur. Jetzt kann ich die Ausfahrt nur noch schaffen, wenn zwischen dem Genötigten und dem davor fahrenden Lastwagen eine Lücke entsteht. Ich blinke rechts und versuche mein Glück. Hinter mir tobt einer, während ich in die Ausfahrt schlittere. Ein paar Cafes, vor denen Sekretärinnen stehen. Das Lokal für die Gymnasiasten in Stiefeln. Eine Ampel, die ich noch nicht kenne. Musik, so ist es gut. Vor mir liegt die Wilhelmshöher Allee, die zum Schloßpark führt. Ich passiere den Bahnhof. Das von Scheinwerfern angestrahlte Schloß wächst vor der Windschutzscheibe. Das wuchernde Geschwür der Hoffnungslosigkeit nährt sich von solchen Ansichten. Vor ihnen bedeutet Erfahrung, ohne Erwartungen zu sein und Leute mit Erwartungen zu verachten. Ich ändere die Richtung und tausche die Kassette aus. Am Ende der Teichstraße liegt ein Parkplatz neben einer Schienenschleife: die Hessenschanze. Hier ist Wald, erforscht nur soweit Beleuchtungskörper reichen. Ich halte hinter einem VW-Bus. Carlos lehnt dagegen. Er redet so leise, die Sätze formen sich in ihm nur langsam zu kümmerlichen Girlanden, die abgeschnitten werden von plötzlichem Schrecken. Jetzt faßt er sich an den Kopf, gleich fängt er an zu heulen. Nein, er will nur Coca-Cola, eine Büchse, die er geschickt aus der Ablage fischt. Mit achtzehn fuhr er einen Jaguar, den er mit Freunden gekauft und flottgemacht hatte. Er war dabei, als eine etwas schnellere Art zu leben Kassel erfaßte, Tequila mit Sekt das Getränk der Saison war. Später baute er in Kanada Uran ab. An der Grenze zu den Vereinigten Staaten wurde er mit Kokain gestellt und ausgewiesen. Ein paar Semester Bergbau in Clausthal, schon angegriffen von Schwäche, die zunahm. Verwirrt lief er zu Fuß in Deutschland herum. Therapie, Tabletten. Ich lasse ihn hinter mir. Meine Strecke führt durch Laubwald bergan, kreuzt die Rasenallee. Ein breiter geschotterter Weg wird zum Pfad. Die Stadt liegt vor mir, bis in Höhe des Schlosses vom Nebel versiegelt, eine Ahnung. Große Vögel im Aufwind.

(2001)

Jamal Tuschik, 1961 in Kassel geboren und aufgewachsen, im „ewigen Mülm, dem Bierdunst und Acidgesprächen der Siebziger", schreibt moderne Heimatliteratur. Dass seine Bücher (Kattenbeat, Keine große Geschichte) Liebeserklärungen an Kassel sind, hat er in einem Interview bestätigt mit der Begründung: „Ich habe ja nicht die Wahl gehabt, keine Alternative. Ich kenne ja keine anderen Städte. Ich habe nie länger irgendwo anders gelebt außer in Kassel."

MAN WIRD BEYM EINTRITTE ORDENTLICH HINGERISSEN

Briefe eines Reisenden

Cassel hingegen verdienet eben so gut, wie Berlin und Dresden eine vollständige nach dem Muster der Nicolaischen eingerichtete Beschreibung; da es jetzt ohnstreitig mit eine von den schönsten und sehenswürdigsten Städten in Deutschland ist, wo man manche Merkwürdigkeit findet, die wohl anderwärts vergebens möchte gesucht werden, und Strassen, Plätze, Palläste antrifft, die auch den grösten und schönsten Oertern Europens noch immer zu vorzüglicher Zierde gereichen würden.

Auf mich, als Gelehrten, hat die Bibliotheck, oder vielmehr das ganze neue Museum Fridericianum den stärksten Eindruck gemacht. Schon das äußere dieses Gebäudes prägt Ehrfurcht ein, und werden ihm wohl darinnen wenige von der Art den Rang streitig machen; und auch das innere entspricht dem äußeren vollkommen. Ohngeachtet ich schon viele Bibliothecken gesehen habe, welche freylich die hiesige an Zahl und Kostbarkeit der Bücher sowohl als Handschriften übertreffen; so ist mir doch noch nie ein Saal vorgekommen, welcher so schön wie der hiesige ins Auge fiel. Man wird beym Eintritte ordentlich hingerissen, und staunt ihn eine Weile voll stiller Bewunderung an. Auch die Vorgemächer, besonders die Lese-Zimmer des Herrn Landgrafen sind sehr zweckmäßig eingerichtet, und mit äuserster Eleganz meublirt; aller Orten leuchtet der ächt antique und feine Geschmack des hohen Stifters hervor. In eben diesem prächtigen Pallaste befindet sich auch die grosse und kostbare Sammlung von Naturalien, Kunst und antiquen Sachen, wozu die Hochseel. Herrn Landgrafen Carl und Wilhelm zwar schon den Grund geleget haben, welche aber von dem jetzt regierenden Fürsten, besonders im Fache der Alterthümer, unendlich ist vermehret worden, so wie es auch überhaupt Höchstdenselben seine jetzige glänzende Gestalt zu verdanken hat. Dieses herrliche Ganze verdienet mit Rechte den Nahmen eines Museums, und ich wüßte ausser dem Brittischen in London nichts, welches ihm den Rang streitig machen könnte.

(1783)

Aus den anonym erschienenen „Briefen eines Reisenden", vermutlich verfasst von Johann Mattaeus Hassencamp, Orientalist und Mathematiker an der Universität Rinteln, das damals zu Hessen-Kassel gehörte, auch das Bibliothekarsamt wurde ihm übertragen. Seine fast devote Bewunderung des Landgrafen in den Reisebriefen scheint sich gelohnt zu haben, einige Zeit darauf wurde er zum Konsistorialrat ernannt.

IN EINEM TEIL – IM STIL VON BERLIN
von Georg Friedrich Hegel

Cassel liegt ganz vortrefflich in weitem Tale; – den Herkules auf Wilhelmshöhe erblickt man schon von einigen Stunden her als eine Spitze in der Mitte eines Gebirgszugs. Um Cassel selbst ist es sehr schön; es hat Straßen – das ist in einem Teil – im Stil von Berlin. Die Aue ist eine Anlage ungefähr der Art, wie der neue Garten in Potsdam, schöner grüner Rasen mit gesunden mannigfachen Bäumen zerstreut, ohne alles Gebüsch, – also allenthalben durchsichtig; – es ist höchst anmutig, darin zu gehen, am Ende ein schöner Wasserspiegel, mit hängenden Weiden hie und da ein Ufer besetzt, Bänke usf., auch ein Haus, wo man – im Freien Kaffee trinken kann.

(1822)

DEN HUT AB!

von Franz Dingelstedt

Noch ehe wir die Stadt, durch das Leipziger Thor, betreten, dehnt sich sich eine weite Ebene vor uns aus, der Forst geheißen. Den Hut ab! Dieser grüne Rasen, den gegenwärtig, als den großen Exercierplatz, abwechselnd Füße und Hufe zertreten, oder Kühe und Schafe abweiden, er hat das Blut manches überzeugungstreuen Märtyrers getrunken. Auf dem Forst wurden jene blinden Hessen standrechtlich erschossen, welche die Sonne von Austerlitz und ihren bleichen Trabanten nicht sehen konnten. Dort bezeichnet ein verkrüppelter Eichenbaum die Stelle, wo sechs Opfer des Dörnberger und des Marburger Aufstandes[1] ihr Leben ließen. Nicht weit davon, noch in der Unterneustadt, am rechten Fuldaufer, liegt das Castell, das gefürchtete Staatsgefängnis, aus dessen dunklen Thoren die Verurtheilten zum Tode gingen; bis auf den heutigen Tag ein unheimlicher Bau mit seinen finsteren Gittern und Luken, dessen graue Mauern das still vorüberziehende Wasser nicht rein wäscht von schmerzlichen und schmachvollen Überlieferungen.

(1836)

1 Dörnberger und Marburger Aufstand: 1809 unternahm der als königstreu geltende General Wilhelm von Dörnberg einen chancenlosen Aufstandsversuch gegen König Jérôme von Westphalen. Regierungstruppen schlugen seine schlecht ausgerüsteten Bauerntruppen in einer Schlacht bei der Knallhütte in Rengershausen (heute zu Baunatal) zurück. in Marburg scheiterte im gleichen Jahr ein weiterer Aufstand.

EINE DER BESTEN STÄDTE DEUTSCHLANDS

von Georg H. Hollenberg

Cassel hat eine Altstadt, eine Neustadt und eine Französische Neustadt. Leztere hat ihren Ursprung der gnädigen Aufnahme zu danken, womit der damalige Landgraf die Französischen Flüchtlinge beglückte, die der Fanatismus aus Frankreich trieb, und hat durch ihre Schönheit Cassel zu einer der besten Städte Deutschlands

Die Kasseler Oberneustadt, Blick auf die Karlskirche, um 1913.

gemacht. Die Königsstraße, welche eine der schönsten hier ist, führet zum Königsplatze. Dieser ist dem Anscheine nach völlig kreisförmig, und die Façaden der daran stehenden großen und prächtigen Häuser, sind Bogen dieses Kreises. Weil der Platz ziemlich groß ist, so schadet diese Mündung den Gebäuden nicht, weil die Bogen sehr flach sind. Von hier kömmt man auf den Friedrichsplatz, welcher vierekt und sehr groß ist. Dieser Platz ist mit vielen schönen Gebäuden eingeschlossen, worunter vorzüglich das neue Bibliotheksgebäude, und die neue katholische Kirche merkwürdig sind. Die Bibliothek ist inwendig noch nicht völlig fertig; von aussen aber siehet man schon alles, wie es seyn soll. Dieses Gebäude ist, sowohl wegen seiner Bestimmung, als auch in Absicht der reinen Architektur, eines der ersten – in Cassel ist zu wenig gesagt – in ganz Deutschland.

(1782)

DAS LABYRINTH

von Jens Immanuel Baggensen

Kassel ist zweifellos nicht nur eine schöne, sondern in gewisser Weise auch prächtige Stadt. In ihrem neueren Teil bekommt man gar eine Vorstellung von der Maurerkunst Italiens. Die katholische Kirche, das Schloß, der am Fuldator gelegene Palast, der Friedrichsplatz, das Opernhaus und mehrere andere ansehnliche Gebäude, die prächtige neue Königsstraße und vor allem das vorzügliche Museum fesselten meine Aufmerksamkeit. Das einzige, was ich vermißte, war ein gewissser Zusammenhang und eine Einheit dieser Herrlichkeiten. Der Friedrichsplatz scheint unvollendet, und das prachtvolle Museum, dessen Fassade dorthin weist, sieht auf den ersten Blick aus, als wollte es an der einen Seite abgleiten.

Auf diesem Platz hat Landgraf Friedrich II. zu Lebzeiten sein Standbild in Riesengröße errichten lassen. Einige streitsüchtige Köpfe haben sich darüber aufgehalten, was ich nicht begreife. Mehrere ägyptische Könige und römische Kaiser haben dasselbe getan. Außerdem ist es viel sicherer, sich ein Denkmal zu setzen oder setzen zu lassen, solange man noch am Leben ist, als diese Sorge nach seinem Tode einem anderen anheimzugeben. Ein Fürst, der groß genannt werden will, muß darüber hinaus an alles selbst Hand anlegen. Der Nachfolger hat im allgemeinen genug damit zu tun, für sich zu sorgen, und was die Untertanen betrifft, so könnte man oft lange warten, bis sie sich von selbst des Verstorbenen erinnerten. Wenn alle so bescheiden wie der hochselige Landgraf dächten, dann hätte man mehr Denkmäler, als es jetzt gibt, dessen bin ich gewiss. Und Denkmäler sind doch eine herrliche Sache für den Geschichtsschreiber, für den Künstler und – für den Wanderer. Ganz zu schweigen von jenem Vergnügen, das es für ein leidlich aufgeklärtes Volk immer sein muß, seinen seligen Fürsten solcherart versteinert zu sehen. War er *gut*, betrachtet man das Standbild und freut sich, daß man ihn einmal hatte; war er *schlecht*, betrachtet man das Standbild und freut sich, daß man ihn nicht mehr hat. Im übrigen hatte ich für mein Teil kein sonderliches Vergnügen an der Betrachtung dieser Statue, aber der Himmel bewahre mich, anderen mein individuelles Gefühl vorzuschreiben. Sie erschien mir allzu gigantisch, das Kostüm allzu

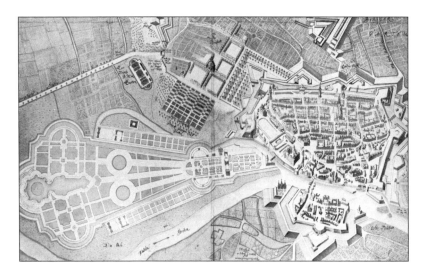

Plan von Cassel aus dem Jahr 1756 von Carlfriedrich Roth.

modern, die Inschrift allzu – bescheiden und die Physiognomie des Ganzen allzu ärgerlich. Hinzu kam, daß diese Figur von allen, die ich auf dem Platz entdeckte, die einzige war, die einigermaßen aufrecht stand; alle lebendigen, die ich antraf, gingen so krumm und so sehr gebeugt, daß man den Eindruck hatte, als hätte sich das steinerne Standbild auf ihren Rücken erhoben.

(1789)

Im Revolutionsjahr 1789 reiste ein dänischer Theologiestudent von Kopenhagen nach Basel, quer durch Deutschland. Jens Baggensen, der sich aus Verehrung für Kant den zweiten Vornamen Immanuel zugelegt hatte, war ein scharfer Beobachter und satirischer Kritiker des rückständigen Landes, aber er hatte auch einen wachen Blick für die Schönheiten, die er auf seiner Reise sah – so in Kassel. In diesem Kapitel verlässt er sich nicht nur auf eigene Eindrücke, sondern zitiert ausgiebig aus einem erst acht Jahre vorher erschienenen Werk über Kassel – es ist eine devote Huldigungsschrift des adligen Friedrich von Gunderrode (Günderode), und vor diesem Hintergrund kann Baggensen seinen revolutionären Freiheitsgeist um so wirkungsvoller verbreiten.

DIE NEUSTADT ABER!

von Karl Friedrich Gottlob Wetzel

Die Gegend um Kassel scheint eine der fruchtbarsten in Hessen, der schönsten eine ist sie gewiß. Kassel liegt an der Fulda, größtenteils an einer Anhöhe in einem weiten schönen Tal. Die Altstadt ist nicht schön gebaut, wie die Neustadt. Jene enthält sehr hohe Häuser im altfränkischen Stil mit herausgebauten Stockwerken, eine Bauart, die das Auge äußerst beleidigt. Die Neustadt aber hat sehr schöne breite Straßen, deren Beleuchtung sich des Abends, ihrer beträchtlichen Länge und Geradheit halber, sehr gut ausnimmt. Dieser Teil der Stadt hat herrliche freie Plätze. Kunst und Wissenschaft stehen übrigens in Kassel, wie überhaupt in Hessen, eben nicht in sonderlichem Flor. Woher das kommt, mag jeder leicht erraten. Daß das Land nicht unfruchtbar ist, weiß der Gelehrte und Künstler. Es fehlt aber an Aufmunterung, an freiem, freudigem Zusammenwirken glücklicher Kräfte. Der falsche militärische Geist verscheucht die Musen, der wahre nicht, der da weiß, warum und wofür er das Schwert an der Seite trägt. Das hessische Militär ist sonst wegen seiner Tapferkeit bekannt, doch teilt es diesen Ruhm mit der gesamten deutschen Nation, dem bravsten Volk der Erde.

(1805)

STÄNDCHEN DEM STÄNDEHAUSE

von Franz Dingelstedt

Grüß dich Gott, du viel-geschmähtes, viel-belobtes Ständehaus,
Dich und die, so rechten Geistes in dir gehen ein und aus,
Grüß dich Gott mit deiner Schnirkel-Schnörkel- und Pilaster-Pracht,
Ständehaus, du nicht zu Staate, sondern für den Staat gemacht.

Hätte ich dich müssen bauen, du der Hessen Ständehaus,
Schautest du vielleicht nicht besser, doch gewiß ganz anders aus;

Denn ein Dichter baut mit Worten, leicht und luftig, hoch gestreckt,
Dafür dichtet steif und steinern mancher Meister Architekt.

Erstlich hätt' ich wohl dein Antlitz vor dem Volke nicht versteckt;
Nicht den theuern Haufen Steine schlau mit Grünem zugedeckt;
Denn ein Ständehaus soll stehen hell und hoch ob allem Land,
Wie zu Rom das Capitolium, wie die Burg auf Zion stand.

Auch die Kuppeln, Urnen, Säulen, Ecken hätt' ich mir gespart;
Denn ein Styl, so drin wie draußen, das ist Landtags beste Art;
Aber Ständer, stark und stattlich, gäb' ich dir, vier ganze Reih'n,
Zum Gedächtnis, daß die Stände uns'res Staates Ständer sei'n.

Sieh, so viele dunkle Kammern hätt' ich dir nicht zugedacht,
Weil der Deutsch' aus vielen Kammern selten was Gescheites macht;
Aber eine Sitzungs-Halle schlüg' ich auf recht licht und frei,
Daß darinnen auch in Wahrheit ächter, deutscher Land-Tag sei.

Sieh, das schmucke Licht von oben gönnt' ich dir wahrhaftig auch,
Wenn es schon im guten Hessen nur bei Dachgemächern Brauch;
Aber Licht von allen Seiten soll damit vereinigt sein,
Denn nur so kommt gleiche Helle in den weiten Raum hinein.

Sieh, des Saales Wand und Decke hätt' ich künstlich so gebaut,
Daß man deutlich alles drinnen höre, bis zum feinsten Laut;
Aber jetzt ist's ein Parliren, wirrer als im Parlament,
Daß kein Mensch des And'ren Worte, kaum die eignen recht erkennt.

Sieh, mit so viel Wasserfarbe hätt' ich drin nicht aufgeputzt,
Anders sei das Haus des Landtags wie ein Landhaus zugestutzt,
Aber vaterländ'sche Bilder, aber Büsten sollten stehn
Und aus ihren hohen Nischen mahnend in die Zukunft sehn.

Endlich, so viel' Thor' und Thüren hätt' ich nimmer angewandt,
Daß nicht gleich für jeden Thoren eine Hinterthür zur Hand:
Aber Eine Riesenpforte, jedem offen, jedem gleich,
Wie die eine weite Thüre in das weite Himmelreich.

Und darüber sollte stehen, daß es Jeder lesen müßt',
Keine Inschrift voller Deutung, nicht ein Spruch von Jesu-Christ;
Nein, ich hätt' in Ellen-Lettern groß und golden angebracht:
Janus-Haus, gesperrt im Frieden, und im Kriege aufgemacht!

(1831-1841)

Vom Hilfslehrer am Kasseler Friedrichsgymnasium zum Wiener Burgtheaterdirektor, so lässt sich Franz Dingelstedts Laufbahn zusammenfassen. In Gedichten und Prosa stritt er anfangs mit Heine, Herwegh und anderen Dichtern des Jungen Deutschland für Freiheit und Demokratie, später wurde er Hofrat und Intendant im konservativen Bayern und schließlich in Wien.

IM ROTSKELLER

von Henner Piffendeckel (d.i. Philipp Scheidemann)

Wann de ahlen Ladeiner ähre Schobben schtechen dahten, dann sangen se no dem fimften Glase das scheene Lied vom soliden Nagelschmied. Do heerte jeder Vers of mit der Zeile: in vino veritas. Mä hodd'n guter Freind un Bahrdenwetzer, der bi der ladeinischen Gesandschaft in Melsungen als Iwwersetzer ahngeschtellt war, verroten, daß das heißen dhät: Wann einer einen iwwer den Dorscht gepiffen hätte, dann dhäte de Wohrheit schbrechen. So lange wie ich das weiß, wunnere ich mich au nit mehr iwwer den scheiwen Chrischtoff. Der äs nämlich schont drei Dage lang Abstinente, weil ämme der Doktor verbodden hodd, Alkohol ze leeten. Nu liegt der Gewidderhund, daß sich de Balken biegen.

Gestern Owend kam ich grade derzu, wie hä 'nem Fremden, der'n no dem neien Rothuse gefrogt hadde, sahte, das dhät „hinner dem Judenbrunnen"[1] schtehn. Ich denke, mich laust der Affe, awer wie ich dann schbrach, daß des Rothus erschtens in der Keenigsstroße schtehn dhät un daß zweitens der Judenbrunnen schon längest abgerissen weer[2], do hodde'n Gesichte gemacht, wie de Siechenheewer Armenbichse. Dann gocke mich mitleidig von der Siede ahn un meinte: mer merket glich, daß de in der Mählengasse derheime bäst und keine Ahnunge dervonne host, daß der Jiddenbrunnen widder ofgebaut äs. Ich sollde mo hänne gehn un genau gucken, nadierlich nit vor neine. So'n scheiwes Gewächse!

230

Ich hon awer dochemo gegocken un nu wäll ich mich nit mehr mit ämme rimme balgen, weile mich sonst mit der Nase of den Aschrott-Brunnen schtubbst.
Wie ich nu mo do owen am Rothuse war, bän ich au 'nin gegangen. Ich wolde mä d's ganze Hus ahngucken. Leider bän ich nit widd gekommen, weil ich im Keller ahngefangen hon ze gucken. Nit etwa im Kohlenkeller, nä, im Rotskeller, wo's was ze lecken giwwet. Ich hon erscht'n baar Gläser gepiffen for fimfenzwanzig Heller. Wie ich do mo no der Wanduhre gucken wollde, ob ich au noch Durscht hädde, do fiel min Blick of'n baar schteinerne Känner in der Wand. Disse Känner hon Beine und Fieße, als wann se glich mit Reismichdismus[3] oder Gicht of de Welt gekommen weeren. Die schteinernen Känner im Rothuskeller scheinen us derselwen Familie ze schtammen, wie die Känner am neien Dheader, die hon au de Augen so widd usenanner, daß se glich links un rechts imme de Ecke gucken kennen, wann se Löcher in de Ohrwatscheln gebohrt krichen.
Wie ich so no den schteinernen Schwinnerchen – ich wollde sahn: no den schteinernen Kinnerchen – gock, do fiel mä erscht of, daß des eine Känd am Zebbelinchen hängen dhat. Do schbrach ich for mich hänne: na jo, das baßt ganz gut hier 'nin: zum Zippel, zum Zabbel, zum Zebbelin – –
„Was wonn Se? Noch'n Zeltinger?" frogt mich do de Kellner.
„Wie kommen Se mä denn vor", schbrach ich. „Ich hon vom Zebbelin geschbrochen! Ich hon doch noch'n halwes Glas voll – –"
„Nehmen Se's nur nit iwwel", schbrache do un wollde sich dricken. Do hon ich ganz genau gesehn, wie das schteinerne Känd, was am Zebbelinchen[4] hängen dhiet, 'n Auge zugeknibbet un firchterlich gelacht hodd, als wann's mä zu verschtehn gewen wollde, daß ich unbedingt nochemo einen piffen mißte.
So was loß ich mä nit zweimo sahn. Ich trank us un beschtellte mä nu 'ne ganze Flasche, weil ich nit hon wollde, daß der Kellner so vähle mo laufen sollde. So'n armer Kerle kricht je sonst Bladdfieße un dann baßte us ästhetischen Grinden nit mehr in de Nähe von dem Zentaure. Gewidder jo, wann ich an *das* Oos denke, dann wird's mä allemo sure im Mull.
Do schtellte mä der Kellner de Bulle[5] hänne. Ich frogt'n, ob hä die Sorte kennen dhät.
„Jo, die äs gut, die schmecket *fleischig*."
„Wie schmecketse, fleischig? Do äs woll Gehacktes drinne?"

Umschlag der 2., veränderten Auflage von Henner Piffendeckels „Mundartlichen Geschichderchen" aus dem Jahr 1910

„Det is'n Weincharakteristikum", bemerkte do so'n Berliner Reisender, der sich newen mich gesetzt hadde un mich angock, als wanne sahn wollde: Du hast nadierlich keine Ahnunge nit vom Winn.
Ich nahm de Hänne us der Hosenkippe[6] un schbrach: „Ich danke au vor de Belehrunge. Giwwets dann noch mehr so Charakteristikimmer?"
Do gab hä mä'ne Winn-Breisliste, wo mehr wie hunnert Sorten drof schtannen. Hinner jeder Sorte schtand was anneres bemerket: „leicht", „hübsch", „elegant", „zart", „viel Bouquet", „mild", „saftig", „geschmeidig", „viel Saft", „süß", „fruchtig", „krautig", „kernig", „edel", „herb", „sec" usw. usw.
Mä kamen nu in's Gerede un in's Bechern un ich sah schont ganz deitlich, wie de schteinernen Känner an der Wand am Zebbelinchen hin un her bambelten.
Wie ich den Berliner dodrof ofmerksam machen dhat, do meinte hä: das wer'n Zeichen, daß's drussen sehr windig sin mißte.
„So, meinen Se, dann äs's besser, wamme hier bliewen, sonst dhiet einem ofemo noch 'ne Dachziegel of'n Kobb fallen."
Dodermidde war hä inverschdannen, mä honner noch'n baar gepiffen un dann homme Briederschaft gemacht. Egon dhat der Blosenkopp[7] heißen.

Je mehr mä zu uns nehmen dhaten, imme so offenherziger ging's her. Schließlich sahte ich zu ämme: Egonchen, wann De nu noch einen einzigen bechern dhiest, dann kannste iwwerhaubt nit mehr schwindeln. Do hodde awer ofgemucket un hodd gesaht: „Verjiß man nich, det ick'n Berliner bin!"
's muß noch ganz scheene gewesen sin an dem Owend, ich fand nämlich am anneren Morgen in minner Westenkibbe 'ne Schbeisekahrte us dem Rotskeller, do hadd ich hinnen drof geschriwwen:

Rotskeller-Winn.
„Rassig", „fleischig", „herb" und „zart",
„Schöne Blume", „glatte" Art.
„Vornehm", „alt" un mit „viel Saft"
Giwwete noch den Toden Kraft.
„Edelstes Gewächse", „alt",
Schmecket „saftig", wann „hübsch" kalt.
„Zart und fein", „lebhaft", „spritzig",
Macht selbst Blosenkäbbe witzig.
„Gehaltvoll", „mollig, „viel Bukett",
Schmecket dags un nachts sehr nett.
„Fein" un „dünn" un „elegant"
Wird mancherlei Crescenz genannt.
„Fruchtig", „fest" un au „sehr schön"
Kann me den Winn hier perlen sehn.
„Viel Feinheit", o de „schöne Blume"
Gefällt sogar der Zwehr'ner Muhme.
„Kernig", „krautig", „mild" un „süß",
Mä suffen'en, bis uns wird mieß.
„Leicht" un „fruchtig", „fleischig", „herb",
Piff ich den Winn, bis daß ich schterb.
Ich lieb' ihn „kernig", „edel", „sec",
Gebt *mä* den Winn un *Dem* den Dreck —

Dann kamen'en baar usgeschtrichene Zeilen. Wahrscheinlich hodd der Berliner do minnen Pegasus schei gemacht un dodermidde minner Dichtkunst gewaltsam'n Enne bereitet. Schuld an dem ganzen Ladein äs der scheiwe Chrischtoff mit sinnen Liegen, daß des Rothus hinner dem Judenbrunnen schdehn däht. Iwwrigens äs de Moral von der Geschichde die: wann me in 'nem Huse was besorgen oder begucken will, dann muß me immer owen ahnfangen. Un wann einer im Rotskeller sich feste gesetzt hodd, dann därfe nit vergessen, die schteinernen Känner in der roten Sandschteinwand zu beowachten. Die fangen immer zur richdigen Zidd ahn ze danzen un ze wackeln. Wamme das sieht, dann äs's Zidd zum Heimgehen.

(1910)

1909 wurde das neue Rathaus als Ersatz für den zu klein gewordenen barocken Vorgängerbau in der hugenottischen Oberneustadt eingeweiht. Henner Piffendeckel besah sich den wichtigsten Teil des Rathauses, den Ratskeller, ganz genau, wie die vorliegende, schon 1910 erschienene Geschichte zeigt. Und es blieb nicht bei dem einen Besuch: 1919, nach kurzer Regierungszeit als Reichsministerpräsident der neuen Republik, zog Henner Piffendeckel, nun allerdings unter seinem bürgerlichen Namen Philipp Scheidemann, als Oberbürgermeister in die oberen Etagen des Rathauses ein – getreu seiner eigenen „Moral von der Geschichde": „wann me in 'nem Huse was besorgen oder begucken wäll, dann muß me immer owen ahnfangen".

1 Judenbrunnen: der von dem jüdischen Industriellen Sigmund Aschrott gestiftete, 1908 noch vor Einweihung des neuen Rathauses fertiggestellte Brunnen auf dem Rathausvorhof; 1939 wegen der jüdischen Herkunft des Stifters zerstört; 1987 durch den Kasseler Künstler Horst Hoheisel als Verlorener Brunnen nicht rekonstruiert, aber als in den Boden eingelassene Negativform des ursprünglichen Brunnens wieder erkennbar gemacht.
2 „daß zweitens der Judenbrunnen schon längst abgerissen weer": Den Namen „Judenbrunnen" trug auch eine Gasse in der Altstadt neben dem altstädter Rathaus am Altmarkt, das bereits im 19. Jahrhundert aus, wie es heißt, „verkehrstechnischen" Gründen abgerissen wurde. Der Name der Gasse kam wohl von einer dort befindlichen Mikwe, einem jüdischen Ritualbad. Möglicherweise spielt „Henner Piffendeckel" darauf an.
3 Reismichdichmus: Rheumatismus
4 Zebbelinchen: 1909 begann mit dem LZ6 die Zeit der kommerziellen Luftschiff-Fahrten mit dem Zeppelin
5 Bulle: Pulle, Flasche
6 Hosenkippe: Hosentasche
7 Gewidderhund, Oos, Blosenkobb: kasseläner Schimpfwörter

DER WEINBERG ALS LUFTSCHUTZBUNKER
von Karel Ptáčník

Der Transport fuhr im Schneckentempo über Arnsberg, wo die Engländer vor kurzem eine große Talsperre zerstört hatten. Tausende von Menschen waren dabei ums Leben gekommen. Das Wasser hatte damals sogar die niedriger gelegenen Stadtviertel von Essen überschwemmt.

Wonnemen, Merschede, Hopecke, Bredelar, Westheim, Scherfede, Kassel.
Die Lok zog die Waggons um zehn Uhr abends auf einen Verschiebebahnhof, und die Sirenen sangen in diesem Augenblick das gleiche Lied wie in Essen.
Eine Stunde nach Mitternacht fiel es dem Hauptmann ein, daß die Kompanie eigentlich in der Schule hätte übernachten sollen. Er befahl anzutreten. Die Burschen marschierten über den zerstörten Bahnhof, stolperten durch die Straßen; Häuserruinen, schmale Wände und frei stehende Schornsteine, alles schwarz, phantastisch und schrecklich zugleich, zeichneten sich gegen den helleren, regenschweren Himmel ab. Die Schule lag oberhalb der Straße wie eine mächtige, unbezwingbare Festung. Die Fußböden der Schulzimmer waren gebohnert, an den Wänden standen Heizkörper, dreifach übereinander gestellte Bettreihen mit gesteppten Strohsäcken, und auf den Fluren waren Blechrinnen zum Waschen. Überall war es sauber. Um drei Uhr nachts gingen die Jungens schlafen.
Am Morgen marschierte die Kompanie zum Kasseler Bahnhof, um den Transport auszuladen.
„Meiner Seel", lamentierte Kowanda auf dem Wege, „ich hab' gedacht, die Stadt Essen sei das meist zerbeulte Stückchen Erde dieses lausigen *Reichs*, aber bitte, mit Kassel kann sich Essen noch lange nicht vergleichen."
Die Stadtmitte lag vollständig in Trümmern, auch nicht ein Dach glänzte im Regen. Man sah nur Ruinen und nochmals Ruinen, Trümmer, blinde Schilder, nackte Schornsteine, Bombentrichter und Schutt, der zu beiden Seiten der Straßen gehäuft war, und so weit das Auge blicken konnte, nur Schutt und Berge von Steinen, Ziegeln, Holz, Erde und Eisenträgern.
Es wurde im Regen ausgeladen; Koffer, die Feldküchen, Fahrräder, Autos, Pferde, Kartoffeln, Säcke, Werkzeug.
Dann kam je ein Zug mit der 2. Kompanie aus Hamburg und der 3. Kompanie aus Wilhelmshaven. Die gleichen Güterwagen mit Bänken und Öfen, die gleichen Uniformen, die gleichen übernächtigten und müden Gesichter.
Die Jungens begrüßten einander schweigend und umarmten sich.
[...]
Der Bau, auf dem Honsiks Gruppe arbeitete, war ungefähr zweihundert Meter vom Weinberg entfernt, in den die Stadtverwaltung von

Kassel von allen Seiten geräumige Stollen hatte treiben lassen, die als Luftschutzbunker dienten. Das war einer der vollkommensten und sichersten Bunker, den die Kompanie auf ihrer Wanderung durch Deutschland jemals gesehen hatte. Das fast dreißig Meter starke Felsmassiv schützte das Labyrinth unzähliger Treppen, Flure, Säle, Kammern und Hallen, die von Eisen und Beton umgeben waren. Die einzelnen Stollen liefen in der Mitte zusammen, wo sie sich zu einem großen Raum ausweiteten, der mit Bänken, Entlüftern, Sauerstoffflaschen, Krankenbetten und dergleichen ausgerüstet war. Die Gänge hatte man durch Türen, die wasserdicht abschlossen und durch die auch kein Gas eindringen konnte, in einzelne Abschnitte eingeteilt. Der Bunker besaß eine eigene Stromanlage und bot mehreren tausend Menschen Platz und Schutz.
Die Frankfurter Straße war schon lange vor dem Sirenengeheul voller Menschen, weil in allen Häusern, in den meisten Haushalten, die Radiogeräte dauernd eingeschaltet waren, die regelmäßig Meldungen über operierende feindliche Flieferverbände im deutschen Luftraum durchgaben. Die Menschen kamen mit Handtaschen, Koffern, Ranzen, Aktentaschen und Kindern aus den Häusern gelaufen und eilten zu den Felslöchern. Die Straßenbahn hielt gerade vor dem Neubau, und das holländische Personal machte es sich im leeren Wagen bequem und ruhte sich aus.
Honsik klopfte an das Fenster und lachte über einen jungen Holländer, den er in seinem Schlaf gestört hatte. „Fliegeralarm", sagte er zu ihm. „Nichts Bunker Weinberg?"
Der Holländer blickte zum klaren Himmel und winkte faul ab. „Besser schlafen", sagte er und legte die Hände ruhig in den Schoß. „Nichts Bomben heute. Weiterfliegen."
Es war halb elf Uhr vormittags. Die Maurer legten ihr Handwerkszeug weg und machten sich auf den Weg zum Weinberg. „Gehen Sie nicht?" fragte der Polier. „Kommen Sie lieber mit. Riskieren Sie nichts, wenn es nicht sein muß."
Die Jungens breiteten die Jacken und die ausgezogenen Hemden auf einem Haufen feinen gesiebten Sandes aus. „Wollen wir uns lieber sonnen", sagte Olin. „Im Weinberg ist es kühl, und es wird sowieso nichts passieren."
Plötzlich kam aus der Luft ein Brummen, und die Flak warf graue Wölkchen in den blauen Himmel. Aus dem Weinberg kamen Polizisten gelaufen und schrien die Menschen an, die auf der Straße gin-

gen und sich noch lustlos zeigten, die kühlen Gewölbe des Weinberges aufzusuchen. So fühlten sich auch die Holländer aus der haltenden Straßenbahn bemüßigt, sich in Marsch zu setzen; und das sollte schon etwas bedeuten.

„Hau-ruck, ihr Falken, heute ist es recht laut. Verkriechen wir uns in die Löcher", munterte Karel die Jungens auf und zog sein Hemd über.

Bis zum Weinberg schafften sie es schon nicht mehr. Plötzlich und völlig überraschend – so war es eigentlich jedes Mal – kreisten die Flugzeuge über ihren Köpfen, und es blieb den Jungens nur noch so viel Zeit, die Straße zu überqueren und Hals über Kopf die steile Treppe hinab in den Keller des gegenüberliegenden Hauses zu fallen, der mit einem Luftschutzkeller nicht die geringste Ähnlichkeit hatte. Er war schmal, die Decke bestand aus einem Ziegelgewölbe, und die Fenster ohne Schutzwände lagen etwas über dem Gehsteig. Geschützdonner und fallende Bomben, Klingen von Eisensplittern, Türenkrachen, ununterbrochenes Pfeifen in der Luft, unermeßliches Tosen und Toben und Tosen – das war die einzige und gleichbleibende Musik, an die sie schon gewöhnt waren, die aber jedes Mal wieder die Nerven aufpeitschte und sie schlimm durcheinander brachte.

Nach zwanzig Minuten krochen sie auf die Straße hinaus. Alles war vorbei. Quer zur Sonne, die im Zenith stand, zog ein dichter, schwarzer Wolkenstreifen über den klaren Himmel. In Bettenhausen waren die Hallen der Junkerswerke getroffen worden, und die angrenzende Leipziger Straße war zerstört. Die anderen Stadtviertel hatten die Flugzeuge verschont.

„offenbar hatten sie es diesmal nur auf die Fabriken abgesehen", meinte Karel. „Man sieht, wenn sie wollen, treffen sie auch das Ziel. Nur daß sie eben zu selten wollen. Mir kommt es vor, als käme es ihnen manchmal ungelegen, ins Schwarze zu treffen."

„Du mußt dir das immer nach deinen eigenen Gedanken auslegen", widersprach Pepousch, „dir erscheint alles ungemein klar und einfach."

„Das will ich auch meinen", empörte sich Karel. „Erkläre mir doch, warum sie vorher fast die ganze Stadt zerstört haben, und in den drei Flugzeugfabriken in Bettenhausen war keine einzige Fensterscheibe eingedrückt worden?"

Honsik dachte über etwas nach.

„Und unsere Mädels, die habt ihr wohl vergessen, was?" sagte er nach einer Weile.
Karel zuckte zusammen. „Du hast recht, Mensch. Ich habe gar nicht daran gedacht, daß dort alle unsere Mädels arbeiten. Wir sollten hinlaufen."
„Wenn der Polier kommt, sage ich ihm davon", erwiderte Honsik.
„Ich würde meinetwegen auch allein hinfahren."
Die Jungens schauten aus den Fenstern der ersten Etage und sahen die Maurer vom Weinberg kommen. Den Polier sahen sie nicht.
„Er telefoniert nach Bettenhausen", erklärte ihnen Schwabe. „Sein Häuschen steht an der Leipziger Straße, und die Leipziger ist doch in Schutt und Asche gelegt worden."

(1957)

Ptácník beschreibt in seinem autobiographischen Roman das Schicksal tschechischer Zwangsarbeiter im NS-Deutschland. Einer der Schauplätze ist der Weinbergbunker, heute zur Besichtigung für die Öffentlichkeit freigegeben.

ALS KASSEL NOCH CASSEL WAR
von Manfred Hausmann

Im Jahre 1904 wurde ich angehalten, zur Schule zu gehen. Wir wohnten damals in der Mönchebergstraße. Und so trottete ich Morgen für Morgen mit dem fellbezogenen Ranzen auf dem Rücken quer durch das alte Kassel oder Cassel, wie es sich noch schrieb, nach der rund zweieinhalb Kilometer entfernten Henkelschen Vorschule am Weinberg. Der Griffelkasten klapperte gegen die Schiefertafel, und der Schwamm baumelte seitlich an einem Bindfaden.
Vielleicht begegnete ich schon in der Mönchebergstraße einem Sprengwagen. Er bestand aus einem großen Tank, der an seinem hinteren Ende drei siebartige Wasserauslässe hatte. Der mittlere sandte einen Strahlenfächer nach unten, der rechte und linke je einen Bogen nach den Seiten. Damit sollte der Straßenstaub an heißen Sommertagen niedergeschlagen werden, was natürlich eine Illusion war. Kam dem Sprengwagen ein Fuhrwerk entgegen oder

überholte er ein haltendes, dann stellte der Lenker das Gespritze an der betreffenden Seite während der kurzen Zeit des Vorbeifahrens ab, sodaß Pferd und Wagen trocken blieben. Voller Spannung wartete ich jedesmal darauf, daß der Abstellhebel zu spät betätigt würde. Dann stiegen die besprengten Pferde vor Schrecken vorn hoch, und es gab ein herzhaftes Geschimpfe. Ich lernte bei dieser Gelegenheit urtümliche Redewendungen kennen, die mir bei der nächsten Auseinandersetzung auf dem Schulhof die Bewunderung meiner Freunde eintrugen. Ehe ich in die Moritzstraße abbog, lief ich schnell noch durch einen der seitlichen Wasserstrahlen und erschauerte an meinen nackten Beinen vor Kälte und in meinem Herzen vor Lust am verbotenen Tun.

Von der Moritzstraße aus hatte ich in einer unvergeßlichen Nacht an der Hand meines Vaters klopfenden Herzens auf den Riesenbrand der Buntpapierfabrik hinuntergestarrt, bei dem ich zum ersten Male die düstere Dämonie des Elementarischen verspürte. Wenn aus dem Zusammensturz der Wände die freien Flammen hoch in die schwarzen Rauchwolken hinauf waberten, wobei sie ein Gestöber von brennenden Papierfetzen mit emporrissen und sie gleich märchenhaften Vogelschwärmen in die Nacht hinaussandten, durchwogte mich eine wilde Genugtuung. Ich hielt es ganz und gar mit dem Feuer. Das entfesselte Dokument sollte siegen. Und das ist so geblieben, ob es sich um eine Feuersbrunst handelt, um einen Sturm auf See, um eine Überschwemmung oder um ein anderes Wüten der Naturkräfte. Etwas in mir steht, jenseits aller Vernunft, immer wieder auf der Seite des Gewaltigen.

In der Henschelstraße spitzte ich die Ohren, um festzustellen, ob nicht das langsame „Bim ... bim ... bim ..." ertönte, das anzeigte, daß sich eine neue Lokomotive der Henschelwerke auf dem Gleis von der Fabrik durch die Wolfhagenerstraße zum Unterstadtbahnhof bewegte. War das der Fall, dann rannte ich, was ich konnte, um des von schwarzem Lack, rot abgesetztem Linienwerk und messingnen Armaturen glänzenden Ungetüms ansichtig zu werden. Ein verwirrender und eigentlich gegen die bürgerliche Ordnung verstoßender Vorgang, diese Fahrt einer Lokomotive durch eine von Häusern eingerahmte und von Menschen begangene Straße. Zur Vorsicht schritt dann auch ein Mann mit einer roten Signalfahne, die er unentwegt schwenkte, vor der Lokomotive her. Es erschien mir als das Glück des Glücks, ja als das höchste aller irdischen Ziele, im Führerhaus einer so gewaltigen und geheimnisvollen Maschine stehen und an ihren Hebeln hantieren zu dürfen. Der Beruf eines Lokomotivführers kam für mich gleich nach dem des Kaisers, wenn er ihn nicht an Abenteuerlichkeit und Phantastik noch übertraf. Aber es bestand nicht die geringste Aussicht, daß ich mit meinen schwachen Kräften jemals eine so erhabene Stellung erreichen würde. Dennoch lebte durch Jahre hindurch eine zarte, wenn auch tief verborgene Hoffnung in mir, durch irgendein Wunder könne das Unmögliche dennoch möglich werden. Später waren es andere, ebenso unerreichbare Ziele, von denen ich träumte. Aber der heimliche Glaube an das Wunder blieb der gleiche.

Nach dem Rund des Königsplatzes tat sich alsbald linker Hand der Friedrichsplatz mit seinen ungewöhnlichen Maßen auf. Aber mein Blick wurde unwiderstehlich nach der anderen Seite gezogen, nach einem Gebäude, das sich an der Ecke des sehr viel kleineren Opernplatzes erhob, nach dem Hoftheater. Hier hatte ich zum ersten Mal in meinem Leben die Überwältigung, die vom Theater ausgeht, erlitten, so muß ich schon sagen. Erlitten, weil sie mich nicht nur mit einer unsagbaren Beseligung, sondern auch und vor allem mit einer ebenso unsagbaren Wehmut erfüllt hatte. Das Weihnachtsmärchen, das ich dort sah, hieß „Wie Klein-Elschen das Christkind suchte". Wahrscheinlich hatten Stück und Darstellung nicht viel mit Kunst zu tun. Darum ging es auch nicht. Es ging um den Zauber des Theaters, der nicht unbedingt ein künstlerischer zu sein braucht. Ich erlebte eine Welt des Scheins, die dennoch ihre Wahrheit hatte. Mir geschah etwas Vergehendes, das dennoch in meinem Dasein blieb. Was ich sah und hörte, diese traumhaften Bilder und Räume, die unwirklichen Menschen, diese noch nie vernommene Sprache, diese überirdische, traurig stimmende Musik, in die alles getaucht war, enthob mich mir selbst und offenbarte mir dennoch mein tiefstes, mein eigentliches Wesen.

Nie würde ich aufhören, mich nach dieser Welt hinter der Welt zu sehnen. Wenn ich mit dem Ranzen auf dem Rücken an dem verwunschenen Haus vorbeiging, glaubte ich, hinter den verschlossenen Türen eine gedämpfte Musik zu hören. Und sogleich stand der lichthelle Saal und der verheißungsvoll sich bewegende Vorhang wieder vor meinen Augen. Ich glaubte sogar, den Duft zu spüren, der kühl von der Bühne herabwehte, wenn es dunkel wurde und die Szene sich öffnete.

An der rechten Seite der Oberen Königsstraße – Ecke Fünffensterstraße befand sich das Sattlergeschäft von Pausewang, in dessen Schaufenster ein isabellfarbenes Pferd in Lebensgröße stand. Ich wußte, daß es sich um einen der sechs Isabellschimmel handelte, die im Januar des Jahres 1875 den Leichenwagen des letzten hessischen Kurfürsten von Schloß Horschowitz in Böhmen, dem Aufenthaltsort des Verbannten, nach Cassel gezogen hatten und dann erschossen worden waren, weil sie keinen anderen Dienst mehr tun sollten. Wenn ich das schöne Tier betrachtete, sah ich den Leichenzug vor mir, wie er sich langsam durch die verschneiten Lande bewegte. Einer, der sich um seines Herrscheramts willen gegen den Gang der Geschichte gestemmt hatte und zu Boden geworfen war, kehrte als Toter in die Heimat zurück, die sich dem Lebenden verschlossen hatte. Eine Ahnung von Wagnis und Opfer, das von jedem Mächtigen gefordert wird, sofern er den Sinn seines Amtes begreift, schauerte durch meine Knabenbrust. Herrschertum, Königtum, in welcher Gestalt auch immer, gab es also nicht nur im Märchen, sondern auch in der Wirklichkeit. Vor diesem Schaufenster war ich für Augenblicke, ohne mir dessen recht bewußt zu werden, Mitgenosse – wie Goethe es nennt – der großen Ratsschlüsse des Schicksals.
Manchmal wandelte mich auch die Lust an, meinen Weg durch die Altstadt und nicht durch die Königsstraße zu nehmen. Es waren weniger die architektonischen Reize der engen Gassen mit ihren schnitzverzierten Fachwerkbauten, die mich dazu bestimmten, als der winzige Spielwarenladen von Ludovici in der Müllergasse. Das Schaufenster oder besser das Schaufensterchen erregten mein höchstes Entzücken. Was für Schätze gab es da aber auch zu bestaunen! Zum Beispiel die tönende Nachtigall, deren Schwanz in ein Mundstück auslief. Füllte man sie mit Wasser und blies hinein, dann ließ sie ein lullendes Schluchzen vernehmen, das mir zu Herzen ging. Oder die kleinen an Gummifäden aufgehängten Ungeheuer, die man zu einem wunderbar weichen Auf- und Niederhüpfen bringen konnte. Und dann die bemalten Zinnfiguren, Soldaten vor allem, die in Reih und Glied standen, aber auch Kirchen, Häuser, Postkutschen, Bäume und Menschen. Nicht zu vergessen die verschiedenen Peitschen, die zum Antreiben der ebenfalls vorhandenen „Dullerdöppe" dienten. Die Krönung stellte ein bauchiger Brummkreisel dar, den man vermittels eines aufgewickelten und schnell abgezogenen Bindfadens zum Wirbeln brachte, woraufhin er eine summende

Musik von sich gab. Kein Gedanke, daß ich ein solches Wunderwerk jemals hätte erstehen können. Sein Preis überstieg meine Finanzkraft, die sich in der Höhe eines Groschens bewegte, um ein Beträchtliches. Aber vielleicht kam der silberne Hahn in Frage, der, wenn man den Atem in ihn hineinstieß, mit blecherner Stimme „Kökörökööö" sagte. Da galt es, gut und lange mit sich zu Rate zu gehen, auf welche Weise das Kapital anzulegen sei. Es konnte sogar vorkommen, daß ich darüber verabsäumte, rechtzeitig in der Schule einzutreffen, und mir deshalb einen Tadel zuzog, was meine Mutter übel vermerkte, während mein Vater sich an die Nase faßte und „Na ja" sagte.

Am Ende der Obersten Gasse vergaß ich nie, zu der kleinen Statue der Heiligen Elisabeth oben in der Wandnische des nach ihr benannten Hospitals die übliche Frage „E-li-sa-beth, was machst du da?" hinaufzurufen. Sie hat mich jedoch kein einziges Mal einer Antwort gewürdigt. Wenn mein Vater dabei war, der mich hin und wieder begleitete, verschwor er Kopf und Kragen, sie habe „Nichts" gesagt. Das war, wie ich später merkte, ein listiger Schwur. Denn er verstand das „Nichts" ohne, ich jedoch mit Anführungsstrichen.

In der Oberen Carlsstraße sah ich dann bis zur letztmöglichen Minute zu, wie die Grundmauern des neuen Rathauses gelegt und die Quaderwände emporgeführt wurden. Die mir meist unverständlichen Vorgänge auf der weitläufigen Baustelle, die von der Oberen Königsstraße bis hierher reichte, die Gerüste und Kräne, die Flaschenzüge und Hebel, das verwirrende Durcheinander von Menschen und Dingen, das sich erst nach und nach zu einer erkennbaren Ordnung fügte, das alles hat nicht wenig dazu beigetragen, in mir eine Ehrfurcht vor der Größe und der Willenskraft des menschlichen Geistes zu wecken, der unablässig bemüht ist, dem Ungestalteten eine Gestalt abzugewinnen und sich, wie es in der Sprache der Bibel heißt, die Erde untertan zu machen. Die Ehrfurcht, zu der hier der Keim gelegt wurde, hat sich im Laufe der Jahre auf alle Menschen erstreckt, die an großen Werken mitarbeiten, jeder in seiner Art, auf den Architekten, in dem Vision des Ganzen entsteht, wie auf den Maurer, der Baustein fachgerecht auf Baustein legt, auf den Bildhauer, der einen Marmorblock angeht, um aus ihm einen Traum herauszuhauen, wie auf den Sprengmeister, der den Block dem Felsmassiv entreißt, auf den Kapitän auf der Brücke wie auf den Motorenwärter in der Tiefe eines Schiffes, auf den Komponisten am Flügel wie auf den Notenstecher an seinem Arbeitsplatz, auf die ganze Bruderschaft der Schaffenden, Scheiternden und wieder Beginnenden. – Dann waren es nur noch wenige Schritte bis zum Weinberg. Meist stand Herr Henkel mit seinem graubraunen Vollbart am Schultor und gab jedem Eintretenden die Hand. Ich machte eine Verbeugung und war mir bewußt, daß es jetzt mit dem Schlendern und Träumen für eine Weile ein Ende haben müsse. Eine andere, eine taghelle und genaue Welt nahm mich auf.

(1904)

ALS BRITISCHER PRIVATGELEHRTER IN DER MURHARDSCHEN BIBLIOTHEK
von Peter O. Chotjewitz

Arbeitslos zu sein war der schönste Beruf, den ich am liebsten in der Murhardschen Landesbibliothek in Kassel verübte.
Morgens ein bißchen klimpern auf dem Klavier, das in der Wurstekammer unseres Hauswirts Platz gefunden hatte, über die Welt nachdenken auf langen Spaziergängen, und gleich nach dem Mittagessen ab nach Kassel.
Von außen ähnelte die Bibliothek einem britischen College, Neugotik, wenn ich mich richtig entsinne, verhuschte Bibliothekarinnen unter deren empfindsamer Blässe unerfüllte Triebe lauerten. Einen halben Winter lang las ich Edward Gibbons Verfall und Untergang des römischen Imperiums mit Lorgnon, doch vermutlich war es nur eine meiner seelischen Kostümierungen, daß ich mir vorstellte, einer jener in der Empirie schwelgenden Privatgelehrten des frühen britischen Empire zu sein, zu denen Gibbon gehörte.

(2004)

Schlossterrasse und Karlsaue nach J. H. Tischbein, 1787.

NIE GESEHENE PRACHT

von Johanna Schopenhauer

Nicht in sausendem Galopp, aber doch auf gebahnten, ich glaube gar auf Chausseewegen ging es einstweilen auf Kassel zu. [...]
Das Marmorbad in Kassel blendete mich durch nie gesehene Pracht. Den Winterkasten auf Weißenstein aber, wie damals die jetzige Wilhelmshöhe genannt wurde, war ich bereit, mitsamt seinem Herkules für das achte Wunder der Welt anzuerkennen. Die rohe phantastische Größe dieses kaum zur Hälfte vollendeten Riesenbaues stand wie ein kolossales Traumbild aus einer, ich wußte nicht, ob überirdischen oder unterirdischen Wunderwelt vor mir. Mag man immerhin geschmacklos mich schelten, ich hoffe, unsere neue überschwengliche Zeit wird sich nie bis zu der Höhe versteigen, es untergehen lassen zu wollen.
Beim Abschied stattete ich noch den Herren Pythagoras, Solon, Demokrit, und wie sie weiter noch heißen, in ihren damaligen respektiven Sommerwohnungen auf dem Weißenstein einen kurzen Besuch ab, einen andern desgleichen in Kassel selbst den wächsernen Landgrafen und Gräfinnen, die damals, angetan in Prachtgewändern, die sie, als sie noch lebten, getragen, Tag und Nacht im Museum nebeneinander saßen und Hof hielten.

(1787)

Johanna Schopenhauer, die Mutter des Philosophen Arthur Schopenhauer (geb. im Februar 1788, also auch er wohl schon mit dabei auf dieser Reise), unternahm im Sommer 1787 eine große Reise von Berlin über Hannover, Bad Pyrmont und Kassel nach Paris und weiter nach London.

HIER SUCHEN SIE DAS THIER
von Carl Julius Weber

Der schönste öffentliche Platz, der imponirt, gewiß einer der schönsten Deutschlands, ist der Friedrichs-Platz 1000' lang, und gegen die Aue hin offen mit der Statue Landgraf Friedrichs, dem Museum und schönen Alléen. An schönen Sommerabenden fand ich ihn belebter, als bey Tage – wegen des Anstandes – hier suchen sie, um in der Jagdterminologie zu bleiben, das Thier, um es zu beschlagen.

(1826)

DIE KATTENBURG
Aus dem Baedeker

[...] die Kattenburg, welche Kurfürst Wilhelm I. 1820 zu bauen begann; nach seinem 1821 erfolgten Tode blieb der Riesenbau (552 F. lang, 403 breit) liegen. Er ist aus rothen Sandsteinquadern aufgeführt, jedoch nicht bis zum Schlussstein der untern Fenster gediehen. Gräser und Gesträuch sprossen auf den unvollendeten Mauern, Disteln, Unkraut und Schlingpflanzen nisten jetzt in den innern Räumen, die zu fürstlicher Pracht bestimmt waren, ein laut redendes Denkmal der Nichtigkeit menschlicher Entwürfe, ein gewaltiges memento mori.

(1846)

HOCHHAUS
von Theodor Schmitt

Solch Hochhaus überragt die weite Stadt;
da wirklich sehenswert, besuchst du es,
es steht im Tal, und mit dem Herkules
daher nur weniges gemeinsam hat.

Der Bau ist sachlich, die Fassade glatt,
doch wer nicht gerne sein Art genöss'!
Die vielen Stufen aufwärts machen matt,
die Einrichtung des Fahrstuhls hilft indes.

Du kannst im Freien oben Kaffee trinken,
und dabei Kass'ler Höhenluft genießen,
dem Herkules wird wohl einmal zuwinken,
in Tiefen schauen, die wir eben ließen,
und die empor als wie aus Fernen blinken.
Der Rundblick wird dir Kassel neu erschließen ...

(um 1960)

Im ebenso erstaunlichen wie umfangreichen poetischen Schaffen von Theodor Schmitt, der seine Heimat Kassel in zahlreichen Gedichten besungen hat, findet sich auch eine Würdigung des Hochhauses – es könnte, obwohl nicht „im Tal", das ehemalige EAM-Haus an der Treppenstraße gemeint sein, eines der ersten in Kassel.

VOLLKOMMEN TÄUSCHEND
von Carl Julius Weber

Die interessanteste Parthie scheint mir die Löwenburg zu seyn, die Ruhestätte Wilhelms. Alle Mobilien sind aus alten Burgen, jede Verzierung im Geschmack der Ritterzeit, Jussow[1] hat sich im Bau der Burg selbst übertroffen, alles ist vollkommen täuschend, die Bücherei ausgenommen, die aus modernen Ritter-Romanen besteht, statt

Handschriften, Niebelung, Heldenbuch, Minnesänger, Chroniken und Erbauungsbüchern. Die Felsen und die Höhen, worauf die Löwenburg steht, und ihre waldigten Umgebungen geben ihr schon einen großen täuschenden Vorzug vor Laxenburg[2] in der Ebene, und das Ganze vollenden die Wächter in altdeutscher Kleidung, Bärten und Waffen. Billig sollte in einem Nebenzimmerchen noch ein alter Landgraf mit seinem Burgpfaffen zechen, wie Graf Emich zu Ludwigsburg.

(1826)

1 Jussow: Heinrich Christoph, Architekt, erbaute in Kassel neben der Löwenburg zahlreiche andere Bauwerke im Park Wilhelmshöhe und in der Stadt.
2 Laxenburg: Sommersitz der Habsburger vor Wien.

STADTWEGWEISER KASSEL UND WILHELMSHÖHE

Es ist uralter germanischer Boden, auf dem die ehemalige Residenz der hessischen Landgrafen und Kurfürsten zur Großstadt emporgeblüht ist.
In der leider fast restlos zerstörten Altstadt offenbaren sich die Schönheiten mittelalterlicher Bauweise.
Und die Kasselaner oder, wie sie sich selbst gern zu nennen belieben: „die Kasseläner"? Sie sind ein manchmal rauhes, aber doch herzliches Völkchen, das sich dem Fremden erst bei längerer Bekanntschaft erschließt. Der Kasseler Ureinwohner ist, wenn er erst einmal aufgetaut ist, ein zugängliches, mit echtem Mutterwitz begabtes Menschenkind. Hierin sind die „blinden Hessen" viel besser als ihr Ruf.
Jedenfalls wird mancher Fremde, der Kassel zum erstenmal in seinem Zusammenklang von Landschaft, historischer Vergangenheit, arbeitsreicher Gegenwart und hoffnungsvollen Zukunftsaussichten gesehen hat, von vielen Vorurteilen frei sein.

(1949)

EIN SONNTAG-NACHMITTAG AUF WILHELMSHÖHE BEI CASSEL

von Adolph Nagel

Wer vermöcht' es, würdig zu besingen:
Wilhelmshöhe, unvergleichlich schön?!-
Unbeschreiblich wirkt ihr hehrer Zauber,
Hat man sie auch flüchtig nur geseh'n!-

Nachdem die schönste der Alleen
Per Straßenbahn durchflogen,
Wird Schloß und Löwenburg beseh'n
Und dann zur Höh' gezogen.

Sobald man auf dem Riesenbau
In sonnig-holder Stunde,
Enthüllt bezaubernd sich zur Schau
Die wunderschöne Runde.

Begeisterung erregt der Blick
Zum Harz und Inselsberge;
Der Held erscheint hier groß und dick,
Der fern gleicht einem Zwerge.

Bergab sind zur genauen Schau
Empfehlend zu erwähnen:
Hoch über dem Cascadenbau
Die Grotten und Fontainen.

Sodann wird das Cascadenspiel
Bewundert vor der Runde,
Ein Bild, das immer Hochgefühl
Erregt im Herzensgrunde.

Zunächst wird nun die Tour gewürzt
Vom Wasserfall im Walde,
Der schäumend über Felsen stürzt
An einer steilen Halde.

Wilhelmshöhe, Neuer Wasserfall.

Dann geht man nach der „Teufelsbrück",
Zum Wasserfall-Gefilde,
Wo abermals sich Herz und Blick
Erquickt am schönen Bilde.

Nun wandert man zum „Aquaduct",
Dem höchsten Wasserfalle,
Deß Staubbachs-Zauber man beguckt
Nah' der „Apollo-Halle".

Dann tritt man zur Fontaine heran,
Zur prächtigsten im Reiche;
Sie strömt gewaltig himmelan
Im schön umrahmten Teiche.

Nun geht man abermals bergauf
Zum größten Wasserfalle,
Bewundert dessen Sturz und Lauf
Und lauscht dem Donnerhalle.

Den hübschen „Tempel des Merkur"
Erkoren dann zur Muße,
Begeistert uns die schöne Flur,
Die sich enthüllt am Fuße.

Zum Schluß bezaubert durch und durch
Naturpracht im Bereiche
Des „Bowlinggreens", der Löwenburg
Und auch am größten Teiche.

(1885)

NICHT MEINE ANGENEHMSTEN TAGE

von Jacob Grimm

Eines Morgens sollte der Saal im Wilhelmshöher (damals einfältig genug Napoleonshöher) Schloß, der die Bibliothek enthielt, schnell zu anderen Zwecken umgeschaffen werden. Auf das Unterbringen der Bücher anderswo war nicht der mindeste Bedacht genommen. Auf der Stelle mußte ich in anderthalb Tagen alle Schränke räumen, alle Bücher übereinander werfen, und so gut oder übel das gehen wollte, in einen großen beinahe dunkeln Bodenraum schleppen lassen. Da lag nun das, wofür mein Amt geschaffen worden war, in leidigster Unordnung. Bald darauf wurden jedoch einige tausend Bände, die man für die nützlichsten hielt, ausgesucht, um im Kasseler Schloß[1] zu den andern, die sich schon früher dort befanden, aufgestellt zu werden. Dort stand ihnen aber eine neue noch größere Gefahr bevor. Im Nov. 1811 geriet um Mitternacht das Schloß in Brand[2]; als ich hineilte, standen gerade die Gemächer unter dem Bibliothekszimmer in voller Flamme. In Rauch und Qualm wurden alle Bücher von Leibgardisten, die Lichter trugen, aus den Fächern genommen, in große Leinentücher gepackt und auf den Schloßplatz geschüttet. Neben und unter uns knisterte alles. Im Heruntergehen verirrte ich mich auf einer der kleinen Wendeltreppen und mußte ein paar Minuten nach dem rechten Ausgang im Dunkeln umhertappen. Die wenigsten Bücher, was zu verwundern ist, gingen verloren, ehe aber neue Schränke bestellt und gemacht worden und ein neuer Ort für sie ausgewählt war, lag alles auf einem Haufen. Das waren nicht meine angenehmsten Tage.

(1831)

Jacob Grimm berichtet in seiner „Selbstbiographie" von seiner Tätigkeit als Bibliothekar unter König Jérôme, von der er keine gute Meinung hatte.
1 Kasseler Schloß: das in der Innenstadt gelegene landgräfliche Schloss, dessen Anfänge auf das späte Mittelalter zurückgehen. Möglicherweise war es noch wesentlich älter, denn hier wurde und wird die Lage des fränkischen Königshofs namens Cassella oder Cassalla vermutet, der im Jahre 913 in zwei Urkunden König Konrads I. erwähnt wird.Das Datum ist somit nicht das Gründungsdatum Kassels, sondern das Datum der ersten Erwähnung eines Ortes dieses Namens, der damals schon einige Zeit bestanden haben kann.
2 Der Brand, den Jacob Grimm hier schildert, führte zur Zerstörung des Schlosses, das daraufhin aufgegeben und 1816 vom zurückgekehrten Kurfürst Wilhelm I. abgerissen wurde. An seiner Stelle sollte eine riesige „Kattenburg" (oder Chattenburg) entstehen, die niemals fertig wurde. Die Bauruine wurde beseitigt, das Material unter anderem für den Bau der Neuen Galerie verwendet. An der Stelle der Kattenburg entstand ab 1875 das preußische Regierungsgebäude, das im Zweiten Weltkrieg zerstört wurde. An seiner Stelle entstand nun, nachdem man die Reste auch dieser Ruine abgetragen hatte, das Regierungspräsidium, ein Bau der 1950er Jahre, der bis heute steht. Bei den diversen Ausgrabungen konnten bislang keine Reste des fränkischen Königshofs gefunden werden.

H. N. R.
von Joseph Eduard Wessely

Sieben Jahre mußte sich diese Anlage [die Wilhelmshöhe] den Namen Napoleonshöhe gefallen lassen. In jene Zeit fallen die verzogenen Buchstaben H. N. R. (Hieronym Napoleon Rex, der hier residirte), das deutsche Volk las aber: Hier nisten Räuber.

(1866)

DIE SCHÖNSTEN WASSERKÜNSTE
von Karl Cranz

Kassel, vom 31sten July bis 3ten August.

Bei meiner Anwesenheit in Kassel sah ich auch die jedem Fremden so interessanten Gegenstände, das Musäum und Wilhelmshöhe wieder. Diese erstere an Natur- und Kunst-Produkten, an Naturalien, Münzen, physikalischen und mathematischen Instrumenten, Alterthümern, kostbaren Kunstwerken etc. so unendlich reiche Sammlung kann man wohl kaum oft genug sehen, weil man bei der nöthigen Eile in den vielen damit angefüllten Sälen doch alles nur flüchtig betrachten kann, und ich freute mich, daß das Naturalien-Kabinet während meiner Abwesenheit reicher geworden war. Eine noch größere Veränderung fand ich aber an dem ehemaligen Weißenstein, nun Wilhelmshöhe genannt, und kaum erkannte ich diese sonst schon sehr schöne Anlage wieder. Denn schon beim Eingange steht auf einem sonst kahlen Berge ein im schönsten Geschmake erbautes grosses Schloß mit zwei eben so großen Flügel-Gebäuden, wo alles auf das prächtigste eingerichtet ist, und dem preußischen Patrioten noch schäzbarer wird, weil er neben so vielen preußischen Insignien mehrere Gemählde seines allgemein verehrten Königs und dessen liebenswürdigen Gemahlin sieht, und überall nur von den schönen Tagen ihrer Anwesenheit erzählen hört. Eben so wurde von acht Jahren in einer ziemlichen Entfernung vom Schlosse, doch aber zum Theile sichtbar, von dem Landgrafen eine alte Burg unter dem Namen der Löwenburg so täuschend erbauet, daß man ihre neuere Entstehung kaum für möglich hielte. Denn schon die schwarzen, ganz mit Gras und Moos bewachsenen Mauern, dann die zum Theile aus den Klüften derselben scheinbar heraus gewachsenen starken Bäume und Stauden lassen die älteste Existenz dieses Ritterschlosses vermuthen; noch mehr aber wird man in dieser Vermuthung bestätigt, wenn man beim Eingange über eine Zugbrücke durch die in spanischer Tracht Wache haltenden Soldaten überrascht in die ganz nach dem Geschmake der Vorzeit eingerichteten kleinen winklichten Zimmer und die Kirche etc. kommt, und hier auch durch nicht in der Illusion, in welcher man sich befindet, gestört wird, weil der Landgraf alle Spiegel, Sessel, Tische, Tapeten, Glasgemählde etc. mühsam in den alten Schlössern und Kirchen des Landes aufsuchen und hier aufstellen ließ. Uebrigens ist die Aussicht sowohl in den Zimmern als auf den Thürmen dieser Burg nach dem Fulda-Thale und der Stadt hin so schön, wie sie nicht die lebhafteste Einbildungskraft denken kann. Damit aber endlich bei dieser Burg alles vollständig ist, wird nun auch der Turnir-Plaz nebst dem Balcon zur Austheilung der Preise hergerichtet. Von hier aus stieg ich in einer grossen Gesellschaft von Fremden so hoch zu der riesenmäßigen Säule des Herkules hinauf, als man wegen des Schadens, welchen vor einigen Monaten ein Blizstrahl an denselben verursacht hatte, nur kommen konnte, und sah nun in den mannichfaltigsten Abwechslungen die schönsten Wasserkünste, wie man sie wohl in Teutschland nicht mehr antrifft, weil uns der Landgraf auf unser besonderes Ansuchen auch den Wasserfall im Walde, und bei der so genannten Teufelsbrüke, welche er selbst nur bei besonderen Gelegenheiten springen läßt, in ihrer vollen Pracht sehen ließ. Man kann nichts Herrlicheres sehen, als diese beiden Anlagen. Ueberall strömt eine ungeheure Wasser-Menge zwischen Felsen hervor, und verschönert sowohl hier als bei dem römischen Aquädukt, wo das Wasser von einem sehr hohen, steilen Felsen stromweise in die Tiefe herabstürzt, und sich zum Theil durch das Anprellen an einzelnen Felsenmassen in Staubregen verwandelt, unnachahmlich. – Außer diesen äußerst romantischen Wald-Partien ist aber auch die künstlichere vom sogenannten Winterkasten herab prächtig, weil hier auf allen Seiten eine Menge Wasser hervorsprudelt, und die herrlichsten Wasserfälle, und unzählige kleine, dann zwei grosse Fontainen bildet, deren eine bei stillem Wetter einen mehr als Schuh diken Wasserstrahl 136 Fuß, die andere 190 Fuß in die Höhe treibt, ohne daß zu allen diesen Wasser-Künsten eine besondere Maschinerie nöthig wäre, weil das Wasser durch seinen hohen Fall vom Berge herab von selbst in die Höhe steigt; denn der Fall des Wassers ist vom Fuße des Herkules bis zum Bassin des Riesenkopfs 288 Fuß, zu Neptuns Bassin 480 Fuß, zur Phaetons-Grotte 696 Fuß, zum Haupt-Gebäude des Schlosses 912 Fuß und bis zur Fulde 1312 Fuß.

(1805)

WOZU DIES GROSSE KOSTBARE WERCK?

von Gergely Berzeviczy

Vom Schädel der Statur des Hercules bis zum untersten grossen Fontaine ist die Höhe wenigstens 1800 Fuss. Die Statue selbst ist 32 Fuss hoch, folglich 6 mahl grösser, als der grösste Mann. Er steht auf der westlichen Seite, des durchbrochenen, hohlen, Colonade Gebäudes, welches wie ich vermuthe, alte Ruinen vorstellen soll, bis in die

Schloss Wilhelmshöhe und Herkules, um 1800.

Keule des Hercules hat man 902 Stufen an den Cascaden hinauf zu steigen. Die Cascaden laufen in mehrere Fontainen, die mit Grotten, und gypsernen Statuen von Heydnische Gottheiten versehen sind. Das gantze Werck endigt sich in eine grossen mit Geschmack ausgezierten Fontaine, auf welcher das Wasser 160 Fuss hoch springt. Alles ist massiv, von Felsen Stücken aufgeführt, mit geschmoltzenen Bley und einem Mörtel von Unschlitt, Hauf und Pech verküttet.

Und wozu dies grosse kostbare Werck? Ich sehe keine andere Absicht, als um den alten Schlosse welches ehedem ein Kloster war eine Aussicht à l'antique zu verschaffen.

(1785)

Aufsatz des aus Ungarn stammenden Göttinger Studenten, der später in seiner Heimat als Ökonom, Politiker und Schriftsteller berühmt wurde, mit Korrekturen seines Lehrers Gottfried August Bürger, die hier nicht widergegeben sind (Berzeviczys Fehler hat Bürger nicht korrigiert).

EIN NICHTS UM NICHTS
von Johann Wolfgang von Goethe

1786 reist Goethe durch Italien. In Spoleto, beim Anblick eines römischen Aquädukts, überkommt ihn aber die endgültige Gewissheit über die Kasseler Hauptsehenswürdigkeit, den Herkules, und er notiert:

Nun fühle ich erst, wie mir mit Recht alle Willkürlichkeiten verhaßt waren, wie z.B. der Winterkasten auf dem Weißenstein, ein Nichts um Nichts, ein ungeheurer Konfektaufsatz, und so mit tausend andern Dingen. Das steht nun alles totgeboren da, dann was nicht eine wahre innere Existenz hat, hat kein Leben und kann nicht groß sein und nicht groß werden.

(27. Oktober 1786)

MAN WIRD GOETHE RECHT GEBEN MÜSSEN
von Emil Müller

So originell der Gedanke Karl's und so imposant seine Ausführung ist, so wird man doch wol Goethe Recht geben müssen, der erklärte, er könne einem so kolossalen Prunkbau, welcher gar keine praktische Bestimmung habe, keinen Geschmack abgewinnen. Ein neuerer Schriftsteller meint, der Bau sei ebenso großartig und ebenso abenteuerlich als die ägyptischen Pyramiden; in der That aber übertrifft er diese ungeheuern Pharaonengräber noch an phantastischer Zwecklosigkeit.

(1857)

BRIEF AN JACOB GRIMM IN PARIS
von Wilhelm Grimm

Am 27. und 28. ging dann der große Auszug vor sich mit vier Trägern, ein paar Gehilfen und einem Wagen, der noch dreimal fahren mußte. [...] Das (neue) Haus ist das letzte in der Stadt nach der Wilhelmshöher Allee, wo die Kurfürstin erst wohnt, dadrüber; es ist still und ländlich mit einer freien, in der Abendsonne prächtigen Aussicht.

(5. Mai 1814)

NICHTS AUSSER EINEM GALGEN FEHLT
von James Boswell

Mittwoch, 24. Oktober (1764) [...] Dann sprach ich bei dem französischen Geistlichen vor [...]. Er [...] erwies sich als ein kenntnisreicher, scharfsinniger Mann, betont schlicht, betont verbindlich und betont behutsam. Ich fühlte mich an Professor Clow in Glasgow erinnert. Er nahm mich mit und zeigte mir etwas Einzigartiges, eine Ausstellung von Modellen sämtlicher Gebäude und Gartenanlagen[1] des Fürsten, insbesondere des grossen Wasserfalls[2], der noch nicht ganz fertig ist. Es sind aber auch sonst noch unausgeführte Bauwerke zu sehen. Der Wasserfall muss gewaltig ins Geld gehen. Das Wasser entspringt auf einer Anhöhe und strömt eine Freitreppe hinunter in ein Becken, aus dem es wiederum zu einer Treppe geleitet wird. So geht es abwechselnd die längste Strecke weiter. Beide Seiten des Wasserfalls sind mit immergrünen Gewächsen bepflanzt, durch die ein gestufter Weg sich emporwindet. Zuoberst auf der Höhe steht ein mächtiges Standbild des Herkules, in welchem eine Wendeltreppe bis ins Haupt hinaufführt, das so gross ist, dass ein Mann darin stehen kann. Es war der Grossonkel des derzeitigen Landgrafen[3], der den Wasserfall ins Werk setzte. Sein Sohn, der König von Schweden[4], kam zu ihm auf Besuch und musste alsbald den Wasserfall besichtigen. „Ist er nicht schön?" wurde er gefragt. „Kannst du dir etwas denken, was hier noch fehlt?" „Nichts, versetzte der König, „ausser einem Galgen für denjenigen, der das Ganze für Ew. Liebden ausgedacht hat." Das Scherzwort wurde indessen sehr übel aufgenommen, und der schwedische Monarch musste Knall und Fall abreisen.

(Oktober 1764)

1 Ausstellung von Modellen sämtlicher Gebäude und Gartenanlagen: Berühmt sind die heute noch erhaltenen Korkmodelle des Italieners Antonio Chichi, die jedoch erst nach 1777 an den Kasseler Hof kamen. Boswell muss also eine andere Sammlung gesehen haben, von der offenbar nichts erhalten ist.
2 der große Wasserfall: Die Kaskaden, noch nach dem barocken Entwurf, vor der großen Umgestaltung durch Wilhelm IX.
3 Großonkel des derzeitigen Landgrafen: Landgraf Karl war nicht Großonkel, sondern Großvater des seinerzeitigen Landgrafen Friedrich II.
4 König von Schweden: Friedrich I., nach Karls Tod Landgraf, zu diesem Zeitpunkt bereits König von Schweden, so dass er seinen Bruder Wilhelm (nach Friedrichs Tod auch offiziell Landgraf Wilhelm VIII.) als Statthalter einsetzte. Friedrich zu Ehren wurden der Kasseler Königsplatz und die Königsstraße benannt.

Grete Maierhüser: Patschemanns Fahrt zum Herkules, ein undatiertes Kasseler Kinderbuch mit Versen wie diesem:

„Da stand ein großmächtiger grüner Riese
Auf seinem Schloß hoch über der Wiese.
Auf einer Keule ruht seine Hand,
So schaut er hinab über Stadt und Land."

Die Löwenburg vor der Kriegszerstörung, historische Postkarte.

HERSTELLUNG VON RUINEN (LÖWENBURG KASSEL)

von Otto Heinrich Kühner

Durchlaucht ließen, romantisch anzuschauen,
Damals in seinem Park ein Schloß erbauen,
Kunstvoll, im Stil alter zerfallener Schlösser,
Überall die Torsos der Ritter und Rösser,
Zerborstene Mauern, Zinnen und Kamine,
Kurzum, im Stil einer Ruine.
(Nach 150 Jahren, 1943, wurde sie bombardiert
Und nachträglich als solche legitimiert.)

(1976)

Mittlerweile wird der Wiederaufbau der zerstörten Teile der Löwenburg, vor allem des Hauptturms, angegangen, die „nachträgliche Legitimierung" der Ruine somit aufgehoben.

DA ZISCHT'S UND PISST'S
von Johann Wolfgang von Goethe

MEPHISTOPHELES.
Dann baut ich, grandios, mir selbst bewußt,
Am lustigen Ort ein Schloß zur Lust.
Wald, Hügel, Flächen, Wiesen, Feld
Zum Garten prächtig umbestellt.
Vor grünen Wänden Sammet-Matten,
Schnurwege, kunstgerechte Schatten,
Kaskadensturz, durch Fels zu Fels gepaart,
Und Wasserstrahlen aller Art;
Ehrwürdig steigt es dort, doch an den Seiten
Da zischt's und pißt's in tausend Kleinigkeiten.
Dann aber ließ ich allerschönsten Frauen
Vertraut-bequeme Häuslein bauen;
Verbrächte da grenzenlose Zeit
In allerliebst-geselliger Einsamkeit.
Ich sage Fraun; denn ein für allemal
Denk' ich die Schönen im Plural.
FAUST.
Schlecht und modern! Sardanapal![1]

(1832)

Goethe, der Kassel und die Wilhelmshöhe gut kannte, hat sich für diese Schilderung aus Faust II möglicherweise von der Löwenburg und den Wasserspielen inspirieren lassen.
1 Sardanapal: legendärer assyrischer König, reich und ausschweifend.

REICHARD'S PASSAGIER

Wilhelmshöhe, eine starke Stunde von Cassel, seine Wasserkünste, Gärten, Löwenburg, Octogon mit dem Herkules von riesenmäßiger Größe, Aquäduct u.s.w. Man kann viel Schönes in der Welt gesehen haben, und wird dies noch immer bewundernswerth und groß finden.

(1837)

DIE GEBURTSTAGS-KUCHEN-ZIERATHE SIND WEGGERÄUMT

von Adolph Freiherr von Knigge

Kassel, den 11. Junius

Der nun regierende Landgraf [Wilhelm IX.] hat aus dem schönen Park oder der sogenannten Aue bey Kassel das unbedeutende Heckenwerk und alles, was der Einfalt und Größe des Plans nicht angemessen war, ausrotten lassen. Auf dem Weißensteine sind die unwürdigen Schnitzeleyen, die Geburtstags-Kuchen-Zierathe, das Bretter- und Lattenwerk und alle solche Nürnbergiana weggeräumt; die Riesen-Anlage, die schöne Cascade, wird in einem erhabenen, männlichen Style fortgesetzt und die Gegend umher so behandelt, daß sie die großen Eindrücke nicht schwächt. Am Fuße des Berges wird ein prächtiges Schloß gebauet, wovon die beyden Flügel schon da stehen, deren innere Einrichtung nebst dem Ameublement der Majestät des Ganzen entspricht. Bey allen diesen Arbeiten werden, soviel möglich, einheimische Künstler und Handwerker angestellt, und alles wird mit Schnelligkeit und Feuer betrieben. Auch für Verbesserung der Landstraßen wird gesorgt und über die Polizey in den Städten gewacht.

Ich erzähle Ihnen übrigens nichts von Kassel und seinen Herrlichkeiten; Sie kennen ja das alles.

(1792)

Der durch sein später als Benimmbuch missverstandenes Buch „Über den Umgang mit Menschen" berühmt gewordene Knigge (1752-1796) lebte von 1772 bis 1775 in Kassel, als Hofjunker, Assessor der Kriegs- und Domänenkammer unter Friedrich II., Mit-Direktor der Tabaksfabrik, Mitglied der Freimaurerloge „Zum gekrönten Löwen" und der „Gesellschaft zur Beförderung des Ackerbaus und der Künste".

AUCH ICH BIN MENSCH!

von Ludwig Lindenmeyer

Wer sehen will, was der Mensch vermag, wen ein heiliger, mit Wonne vermischter Schauer bei dem hohen Gedanken anwehen soll: „Auch ich bin Mensch!", wer tief im Innersten fühlen will, daß ein Geist, der solche Entwürfe denkt und ausführt, für die Ewigkeit bestimmt sein muß, der steige herauf von der Erde in diese ätherischen Regionen, wandle auf der weiten offenen Galerie unter dem blauen Bogen des Himmels, blicke vor sich empor nach dem Koloß auf der Spitze der turmhohen Pyramide, blicke hinunter bis an den fernen Blocksberg[1] und die Rhöngebirge in die weit ausgebreitete Gegend, und steige dann, beruhigt über sein zukünftiges Schicksal, zu seinen Brüdern auf die Erde herab!

(1797)

1 Blocksberg: der Hexenberg, heute meist ausschließlich auf den Brocken im Harz bezogen, früher wurden auch andere Berge so benannt. Der Harz, nordöstlich von Kassel, liegt etwa so weit entfernt wie die Rhön südöstlich.

Annelies und Rosmariechen,
Friedegern und Fridolinchen,
Kinderbuch, um 1925.

„Der Herkules auf Wilhelmshöh
Schwingt sein Keule ei herjeh!
Drum schauen wir den wilden Mann
Uns lieber von hier unten an."

DIE GETARNTEN KASKADEN

von Karel Ptáčník

Die zweite Kompanie hatte man zwei Straßen vom Königstor entfernt einquartiert, die dritte am anderen Ende der Stadt unter dem Herkules. Zur dritten Kompanie fuhren die Jungens einmal wöchentlich zu Besuch, und jeder Besuch endete mit dem Aufstieg zur Wilhelmshöhe und dem Kauf eines Fotos des mit Patina überzogenen Bronzeriesen, den man auch von der entlegensten Stelle Kassels aus sehen konnte. Auf den Ansichtskarten stand gedruckt, die Plastik sei zehn Meter hoch und die Schulterbreite des Herkules betrage drei Meter, die Pyramide unter ihm weise eine Höhe von vierzig Metern und das Fundament die von dreißig Metern auf. Die Statue wiege einhundertundvierzehn Zentner und es führten vom Schloß aus achthundertundzweiundvierzig Treppen zu ihr empor. Das gesamte Werk sei während der Regierungszeit des Landgrafen Karls von Hessen im Jahre 1717 von Antoni und Krüger erbaut worden. Über die Kaskaden neben den Treppen floß früher ein künstlicher Wasserfall. Im Gegensatz zur Wirklichkeit fehlten auf den Ansichtskarten Geschütz- und Maschinengewehrnester, die um den Herkules herum ihre Rohre wie Stacheln gegen den Himmel reckten, und das Drahtnetz, mit dem die Kaskaden getarnt waren.

(1957)

KASSEL SCHAUT NACH OBEN
von Burkhardt Garbe

Hessen-Kassels Karl, der Planer,
Landgraf, visionärer Ahner,
Hat im Jahr vor siebzehnhundert,
Rom besuchend, dort bewundert
Glykons Standbild „Herkules"
Und geschworen währenddess':
Von dem Karlsberg sollte schauen
Herkules in weite Auen
Zwischen Wind und Sturm und Böe
Dort im Bergpark Wilhelmshöhe:
Dieser Karlsberg, mit viel Massel,
Würde zum Olymp von Kassel ...
Achtzehn Jahre später kennt
Jeder dort das Monument:
Herkules! Auf seine Keule
Stützt er sich wie eine Säule;
Hinterm Rücken, abgeschieden,
Hält er Obst der Hesperiden ...
Ihn umgeben Namen rühmlich,
Griechisch-römisch, altertümlich:
Pluto und Apollo, Götter,
Triton, Sokrates, der Spötter.
Und Neptun erfreuen viel
Wasser- und Kaskadenspiele.
Ja, ganz Kassel schaut nach oben,
Seinen Herkules zu loben ...

(2004)

EIN BRIEF AN MEINE STADT

von Horst Seidenfaden

Es gibt einen Punkt, oben an der Rasenallee, kurz vor dem Abzweig zur Wolfhager Straße, da blickt man hinunter über Harleshausen und das gesamte Kasseler Becken. Man ist so weit von der Stadt entfernt, dass außer einigen markanten Punkten wie der Martinskirche kaum Details zu erkennen sind.

Winterliche Morgenstimmung: Für manche ist es einfach ein schönes Foto, andere sehen hier ein Stück Heimat. Die Aufnahme zeigt den Blick von der Rasenallee in Harleshausen Richtung Osten. Man ist nicht hoch genug, um die Straßenzüge zu sehen. Die Stadt liegt ruhig da, das pulsierende Leben, das eine Stadt ausmacht, ist nicht sichtbar – vielleicht gibt das Grundbrummen der Verkehrsgeräusche einen Hinweis darauf, was da unten in Wahrheit ununterbrochen los ist. Und wenn man da steht und blickt auf diese Stadt als Ganzes und hat ein warmes Gefühl dabei im Herzen – dann kann man wohl sagen, dass man seine Heimatstadt liebt. In dieser Stadt wurde ich geboren, bin dort aufgewachsen, zur Schule gegangen, habe einen Beruf erlernt, meine Kinder sind hier geboren worden – ein möglicherweise typischer nordhessischer Lebenslauf. Kasseläner (bin ich eigentlich nicht, denn mein Vater stammt aus der Pfalz) sind, wie es in der grob-direkten Kasseler Sprache heißt, „Kleweärsche". Man bleibt, wo man ist. Oder man kommt irgendwann zurück.
Das war schon früher so – bei der Völkerwanderung waren die Chatten der einzige Volksstamm, der im Lande blieb. So denkt der typische Kasseläner heute noch: Wenn alle Welt „üwwerall rumrammelt, dann bliewet hä daheime, das muss ja au einer machen!"
1100 Jahre wird meine Stadt also heute alt. Ich gratuliere Dir von Herzen und bin sehr stolz auf Dich. Weil Du, obwohl Du lange gebraucht hast, Dich mit allen Ungerechtigkeiten der Geschichte (konnte die innerdeutsche Teilung nicht weiter im Norden stattfinden?), Schicksalsschlägen (wie die Zerstörung im Krieg und die zweite Zerstörung durch den Wiederaufbau) und politischen Desasterentscheidungen (wie die ausgebliebene Gebietsreform) abzufinden und all das quasi auszusitzen.

Die Mentalität der Ureinwohner, und zu denen zähle ich mich, hilft dabei – was sich ja auch in der Sprache ausdrückt. „'S muss!", sagt man auf die Frage, wie es einem geht. Gläser sind hier nie halb voll sondern immer halb leer – was Zugereiste maßlos aufregt. Nur die, die das so sagen, eben nicht. Denn sie wissen, dass es ihnen gut geht – aber muss das gleich jeder andere auch wissen? Auch das ist Selbstbewusstsein – und davon haben wir hier jede Menge. Schließlich ist Kassel die Mitte Deutschlands – und was wäre ein Land ohne seine Mitte? Kaum vorstellbar, oder?
Wir sind also wer – das allein wäre ein Grund zum Feiern, wenn wir nicht so selbstbewusst bescheiden wären. Denn wir haben das schließlich immer gewusst. Und schauen lieber auf die nächsten 1100 Jahre. Es wird als was sein, garantiert. Und der eine oder andere Kasseler wird alszus mähren. Dann heißt es wieder: Hä mährt als. Und, liebe Zugereiste, das ist auch gar nicht schlimm.
Schlimm wäre es, wenn er anken würde. Und dabei auch noch gagen. Und ganz schlimm und bedauernswert, wenn aus dem Gagen ein Gauzen würde. Was das heißt, wollen Sie wissen, die mit dem rustikalen Kasseler Sprachklang noch nicht vertraut sind? Vielleicht so viel: Solange man in Kassel mährt, ist alles okay. Sollte das mal ausbleiben, läuft was falsch in der Stadt, dann ist Zeit, über eine Gebietsreform nachzudenken, und da käme nur die Eingemeindung von Frankfurt infrage. Goldene Zeiten stehen Dir also bevor, meine Heimatstadt. Ich freue mich mit Dir darauf.

Dein Horst Seidenfaden

(18. Februar 2013)

TEXTNACHWEISE

Adams, Douglas / Lloyd, John / Böttcher Sven: *Der tiefere Sinn des Labenz. Das Wörterbuch der bisher unbenannten Gegenstände und Gefühle* [1990]. Hamburg, Rogner & Bernhard, 1992
Altenburg, Matthias (geb. 1958): *Irgendwie alles Sex*. Köln, Kiepenheuer&Witsch 2001
Baedeker: Siehe: *Handbuch für Reisende* ...
Baggesen, Jens Immanuel (1764-1826): *Das Labyrinth oder Reise durch Deutschland in die Schweiz*. Leipzig, Weimar; Kiepenheuer 1985 (zuerst 1789)
Balzac, Honoré de (1799-1850): *Verlorene Illusionen*. Dt. von Otto Flake. Zürich, Diogenes, 1977
Beckett, Samuel (1906-1989): *Traum von mehr bis minder schönen Frauen*. Aus dem Englischen von Wolfgang Held © der deutschsprachigen Ausgabe Suhrkamp Verlag Frankfurt/Main, 1996
Benn, Gottfried (1886-1956): *Briefe. Band VI: Briefe an Astrid Claes 1951-1956*. Hg. von Bernd Witte. Klett-Cotta, Stuttgart 2002
Bernstein, F.W. (geb. 1938): *Lockruf der Liebe*. Zürich, Haffmans Verlag 1988
Berzeviczy, Gergely (Gregorius Franz von) (1763-1822), *Beschreibung vom Weissen Stein*; in: *Selige Tage im Musensitz Göttingen*
Beyer, Marcel (geb. 1965): *Falsches Futter. Gedichte*. © Suhrkamp Verlag Frankfurt/Main 1997. Alle Rechte bei und vorbehalten durch Suhrkamp Verlag Berlin
Bode, Arnold (1900-1977): Vorwort zum Katalog der documenta 4, 1968, in: Heiner Georgsdorf (Hrsg.): *Arnold Bode. Schriften und Gespräche*. Berlin, B&S Siebenhaar, 2007
Börne, Ludwig (1786-1837): *Sämtliche Schriften*. Darmstadt, Melzer, 1968
Boswell, Samuel (1740-1795): *Boswells Grosse Reise. Deutschland und die Schweiz 1764*. Hg. und mit einer Einleitung und Anmerkungen von Frederick A. Pottle. Deutsch von Fritz Güttinger. Stuttgart, Konstanz, Diana Verlag, 1955
Brentano, Clemens (1778-1842): Brief an Arnim, in: *Die Brüder Grimm. Ihr Leben und Werk in Selbstzeugnissen, Briefen und Aufzeichnungen*. Ebenhausen bei München, Wilhelm Langewiesche-Brandt, 1952
Briefe eines Reisenden ... Siehe: Hassencamp
Brückner, Christine (1921-1996): *Das neue Kassel ist unvergleichlich*. In: *Hat der Mensch Wurzeln? Autobiographische Texte*. Frankfurt/Main, Berlin, © Ullstein, 1988
dies., *Mein Schreibtisch*. In: *Ständiger Wohnsitz. Kasseler Notizen*. Hg. und mit einem Nachwort versehen von Friedrich W. Block. Berlin, © Ullstein, 1998
dies. u. Otto Heinrich Kühner (1921-1996): *Erfahren und erwandert*. Berlin, Propyläen, 1979
Busch, Wilhelm (1832-1908): *Nachtgeschichte. Fliegende Blätter und Münchner Bilderbogen*. In: W.B. *Historisch-kritische Gesamtausgabe*, Bde. I-IV. Hamburg 1959
Casalla im Trauerkleid (Verfasser unbekannt). In: *Hessisch-Niedersächsische Allgemeine*, 22.10.2003
Chotjewitz, Peter O. (1934-2010): *Budenhauptstadt Kassel*. In: *Der dreißigjährige Friede. Biographischer Bericht*. Düsseldorf, Claassen 1977
ders., *Edward Gibbon: Verfall und Untergang des römischen Imperiums*. In: *Konkret* 4/2004, S. 59
Claes, Astrid (1928-2011): *Inseln der Erinnerung: Begegnungen und Wege*. Düsseldorf, © Grupello, 2002
Cranz, Karl (*): *Bemerkungen auf einer vorzüglich in landwirthschaftlicher Hinsicht im Sommer 1801 durch einen Theil von Schwaben, des Elsasses, der beiden Rheinischen Kreise, dann Ober- und Nieder-Sachsens angestellten Reise mit beigefügten Notizen über verschiedene Natur-Gegenstände, Kunst-Produkte, polizeiliche Anstalten und Anlage etc.* Leipzig, Baumgärtnerische Buchhandlung 1805
Damen Conversations Lexikon. Herausgegeben im Verein mit Gelehrten und Schriftstellerinnen von C. Herlossohn, 10 Bände. Leipzig, Volckmar, 1834-1838
Der Curieuse Passagier, welcher in Compagnie getreuer Reiß-Gefehrten gantz Ober- und Nieder-Teutschland durchreiset ... Frankfurt und Leipzig, bey Christoph Riegel, 1725 [Nachdruck Verlag Walter Uhl, Unterschneidheim 1972]
Der Göttinger Student. Mit acht Ansichten. Göttingen, Vandenhoeck & Ruprecht 1913 [unveränderter Neudruck der Ausgabe von 1813]
Dingelstedt, Franz (1814-1881): *Den Hut ab!* In: F.D., *Bilder aus Hessen-Kassel*. Zuerst anonym 1836 erschienen. Gedruckt in: Sämmtliche Werke. Erste Gesammt-Ausgabe in 12 Bänden. Berlin, Paetel, 1877
ders., *Lieder eines kosmopolitischen Nachtwächters*. Studienausgabe mit Kommentar und Einleitung von Hans-Peter Bayerdörfer. Tübingen, Niemeyer, 1978

Dr Erlkeenich: In: Römhild, Hans: *Kasseläner Klee. Volksbuch der Kasseler Mundart in Geschichten und Gedichten.* Melsungen, A. Bernecker Verlag, 1970

Drobisch, Moritz Wilhelm (1802-1896): *Rausch und Schwindel*, aus: Homburg, Herfried (Hg.): *Kassel. Das geistige Profil einer tausendjährigen Stadt. Bilder und Dokumente.* Kassel, Verlag Schneider & Weber, 1969

Duckefedd, Christejan (eig. Hermann Elsebach, 1883-1933): *Us minnen Dagebuche. Gedichte in Casseläner Mundart.* Cassel, Verlag von Carl Vietor, Hofbuch- und Kunsthandlung, 2. Auflage 1919

Dutschke, Rudi (1940-1979): *Jeder hat sein Leben ganz zu leben. Die Tagebücher 1963-1979.* Hg. von Grete Dutschke-Klotz. Köln, Kiepenheuer & Witsch, 2003

Eckermann, Johann Peter (1792-1854): *Gespräche mit Goethe in den letzten Jahren seines Lebens.* Hg. von Fritz Bergemann. Frankfurt/Main, Insel Verlag, 1981

El Kurdi, Hartmut (geb. 1964): *Der Viktualien-Araber.* Berlin, © Verlag Klaus Bittermann, 2007

Ersch, Johann Samuel (1766-1828) u. Gruber, Johann Gottfried (1774-1851): *Allgemeine Encyclopädie der Wissenschaften und Künste, in alphabetischer Folge.* 167 Bände (unvollendet). Leipzig, bei Johann Friedrich Gleditsch (ab 1831 Brockhaus-Verlag) 1818-1889. Cassel in: Section 1, Teil 15, Camaldulenser bis Cazouls Les Beziers, 1826

Ewald, Johann Ludwig (1747/48-1822): *Fantasieen auf der Reise, und bei der Flucht vor den Franken*, von E. P. V. B. Herausgegeben von J. L. Ewald. Berlin, bei Johann Friedrich Unger 1797 [fingierte Herausgeberschaft, Ewald selbst war der Verfasser]

Fogarasi, Sámuel (1779-1830): *Sámuel Fogarasi über das Landvolk in Hessen, den Verkauf von Soldaten und einen fürstlichen Hochzeitsball in Kassel 1796.* In: *Selige Tage im Musensitz Göttingen* (siehe dort)

Fontane, Theodor (1819-1898): *Der Krieg gegen Frankreich 1870-1871.* Mit einem Vorwort von Gordon A. Craig. Zürich, Manesse, 1985

Forster, Georg (1754-1794): *Werke in 4 Bänden.* Hg. von Gerhard Steiner. Frankfurt/Main, Insel 1970

ders., *Brief an Spener.* In: Enzensberger, Ulrich: *Georg Forster. Ein Leben in Scherben.* Frankfurt/Main, Eichborn, 1996

Garbe, Burckhard (geb. 1941): *Der Herkules. Eine Bildergeschichte in Versen von Burckhard Garbe und Scherenschnitten von Albert Völkl.* Kassel, © ProLibris Verlag, 2004

Gernhardt, Robert (1937-2006): *Im Glück und anderswo.* Frankfurt/Main, © S. Fischer, 2002

ders. und Peter Knorr, *Kurz und uninteressant*, in: Gernhardt, Robert; F. W. Bernstein; F. K. Waechter: *Welt im Spiegel. WimS 1964-1976.* Frankfurt/Main, Zweitausendeins, 1979

Glaßbrenner, Adolf (1810-1876): *Verbotene Lieder. Von einem norddeutschen Poeten.* Bern, Jenni, 1844

Goeckingk, Leopold Friedrich Günther von (1748-1828): *Gedichte.* Frankfurt/Main, bei Johann Christi an Hermann, 1821

Goethe, Johann Wolfgang (1749-1832): *Mit hundert und aber hundert Lampen erleuchtet.* In: *Campagne in Frankreich.* (*Werke, Hamburger Ausgabe*, Band 10). München, Beck, 1981

ders., *Da zischt's und pißt's.* In: J. W. v. Goethe, *Faust, 2. Teil.* Hg. von Albrecht Schöne. Frankfurt/Main, Deutscher Klassiker Verlag, 1999

ders., *Begegnung mit Truchseß*, in: *Goethes Werke (Weimarer Ausgabe)*, I. Abteilung, 35. Band. Weimar 1892. Fotomechanischer Nachdruck München, dtv, 1987

ders., Briefwechsel mit Christiane Vulpius, in: Gräf, Hans Gerhard (Hg.): *Goethes Ehe in Briefen.* Leipzig, Insel Verlag 1966

ders., *Ein Nichts um Nichts ...* In: *Tagebuch der Italienischen Reise 1786.* Frankfurt/Main, Insel Verlag, 1976

ders., *Unter denen Kassler Herrlichkeiten.* In: Goethes Werke (Weimarer Ausgabe), III. Abteilung, Tagebücher Weimar 1887-1919. Fotomechanischer Nachdruck München, dtv, 1987

Grabe, Reinhold Th. (*): *Das Geheimnis des Adolph Freiherrn von Knigge. Die Wege eines Menschenkenners.* Hamburg, Leipzig; H. Goverts Verlag, 1936

Grimm, Jacob (1785-1863): *Nicht meine angenehmsten Tage.* In: *Selbstbiographie* (1831). Zit. nach: Jacob und Wilhelm Grimm, Schriften und Reden. Ausgewählt und herausgegeben von Ludwig Deneke. Stuttgart, Reclam, 1985

Grimm, Jacob und Wilhelm (1786-1859): *Die Viehmännin.* In: *Kinder- und Hausmärchen.* Frankfurt/Main, Insel Taschenbuch, 1974

Grimm, Wilhelm: Brief an Jacob Grimm, in: *Die Brüder Grimm. Ihr Leben und Werk in Selbstzeugnissen, Briefen und Aufzeichnungen.* Ebenhausen bei München, Langewiesche-Brandt, 1952

Grimm, Ludwig Emil (1790-1863): *Erinnerungen aus meinem Leben.* Hg. und ergänzt von Adolf Stoll. Leipzig, Hesse und Becker 1913 (zuerst 1911)

Gsella, Thomas (geb. 1958): *Reiner Schönheit Glanz und Licht - Ihre Stadt! im Schmähgedicht*. Frankfurt/M., © Eichborn, 2011

Handbuch für Reisende in Deutschland und dem Oesterreichischen Kaiserstaate. Nach eigener Anschauung und den besten Hülfsquellen. Coblenz, bei Karl Baedecker. Dritte umgearbeitete Auflage 1846 [Hassencamp, Johann Matthaeus (1748-1797)]: *Briefe eines Reisenden von Pyrmont*, Cassel, Marburg, Würzburg und Wilhelmsbad. Frankfurt und Leipzig 1783

Hausmann, Manfred (1898-1986): *Lampioon. Abenteuer eines Wanderers*. Frankfurt/Main, Fischer, 1983 [*Ges. Werke* Bd. 1] (zuerst 1928)

ders., *Als Kassel noch Cassel war*. Aus: Herder, Hans (Hg.): *Hessisches Lesebuch. Von Tacitus bis zum Stadtschreiber von Bergen.* Frankfurt/Main, Insel Verlag, 1981

Hegel, Georg Friedrich (1770-1831): *Bericht aus dem Jahre 1822*. In: Merian Kassel, Heft 10/1952

Heine, Heinrich (1797-1856): *Klagelied … (*aus: *Neue Gedichte. Romanzen), Aus der Zopfzeit* (aus: *Nachlese), Kasseler Karpfen* (aus: *Reisebilder).* In: *Heinrich Heine, Werke*. Ausgewählt und hg. von Martin Greiner. Köln, Berlin, Kiepenheuer & Witsch, 1956

Heinse, Wilhelm (1746-1803): *Die Aufzeichnungen. Frankfurter Nachlass*. Bd. II: Aufzeichnungen 1784-1803. Hg. von Markus Bernauer, Antje Wittstock u.a. München, Wien; Hanser, 2003

Henscheid, Eckhard (geb. 1941): *Ein scharmanter Bauer*. Frankfurt/Main, Zweitausendeins, 1980

Hochhuth, Rolf (geb. 1931): *Die Hebamme, Komödie*. In: *Erzählungen, Gedichte, Essays*. Reinbek, © Rowohlt, 1971

Hoffmann von Fallersleben, August Heinrich (1798-187): *Mein Leben: Aufzeichnungen und Erinnerungen*. Sechs Bände. Hannover, Carl Rümpler, 1868–1870

Hölderlin, Friedrich (1770-1843): *Sämtliche Werke, Frankfurter Ausgabe*. Hg. von D. E. Sattler. Frankfurt/ Main, Stroemfeld/Roter Stern, 1973-2000

Hollenberg, Georg H. (1752-1831): *Bemerkungen über verschiedene Gegenstände auf einer Reise durch einige deutsche Provinzen, in Briefen, von G. H. Hollenberg, Hochfürstl. Osnab. Land-Conducteur.* Stendal, bei Dan. Christ. Franzen und Grosse, 1782

Horváth, Ödön von (1901-1938): *Geschichten aus dem Wiener Wald*. In: Gesammelte Werke. Bd. 4. Hg. von Traugott Krischke. Frankfurt/Main, Suhrkamp, 1986

Huber, Katja (geb. 1971): *Fear and Loathing in Las Kassel (Orte, die man meiden sollte, extra: die nordhessische Kunst- und Kulturstadt Kassel).* In: *Junge Welt*, 9.12.1998

Jean Paul (eig. Johann Paul Friedrich Richter, 1763-1825): *Jean Pauls Biographische Belustigungen unter der Gehirnschale einer Riesin.* In: *Sämtliche Werke*. Frankfurt/Main, Zweitausendeins, 1996

Jeromiade. Gegenstück zur Bonapartiade. (anonym) Cassel, 1814

Junghans, Carl Heinrich (*): *Bemerkungen auf einer Reise durch Deutschland, Frankreich, Algier und Spanien in den Jahren 1831 bis 1835.* Rostock, Druck und Verlag von Oeberg 1838

Kahrel, Friedrich Wilhelm (*): *Gedicht auf die freudige Wiederkunft des Kur-Fürsten Wilhelm I. in Hessen, von Friedrich Wilhelm Kahrel*. O.O. (Kassel) 1813

Kainz, Joseph (1852-1910): In: *Friedrich Wilhelm Murnau. Ein großer Filmregisseur der 20er Jahre*. Hg. von der Stadtsparkasse Kassel. Stuttgart, Deutscher Sparkassenverlag, 1981

Kempowski, Walter (1929-2007): *Herzlich willkommen. Deutsche Chronik IX.* München, Hamburg, © Albrecht Knaus, 1984

Klabund (eig. Alfred Henschke, 1890-1928): *Morgenrot! Klabund! Die Tage dämmern!* Berlin, Reiß 1913

Knigge, Adolph Freiherr (1752-1796): *Ausgewählte Werke in zehn Bänden*. Hannover, Fackelträger 1992 ff.

Koch, Ernst (1808-1858): *Prinz Rosa-Stramin. Mit einer Erzählung als Nachwort von Leopold Hoffmann.* Luxemburg, Editions-Librairie du Centre 1960 (zuerst 1834 unter dem Pseudonym Eduard Helmer)

Köhler, Peter (geb. 1957): *Schlaggenlied*. Originalbeitrag für diesen Band.

ders., *Kassel Wilhelmshöhe – die überleben wollen.* In: *Kowalski 4*, 1992

ders., *Kassel, Geburtsort der Parkscheibe*. In: Jürgen Roth/Rayk Wieland (Hg.): *Öde Orte. Ausgesuchte Stadtkritiken: von Aachen bis Zwickau.* Leipzig, Reclam, 1998. Zit. nach 2. Aufl, 1. Abs. gestr.

Kotzebue, August (1761-1819): *Der Abschied aus Cassel. Ein rührendes Singspiel von Friedrich Germanus.* Moskau, bey Hans von Damme. (fingiert) o.J. (verm. 1813)

Krenek, Ernst (1900-1991): *Im Atem der Zeit. Erinnerungen an die Moderne*. Hoffmann und Campe, Hamburg, 1998. Hier zitiert nach: Makasci, Aydogan: *Während der Proben ist die Bühne wahrhaftig die Welt im Zustand des Erschaffenwerdens. Ernst Kreneks Zeit am Kasseler Theater 1925-1927.* In: Andreas Witte (Hg.), *Kasseler Musikgeschichte*. Gudensberg, Wartberg, 2004

Kühner, Otto Heinrich (1921-96): *Herstellung von Ruinen*. Zuerst in: Otto Heinrich Kühner: *Die Lust sich am Bein zu kratzen oder Die Orgie des kleinen Mannes*. Berlin: Henssel 1976. Hier zitiert nach der leicht veränderten Fassung in: *Erfahren und erwandert*. Siehe Brückner, Christine
Küttner, Carl Gottlob (1753-1805): *Reise durch Deutschland, Dänemark, Schweden, Norwegen und einen Theil von Italien, in den Jahren 1797. 1798. 1799. Erster bis vierter Theil*. Leipzig, bey Georg Joachim Göschen 1801.
Lang, Karl Heinrich Ritter von (1764-1835): *Memoiren des Karl Heinrich Ritters von Lang. Skizzen aus meinem Leben und Wirken, meinen Reisen und meiner Zeit*. Braunschweig, Vieweg 1842
Lear, Edward (1812-1888): *The Book of Nonsense To Which Added More Nonsense*. London, New York, Frederick Warne & Co., o.J. (zuerst 1872)
Lindenmeyer, Ludwig (1762-1820): *Jahrbuch meines Lebens*. Nach der Handschrift hg. von Karl Esselborn. Darmstadt (Schlapp) 1927. In: *Merian Kurhessen und Waldeck*, Heft 2/1953
Loriot (eig. Bernhard Victor Christoph-Carl, kurz: Vicco von Bülow, 1923-2011): *Loriots Tagebuch*. Zürich, Diogenes 1970
Lust-Reisen nach Cassel. Ein Göttinger Student berichtet aus Kassel zur Zeit der Französischen Revolution. Hg. von Karl-Hermann Wegner. Kassel, Verein des Stadtmuseums Kassel e.V. 1991
Mahler, Gustav (1860-1911), in: Blaukopf, Herta (Hg.): *Gustav Mahler. Briefe*. 2. Aufl. Wien, Zsolnay 1996
Meysenbug, Malwida von (1816-1903): *Memoiren einer Idealistin*. Berlin, Schuster & Löffler, 1904
Moritz von Hessen-Kassel, gen. „Der Gelehrte", (1572-1632): *Moritzheim am weißen Stein*, in: *Merian Kurhessen und Waldeck*, Heft 2/1953
Mosenthal, Salomon Hermann (1821-1877): *Erzählungen aus dem jüdischen Familienleben*. Mit einem Nachwort herausgegeben von Ruth Klüger. Göttingen, Wallstein 2003
Müller, Emil (1826-*): *Das hessische Land und Volk. Für Reisende von Eisenach nach Kassel und Frankfurt a.M.* Leipzig, Brockhaus 1857. [=Brockhaus' Reise-Bibliothek für Eisenbahnen und Dampfschiffe]
Nadolny, Sten (geb. 1942): *Netzkarte*. München, dtv 1991 (zuerst 1981), © Piper Verlag
Nagel, Adolf (auch: Adolph) (*): *Die Residenzstadt Cassel und ihre Umgebungen. In Poesie und Prosa geschildert von Adolf Nagel. Drei beliebte Höhen. Poesie und Prosa von Adolph Nagel in Münden*. (zs. gebunden als *Kleine Schriften von A. N.*) Münden, Selbstverlag des Verfassers, 1885
Nord, Cristina (geb. *): *Vorbote der Gefühle. Kino der Kindheit (3)*. In: *die tageszeitung*, 4.8.2005
Oberländer, Harry (geb. 1950): *Kassel und Kunst*. In: *Hessenbilder. Literarische Momentaufnahmen. Ein Lesebuch*. Hg. von Hans Eichel. Frankfurt/Main, Insel Verlag, 1995
Okopenko, Andreas (1930-2010): In: *Die Meisengeige. Zeitgenössische Nonsenseverse gesammelt und herausgegeben von Günter Bruno Fuchs*. München, Carl Hanser Verlag 1964
Oldekop: Siehe *Lust-Reisen nach Cassel*
Olfen, Rene (d.i. Heinrich Schmidt, 1898-1990): *Grüß mir die Heimat mit dem Herkules*. Postkarte, o.O./J.
Piffendeckel, Henner (d.i. Philipp Scheidemann, 1865-1939): *Casseläner Jungen. Mundartliche Geschichderchen*. Cassel, 2. veränderte Auflage 1910. Siehe auch Scheidemann, Philipp
Ptáčník, Karel (1921-2002): *Jahrgang 21*. Aus dem Tschechischen übertragen von Bruno Liehm. Berlin, Verlag Tribüne, 1957
Qualtinger, Helmut (1928-1996): ¾ ohne Takt. Werke, hg. von Traugott Krischke, Bd. 4. (*Heimat bist du großer Zwerge und andere Texte für die Bühne*). Wien, Deuticke, 1997
Raabe, Wilhelm (1831-1910): *Gutmanns Reisen*. In: Karl Hoppe (Hg.): *Wilhelm Raabe: Stopfkuchen. Gutmanns Reisen*. Göttingen, Vandenhoeck & Ruprecht 1969
Reichard, Heinrich August Ottokar (1751-1828): *Reichard's (...) Passagier auf der Reise in Deutschland, der Schweiz, nach Venedig, Amsterdam, Kopenhagen, Paris und St. Petersburg. Mit besonderer Berücksichtigung der vorzüglichen Badeörter, der Gebirgsreisen, der Donau- und Rheinfahrt. Ein Reise-Handbuch für Jedermann*. Berlin, Verlag von Franckh, Herbig, 9. Auflage 1837
Rehm, Hermann Siegfried (1859-*): *König Jérôme's Karneval. Historischer Roman aus galanter Zeit von Hermann Siegfr. Rehm (nach Heinr. Jos. König)*. Berlin, bei Wilhelm Borngräber o.J. (ca. 1918)
Riesbeck, Johann Caspar (1754-1786): *Briefe eines reisenden Franzosen über Deutschland an seinen Bruder in Paris*. Stuttgart, Steingrüben Verlag 1967 (zuerst 1783, unter Pseudonym)
Rilke, Rainer Maria (1875-1926): Aus: Schnack, Ingeborg: *Rainer Maria Rilke, Chronik seines Lebens und seines Werkes. 1875-1926*. Frankfurt/Main, Insel, 2. Aufl. 1996
Ringelnatz, Joachim (1883-1934): *Reisebriefe eines Artisten*. Berlin, Rowohlt, 1927

Ruppel, Heinrich (1886-1974): *Schnurrant aus Hessenland. Schwänke und Streiche in Mundart.* Gesammelt und herausgegeben von Heinrich Ruppel. Melsungen, A. Bernecker, 4. Auflage 1976

Scheidemann, Philipp (1865-1939): *Kindheit in Kassel.* In: *Memoiren eines Sozialdemokraten.* Dresden, Carl Reissner, 1928. Siehe auch Piffendeckel, Henner

Schmidt, August (1802/08-1891): *Musikalische Reise-Momente auf einer Wanderung durch Norddeutschland.* Hamburg und Leipzig, Verlag von Schuberth & Comp., 1846

Schmitt, Theodor (1913-*): *Kassel – poetisch.* Witzenhausen, im Selbstverlag o.J. (um 1960)

Schopenhauer, Johanna (1766-1838): *Ihr glücklichen Augen. Jugenderinnerungen, Tagebücher, Briefe.* Hg. von Rolf Weber. Berlin, Verlag der Nation, 1988

Schröder, Peer (geb. 1956): *Flugzeug am Himmel, ich bin der Pilot.* Hamburg, Kellner, 1985

Schubarth, Christian Friedrich Daniel: *Der Hahn und der Adler.* Erstdruck in: *Deutsche Chronik,* Augsburg (Stage) 1774.

Seidel, Ina (1885-1974): *Das Labyrinth. Ein Lebenslauf aus dem 18. Jahrhundert.* Jena, Eugen Diederichs Verlag 1922

Seidenfaden, Horst: *Ein Brief an meine Stadt.* In: *Hessische/Niedersächsische Allgemeine,* 18.2.2013

„*Selige Tage im Musensitz Göttingen".* Stadt und Universität in ungarischen Berichten aus dem 18. und 19. Jahrhundert. Herausgegeben, eingeleitet und kommentiert von István Futaky. Göttingen, Vandenhoeck & Ruprecht, 1991

Seume, Johann Gottfried (1763-1810): *Mein Leben.* In: *Prosaschriften.* Mit einer Einleitung von Werner Kraft. Darmstadt 1974 (zuerst 1813 erschienen)

Spohr, Louis (1784-1859): *Louis Spohr's Selbstbiographie.* Hg. von Eugen Schmitz. Kassel, Bärenreiter, 1954 (zuerst 1860)

Stadtwegweiser Kassel und Wilhelmshöhe. Herausgegeben im Auftrag der Stadt Kassel Verkehrs- und Wirtschaftsamt. Kassel, Kontina Informationen für Reise u. Verkehr 1949

Stettenheim, Julius (1831-1916): *Wippchen's sämtliche Berichte.* Bd. 4. Berlin, Verlag Hermann Paetel, 1896

[Stöver, Joh. Herm. (*)]: *Niedersachsen. (In seinem neuesten politischen, civilen und litterarischen Zustande.) Ein in der Lüneburger Haide gefundenes merkwürdiges Reisejournal. Herausgegeben von Quintus Aemilius Publicola* [d.i. Joh. Herm. Stöver]. Sine ira & studio. Erstes [von drei] Bändchen. Rom, bey Ore-Chiaro [fingiert], 1789

Strache, Wolf (1910-2001): *Verwandeltes Antlitz. Deutsche Städteprofile.* Berlin, Safari Verlag 1947

Strombeck, Friedrich Karl von (1771-1848): *Darstellungen aus einer Reise durch Deutschland und Holland im Jahre 1837.* Braunschweig, Verlag von Friedrich Vieweg 1838

Thoma, Ludwig (1867-1921): *Gesammelte Werke.* München, Piper 1968

Truchseß Freiherr von Wetzhausen zu Bettenburg, Christian (1755-1826): *Goethe und Götz in Kassel.* In: *Goethes Gespräche.* In Auswahl hg. von Flodoard Freiherr von Biedermann. Leipzig, Insel-Verlag, 1957

Tucholsky, Kurt (1890-1935): *Gesammelte Werke.* Reinbek bei Hamburg, Rowohlt, 1989

Tuschik, Jamal (geb. 1961): *Keine große Geschichte.* © Suhrkamp Verlag Frankfurt/Main 2000. Alle Rechte bei und vorbehalten durch Suhrkamp Verlag Berlin

Twain, Mark (1835-1910): *The Writings,* edited by Albert Bigelow Paine, vol. 1–37, New York, London: Harper & Brothers, 1929 (Stormfield Edition). Vol. 24

Weber, Carl Julius (1767-1832): *Deutschland oder Briefe eines in Deutschland reisenden Deutschen.* Stuttgart, bei Gebrüder Franck, 1828

Wense, Hans Jürgen von der (1894-1966): *Von Aas bis Zylinder. Werke.* Hrsg. von Reiner Niehoff und Valeska Bertoncini. 2 Bde. Frankfurt/Main, Zweitausendeins 2005

Wessely, J. E. (Joseph Edward) (1826-1895): *Altes und Neues. Reise-Reminiscenzen aus Nord und West.* Wien, bei Ferdinand Ullrich, 1866

Wetzel, Karl Friedrich Gottlob (1779-1819): *Einige Briefe von Friedrich Gottlob Wetzel.* Herausgegeben und seinem Töchterchen Minna zum Tauftage gewidmet von Friedrich Engel. Leipzig, Teubner, 1903

Zincgref, Julius Wilhelm (1591-1635): *Der Teutschen scharfsinnige kluge Sprüch. Auswahl.* Leipzig, Reclam, 1985 (zuerst 1626-31)

Der Verlag dankt für die Abdruckgenehmigung den Rechteinhabern, die durch den Quellennachweis und/oder Copyrightvermerk bezeichnet sind. Für einige Autoren waren die Rechtsnachfolger nicht festzustellen. Hier ist der Verlag selbstverständlich bereit, nach Anforderung berechtigte Ansprüche abzugelten.

* Lebensdaten nicht bzw. nicht vollständig zu ermitteln.

BILDNACHWEISE

S. 10, 15, 51, 79, 109, 153, 167, 219 aus: *Kassel lebt ... trotz alledem*, mit Zeichnungen von Christian Beyer und Texten von Paul Heidelbach, Kassel 1948; S. 123 (l.), 130: Museumslandschaft Hessen Kassel; S. 26, 63, 88, 112, 117 (l.), 134, 137, 232, 258, 261, 257, 271: Archiv Jürgen Röhling (die Gestaltung des kleinen Stadtführers *ab nach Kassel*, dessen Umschlag wir auf S. 271 wiedergeben, stammt von Arnold Bode, um 1930); S. 33, 149, 190, 244, 249 aus: A. Holtmeyer: *Kassel und Wilhelmshöhe*, Marburg o.J.; S. 43, 76, 90, 93, 150 aus: Frank-Roland Klaube (Hg.): *Kassel lebt. Neubeginn aus Trümmern. Historische Photographien*, Kassel 1990; S. 45 (u.) aus: *Sprachnachrichten*, 01/2005; S. 59, 141, 184 aus: *Wilhelmshöhe und Cassel*. 20 der schönsten Ansichten in Postkartenform in feinstem Lichtdruckverfahren, Cassel o.J.; S. 84, 169 aus: *Kladderadatsch*, 13.11.1870; S. 99, 211 aus: *Kassel einst und jetzt. Ein Bildbuch*, Kassel o.J.; S. 111 aus: *Der Curieuse Passagier*, Reprint, Unterschneidheim 1972; S. 117 (r.): Kassel Marketing; S. 123 (r.), 177, 225, 227 aus: A. Holtmeyer: *Alt Cassel*. Mit Stadtplan, 96 Tafeln und 75 Textbildern (*Alt Hessen, Beiträge zur kunstgeschichtlichen Heimatkunde*, hrsg. von A. Holtmeyer, Zweites Heft), Marburg 1913; S. 147: Archiv B&S Siebenhaar; S. 164, 216 aus: Manfred Hausmann: *Kassel. Porträt einer Stadt*, Hannover 1964; S. 254: Stadtarchiv Kassel; S. 257: *Patschemanns Fahrt zum Herkules und die Wilhelmshöher Wasserspiele*, Dichtung und Zeichnungen: Grete Maierhüser (1887-1955), Kassel o.J; S. 261: *Annelies und Rosmariechen, Friedegern und Fridolinchen*, Kinderbuch, vermutl. aus den 1920er Jahren; S. 265: © Lothar Koch (HNA).

EDITORISCHE NOTIZ

Die Schreibweise der Originale blieb grundsätzlich unangetastet, so dass sich viele heute ungewohnt aussehende historische Schreibweisen wie „es sey" finden; nur offensichtliche Druckfehler wurden korrigiert. Die Schreibweise gehört in jedem Fall zur Eigenheit des Textes und wurde daher beibehalten. Besonders die Schreibweise der Stadt, um die es geht, war lange Zeit uneinheitlich, so findet man hier „Cassel" neben „Kassel". Amtlich herrscht erst seit 1926 Klarheit in Sachen Kassel, vorher bevorzugte man das „C". Die Texte des Herausgebers folgen der neuen Orthographie, soweit die derzeitigen Regeln sinnvoll anwendbar sind. Ältere Texte wurden nicht an die neue Orthographie angepasst.

ZUM HERAUSGEBER

Jürgen Röhling, geboren in Kassel, studierte Germanistik, Publizistik und Anglistik in Göttingen, lehrt seit 2006 an der Universität Tirana (Albanien). Vorher Aufenthalte und Lehrtätigkeit in Katowice (Polen), Szolnok (Ungarn), Göttingen und Berlin.

KASSEL-BÜCHER BEI B&S SIEBENHAAR

Dirk Schwarze
Meilensteine
Die documenta 1-13
Kunstwerke und Künstler
224 Seiten, 15 x 23 cm
€19,80/SFr 32,00
ISBN 978-3-943132-08-3

Horst Seidenfaden
Es is au als was
Ein anekdotischer Streifzug durch
Nordhessens Sprach-Kultur
112 Seiten, 12,5 x 18,5 cm
€9,99/SFr 16,80
ISBN 978-3-943132-17-5

D. Schwarze, T. Siemon (Hrsg.)
Zeitreise. Kassel in Bildern zwischen
Kaiserreich und Wirtschaftswunder
2. Auflage
€17,80/SFr 29,00
ISBN 978-3-936962-38-3

Dirk Schwarze
Die Kunst der Inszenierung
oder Als Arnold Bode Ernst
Wilhelm Nay in den Himmel hob
96 Seiten, 12 x 19,5 cm
€10,80/SFr 17,50
ISBN 978-3-936962-78-9

Susanne Seidenfaden (Hrsg.)
Kassel, wo es am schönsten ist
77 *Lieblingsplätze* 3. Auflage
192 Seiten
€12,80/SFr 20,80

Heiner Georgsdorf (Hrsg.)
Arnold Bode
Schriften und Gespräche
328 Seiten
15 x 23 cm
€34,80/SFr 56,00
ISBN 978-3-936962-75-1

Kassel-Krimis von Horst Seidenfaden

Horst Seidenfadens Krimis sind von realistischer Härte und beklemmender Aktualität. Seinen geographischen Kosmos Kassel und Nordhessen öffnet er für die großen Gegenwartsthemen: Neonazis, Terror, Missbrauch und Kirche ... Die Schatten der Vergangenheit fallen bedrohlich auf die Gegenwart.

Das brennende Gesicht
€12,80/SFr 20,80
ISBN 978-3-936962-47-5

Rache für den Mörder
€12,80/SFr 20,80
ISBN 978-3-936962-66-6

Hadubrands Erbe
€12,80/SFr 20,80
ISBN 978-3-936962-61-1

Die Akte Tristan
€14,80/SFr 24,00
ISBN 978-3-936962-80-2

Tristan – Der Name des Bösen
€14,80/SFr 24,00
ISBN 978-3-936962-97-0

Alle 14 x 22 cm, Broschur

B&S SIEBENHAAR VERLAG Berlin / Kassel
bs-verlag@berlin.de, www.siebenhaar-verlag.de